मानव जीवन के विभिन्न पहलुओं और उनसे जुड़ी समस्याओं का सूक्ष्म विवेचन करती यह अत्यंत प्रेरक पुस्तक आपको गोरवशाली जीवन जीने की कला सिखाएगी। ज्यों-ज्यों यह पुस्तक आपको समझ में आती जाएगी और आप इस पर अमल करतें जाएगें, आपका जीवन गोरव मय होता जाएगा।

गौरवशाली जीवन कैसे जिएँ

डा. विनोद के. गुप्ता

डायमंड बुक्स

ISBN : 81-288-0566-5

प्रकाशक : **डायमंड पॉकेट बुक्स (प्रा.) लि.**
X-30, ओखला इंडस्ट्रियल एरिया, फेज-II
नई दिल्ली-110020
फोन : 011-41611861
फैक्स : 011-41611866
ई-मेल : sales@dpb.in
वेबसाइट : www.dpb.in
संस्करण : 2020
मुद्रक : आदर्श प्रिंटर्स, शाहदरा, दिल्ली - 32

Gauravshali Jeevan Kaise Jiyen
by : Vinod K. Gupta

समर्पण

उन्हें जो गौरवशाली जीवन के लिए प्रयासरत् हैं।

आत्मनिरीक्षण करें

निर्देश में दिए गए प्रश्नों का उत्तर देकर आप जान सकेंगे कि यह पुस्तक आपके लिए कितनी उपयोगी सिद्ध होगी। बेहतर होगा कि आप तुरंत नीचे दिए गए कथनों को पढ़कर तेजी के साथ प्रत्येक दो कथनों में से किसी एक को चुनते चले जाएँ। प्रत्येक प्रश्न के 'क' या 'ख' दो कथन हैं। इनमें से जो आपके अधिक समीप हो, उसी को चुनिए। यदि आपको दोनों कथन एक-जैसे लगते हों तो उसको छोड़कर अगले प्रश्न के दो में से एक कथन को चुनिए। जब आप अपना काम निबटा लें तो छूटे हुए कथनों को नए सिरे से पढ़िए और अपने उपयुक्त कथन को चुनिए।

बस, एक बात का ध्यान रखें। यह कोई प्रश्नावली नहीं है, जिसकी मदद से आप स्वयं को सही प्रमाणित कर सकते हों। बल्कि जैसे-जैसे यह पुस्तक आपकी समझ में आती जाएगी, जैसे-जैसे आप पुस्तक का अनुसरण करते जाएँगे, आपका जीवन गौरवमय होता जाएगा। दरअसल, यह पुस्तक आपको गौरवशाली जीवन के लिए प्रेरित करती है।

1. (क) मेरा अधिकतर समय भविष्य की कल्पनाओं एवं/अथवा भूत की स्मृतियों में बीतता है।
   (ख) मैं सामान्यत: वर्तमान में जीता हूँ।
2. (क) हर आदमी का अपना सच होता है– मेरा ऐसा विश्वास है।
   (ख) मैं कुछ भी स्वीकार कर सकता हूँ लेकिन झूठ से मुझे चिढ़ होती है।
3. (क) मुझे अपना जीवन खाली-खाली-सा लगता है।
   (ख) मेरा जीवन अपने आप में संपूर्ण है और मुझे यह अर्थपूर्ण लगता है।
4. (क) 'अब क्या होगा?'–मेरा अधिकांश समय इसी चिंता में बीतता है।
   (ख) मैं अपने भविष्य को लेकर निश्चिंत और आश्वस्त हूँ।
5. (क) मुझे अपना काम पसंद है।
   (ख) मेरा काम न तो रुचिकर है और न ही उपयोगी।
6. (क) असफलता की आशंका से मुझे अक्सर घबराहट होने लगती है।
   (ख) शायद ही कभी मुझे असफलता की आशंका होती है।

7. (क) मेरा मन बड़ा चंचल और अस्थिर है।
(ख) मैं सभी काम पूरे मनोयोग से करता हूँ।

8. (क) सिद्धांतों के मामले में मैं किसी तरह का समझौता पसंद नहीं करता।
(ख) मेरे लिए जीवन सिद्धांतों की तुलना में अधिक महत्त्वपूर्ण है।

9. (क) मेरी प्रत्येक उपलब्धि के पीछे मेरी कड़ी मेहनत रही है।
(ख) मैं जिस काम के बारे में सोचता हूँ, वही बिगड़ जाता है।

10. (क) प्रत्येक असफलता के मूल में परिस्थितियों व दूसरे लोगों का असहयोग रहता है।
(ख) असफलता की स्थिति में मैं सबसे पहले अपने आचरण में सुधार लाने का प्रयास करता हूँ।

11. (क) ज्यादातर मामलों में मैं अपनी किस्मत (भाग्य) के फैसले स्वयं करता हूँ।
(ख) मेरी किस्मत के फैसले दूसरे लोग करते हैं।

12. (क) मेरा हौसला जल्दी पस्त हो जाता है।
(ख) मैं एक मजबूत इरादे वाला व्यक्ति हूँ।

13. (क) मैं न चाहते हुए भी दूसरों की इच्छा के अनुरूप ढल जाता हूँ।
(ख) दूसरे मुझसे क्या चाहते हैं, इनकी तुलना में मैं अपने विवेक को महत्त्व देता हूँ।

14. (क) कभी-कभी मुझे अपने ऊपर भरोसा नहीं रहता।
(ख) भले ही लोग मेरी क्षमताओं के प्रति शंकालु रहें परंतु मुझे अपने बारे में कोई संदेह नहीं है।

15. (क) स्वास्थ्य के मामले में मैं पूरी तरह जागरूक हूँ।
(ख) मैं अपने स्वास्थ्य को लेकर चिंतित और आदतों के मामले में लापरवाह हूँ।

16. (क) काम बिगड़ने के तो सौ बहाने हो सकते हैं परंतु मेरे लिए बिगड़े काम को बनाने का एक ही तरीका है– आत्मविकास।
(ख) परिस्थितियों के सहयोग के बिना कैसे भी प्रयास सफल नहीं होते।

17. (क) मुझे अपने विवेक पर पूरा भरोसा है।
(ख) तार्किक रूप से संतुष्ट हुए बिना मैं कोई काम नहीं करता।

18. (क) जीवन और समाज को लेकर मेरी स्पष्ट नैतिक मान्यताएँ हैं।
(ख) नैतिकता के मामले में मैं दूसरे लोगों की इच्छाओं का पालन

करता हूँ।

19. (क) मेरे जीवन का एक महत्त्वपूर्ण उद्देश्य है।
   (ख) मेरी रुचि व उद्देश्य लगातार बदलते रहते हैं।
20. (क) स्वयं को प्रसन्न अनुभव करके मुझे अपराध-बोध होता है।
   (ख) स्वयं को प्रसन्न देखकर शायद ही कभी मुझे अपराध-बोध हुआ हो।
21. (क) किसी भी काम को करने से पहले मैं जरूरत से ज्यादा सोचता हूँ।
   (ख) अधिकांशत: मैं अपने निर्णयों को तत्काल कार्यान्वित करता रहता हूँ।
22. (क) दूसरे मेरे बारे में क्या सोचते हैं—इसको लेकर मैं आशंकित रहता हूँ।
   (ख) मैं इस बारे में कतई परेशान नहीं हूँ।
23. (क) जिन कामों को मैं करना चाहता हूँ—आमतौर से मैं उन्हें कर ही लेता हूँ।
   (ख) कभी-कभी ही मैं अपने मन के कामों को कर पाता हूँ।
24. (क) अधिकतर मुझे दूसरों के सामने स्वयं को सही प्रमाणित करने की आवश्यकता होती है।
   (ख) कभी-कभी ही मुझे स्वयं को सही प्रमाणित करने की आवश्यकता होती है।
25. (क) कभी-कभी ही मैं अपने मन की सलाह पर काम करता हूँ।
   (ख) मुझे अपने मन पर पूरा भरोसा रहता है और मैं उसकी सलाह पर ही काम करता हूँ।
26. (क) मैं एक निराश और चिड़चिड़ा व्यक्ति हूँ।
   (ख) आमतौर से मेरा मन प्रफुल्लित और आशावादी रहता है।
27. (क) अपने व्यस्ततम कार्यक्रम में से भी मैं अपने लिए कुछ समय निकाल ही लेता हूँ।
   (ख) मैं चाहकर भी अपने मन को और शरीर को आराम नहीं दे पाता।
28. (क) प्राकृतिक और सुंदर वस्तुएँ मुझे प्रसन्न कर देती हैं।
   (ख) प्रसन्नता का अनुभव क्या होता है– ये मैं नहीं जानता।
29. (क) मैं अवसाद के भँवर से निकल नहीं पाता।
   (ख) मैं अवसाद और कुंठाओं से पीड़ित नहीं हूँ।
30. (क) मेरा पारिवारिक जीवन सुखी व संतोषजनक है।

(ख) मेरे लिए परिवार दुख व असंतोष का पर्याय है।

31. (क) मैं उन लोगों के साथ काम कर ही नहीं सकता, जिनसे मेरे विचार नहीं मिलते।

(ख) दूसरे लोगों के विश्वास और आस्थाएँ मेरे और उनके बीच आपसी संबंधों में आड़े नहीं आते।

32. (क) मैं स्वयं को लोगों और समाज से पूरी तरह जुड़ा हुआ महसूस करता हूँ।

(ख) मैं स्वयं को अलग और कटा-कटा महसूस करता हूँ।

33. (क) मैं नि:संकोच अपनी संपूर्णता के साथ प्यार करता हूँ।

(ख) प्रेम के मामले में मैं संकोची हूँ।

34. (क) भय और आशंका के कारण मैं अपनी भावनाओं का प्रदर्शन नहीं कर पाता।

(ख) अपने मनोभावों के प्रदर्शन के दौरान मैं किसी भी प्रकार के भय अथवा आशंका का अनुभव नहीं करता।

35. (क) कुछ लोगों से मैं अपने मन की बात कह सकता हूँ और वे मुझे उचित सलाह देते हैं।

(ख) ऐसा कोई नहीं है, जिस पर मैं भरोसा कर सकूँ।

36. (क) ज्यादातर लोग मुझे पसंद करते हैं।

(ख) शायद ही कोई मुझे पसंद करता हो।

37. (क) ऐसा मुझे कभी नहीं लगा कि कोई है, जिसे मेरी जरूरत है।

(ख) मैं हमेशा महसूस करता हूँ कि मैं दूसरों के लिए उपयोगी हूँ और उन्हें मेरी जरूरत है।

38. (क) लोग केवल निजी स्वार्थ के कारण ही दूसरों की मदद करते हैं।

(ख) ज्यादातर लोग बिना किसी बदले की आशा से काम करते हैं।

39. (क) मेरे लिए सुख चेतना के स्तर पर, स्वास्थ्य शरीर के स्तर पर और सफलता भौतिकता के स्तर पर, एक ही अवस्था के तीन अलग नाम हैं।

(ख) मेरी ऐसी कोई अनुभूति नहीं है।

40. (क) कभी-कभी मेरा मन विस्मय और आह्लाद से भर जाता है।

(ख) मुझे ऐसे मनोभावों का अनुभव कभी नहीं होता।

अनुक्रम

अपनी बात

हमारे देश की सभ्यता सदियों पुरानी है। इसमें अलग-अलग कालों में अलग-अलग विचारधाराएँ पनपीं और विकसित हुईं। आज वे सब इतनी गड्ड-मड्ड हो गई हैं कि आम आदमी बड़ी दुविधा में है। उसकी समझ में नहीं आता कि क्या सही है और क्या ग़लत है? यह दुविधा ही उसके दुख का कारण है। जैसे एक विचारधारा के अनुसार–

अजगर करै न चाकरी पंछी करै न काम,
दास मलूका कह गए सबके दाता राम।

निहितार्थ यह है कि अरे मूर्ख, क्यों भागा फिर रहा है? राम सबके दाता हैं। जो तेरा हिस्सा है, वह तुझे मिल जाएगा। दूसरी विचारधारा के अनुसार–

ख़ुदी को कर बुलंद इतना कि हर तकदीर से पहले
ख़ुदा बंदे से ख़ुद पूछे, बता तेरी रज़ा क्या है?

अर्थात् कुछ ऐसा कर, ताकि ख़ुदा भी स्वयं तुझसे आकर पूछे कि बता तेरी क्या इच्छा है? और फिर वह तेरी इच्छा को पूरा कर सके। इसी प्रकार हमारे समाज में दो वर्ग हैं– एक, अपनी इच्छा और महत्त्वाकांक्षा को साकार करने के लिए उपलब्धियों के पीछे दौड़ रहा है, जिसकी परिणति के रूप में उसे अंत में अपने 'चुक' जाने का अहसास ही होता है। यानी शुरू तो वह दूसरी विचारधारा से करता है और लौटकर पहली विचारधारा पर आ जाता है। कहना चाहिए कि अंततः अपने आपको वह भाग्य के ऊपर छोड़ देता है।

अब एक दूसरा वर्ग भी है, जो पहले से ही भाग्यवादी है। उसके भाग्यवादी होने में परिस्थितियों, उसके अभावों तथा उन पर विजय पाने की अक्षमता ही मुख्य कारण है। अतः वह अपने-आपको सहनशील प्रदर्शित करता है। सहनशील होने के बावजूद महत्त्वाकांक्षा या तृष्णा की उसमें कमी नहीं है। चूँकि वह उनको पूरा करने में अभावों एवं परिस्थितियों से निर्मित अपने स्वभाव के कारण असफल रहता है, इसलिए वह खुद को बुलंद करने के चक्कर में दौड़ना शुरू तो कर देता है परंतु देर-सवेर हाँफने लगता है। उसका यह हाँफना भी देखनेवालों के मन पर पहले वर्ग की विचारधारा का अर्थात् भाग्यवादी दर्शन का एक और ठप्पा लगा देता है।

फिर भी दूसरों की कमजोरियों से फायदा उठाकर अपनी महत्त्वाकांक्षा की पूर्ति करना प्रबंधकीय योग्यता के रूप में स्वीकार किया जाता रहा है। हमारे देश में चाणक्य ने भी कमोबेश इसी मत की पुष्टि की है। लेकिन संपूर्णता की दृष्टि से ऐसा करने से हमारे व्यक्तित्व की गुणवत्ता (Total Impact of Personality) अवश्य प्रभावित होती है, जो हमारे भीतरी दुख का कारण बनी रहती है।

दूसरी ओर भारतीय मनोविज्ञान (साथ ही प्रोफेसर रेमंड बी. कैटेल द्वारा स्थापित एवं विकसित व्यक्तित्व मनोविज्ञान) आपको, आपके व्यक्तित्व को और उसके प्रभाव को स्वीकार करता है। आपके व्यक्तित्व का प्रभाव, यदि उसमें स्वाभाविक नेतृत्व की क्षमता है तो वह दूसरों को आत्मविकास के लिए प्रेरित करेगा ही, जिसका परिणाम होगा– समाज/समूह के उद्देश्य की प्राप्ति। यदि ऐसा नहीं है तो आप ढूँढ़िए कि आपका व्यक्तित्व दूसरों को किस प्रकार प्रभावित करता है। गंभीरतापूर्वक की जाने वाली इस तलाश में कई पड़ाव आएँगे, जैसे– आचरणशुद्धि, विचारशुद्धि तथा आत्मदर्शन। जैसे ही आप आत्मदर्शन (शरीर की संपूर्ण चेतना को देखना) प्रारंभ करेंगे, वैसे ही आप न केवल अपने व्यक्तित्व के संपूर्ण प्रभाव को देखने लगेंगे बल्कि आपके ऊपर पड़नेवाला दूसरों के व्यक्तित्व का प्रभाव भी आपको स्पष्ट दृष्टिगोचर होने लगेगा। तभी आपको वास्तविकता समझ में आएगी कि खुदी को बुलंद करने से तात्पर्य दूसरों पर पड़नेवाले अपने व्यक्तित्व के प्रभाव को बढ़ाना है न कि वाक्पटुता से अपनी इच्छाओं को धारदार बनाना। वास्तव में व्यक्तित्व के प्रभाव के अभाव में इच्छाएँ तृष्णा बन जाती हैं। यही तृष्णा निजी स्तर पर हमारे दुखों का कारण है, यही उपलब्धियों के मामले में परिस्थितियों को असहयोगी बनाकर हमारी गुणवत्ता पर प्रश्नचिह्न लगाती है, और पारिवारिक एवं सामाजिक स्तर पर टूटन का कारण बनती है। दरअसल, संत मलूकदास परोक्षरूप से इसी अर्थ में काम न करने की सलाह देते हैं, अन्यथा 'कर्मण्येवाधिकारस्ते..' का क्या होगा?

सन् पचहत्तर तक आते-आते मुझमें एक ऐसी दक्षता विकसित हो गई थी कि किसी के भी व्यक्तित्व का अध्ययन करके मुझे उसका भविष्य दिखाई देने लगता। मेरी आँखें उसके भीतर, उसके पार देखने लगतीं कि उसका वर्तमान स्वभाव, सोचने का ढंग तथा जीवन के प्रति उसका दृष्टिकोण उसे भविष्य में कहाँ ले जाएगा? वह व्यावसायिक तथा सामाजिक स्तर पर क्या करेगा? यहाँ तक कि इन सबका प्रभाव उसके स्वास्थ्य पर कैसा पड़ेगा, यह भी मैं उसके व्यक्तित्व का अध्ययन करके जान जाता था।

व्यावसायिक तौर पर मेरे लिए यह एक सुखद अनुभूति थी, परंतु व्यक्तिगत

तौर पर यह मेरी परेशानी का कारण भी थी, क्योंकि यदि कुछ बुरा घटित होने वाला मेरी जानकारी में आता था, यहाँ तक कि यदि मैं देखता कि उसका स्वास्थ्य खराब हो जाएगा या उसे हृदय रोग हो जाएगा, तो मैं उसको उस दुष्परिणाम के बारे में सूचित नहीं कर सकता था। विशेषरूप से उसे भविष्य में होनेवाले 'हृदयाघात' के बारे में सूचित नहीं कर सकता था, क्योंकि ऐसे में मनोवैज्ञानिक तौर पर दुष्परिणाम का डर भी बना रहता था। सहयोगी मेरी बात समझ नहीं पाते थे। स्वास्थ्य-विशेषज्ञों के अनुसार मुझमें इतनी तकनीकी विशेषज्ञता ही नहीं थी कि मैं केवल व्यक्तित्व का अध्ययन करके कोई भविष्यवाणी कर पाता। मनोविज्ञान के प्रोफेसरों से अपनी परेशानी के समाधान के बारे में परामर्श करने पर सलाह मिलती कि इन बातों को समझने वाला अपने देश में कोई नहीं। मुझे या तो अपने विचार विदेशी विद्वानों तक पहुँचाने चाहिए या फिर अपनी अनुभूतिजन्य महत्त्वाकांक्षाओं का गला घोट देना चाहिए। किंतु मेरी समस्या थी कि कंबल मुझे छोड़ नहीं रहा था। विशेष रूप से जबकि मेरी आँखों के सामने वह आदमी तिल-तिल करके हार्ट अटैक के करीब जाता हुआ एक दिन अस्पताल पहुँच जाता था। मैं क्यों उसे इसके बारे में पहले से सचेत न कर पाया, यही बात मुझे सालती थी।

विशेषज्ञता की तकलीफ होती है, तकनीकी अकेलापन। आपके पास समस्या होती है परंतु आप न तो उस पर किसी से बात कर सकते हैं और न ही किसी से सलाह ले सकते हैं। अपने इस अकेलेपन के दौरान जितना मैं प्रोफेसर कैटेल को पढ़ता, मेरी कैटेल में तो आस्था बढ़ती जाती लेकिन मैं अपनी समस्या को लेकर और भी हताश होता जाता।

क्योंकि समस्या थी, इसलिए हल की तलाश भी थी। इसी तलाश ने डा. रमेशचंद्र कांडपाल (मेरे 'योग' के गुरु) के माध्यम से मुझे भारतीय मनोविज्ञान से परिचित करवाया। भारतीय मनोविज्ञान नाम का कोई विषय तो है नहीं। आपको चिड़िया की तरह चुगना होता है। लगभग सोलह-सत्रह वर्षों के अध्ययन, अध्यवसाय तथा लोगों के व्यक्तित्व के मापन, परामर्श (Counselling) और व्यवहार के बरसों अध्ययन के बाद जितना मैं भारतीय मनोविज्ञान और पश्चिम खासतौर से प्रोफेसर कैटेल की देन, व्यक्तित्व मनोविज्ञान, जिसमें योग्यताओं, प्रेरणाओं व रुचियों के मापन पर अधिक बल दिया जाता है-को एकीकृत कर पाया हूँ, उसका परिणाम है यह पुस्तक-'गौरवशाली जीवन कैसे जिएँ?'

'गीता माधुर्य'-स्वामी रामसुखदास, 'योगसूत्र एवं शिवसूत्र'-कृपाशंकर अवस्थी तथा 'तब और अब-एक विपश्यी की आत्मकथा', विपश्यना केंद्र, जयपुर ऐसी पुस्तकें रही हैं, जिन्होंने मेरे चिंतन को इस पुस्तक का आकार दिया है। कई बार तो

मैंने इनके ही विचार को आधार बिंदु बनाकर सोचा है। इसी प्रकार प्रोफेसर कैटेल की पुस्तकें मेरे चिंतन को गढ़ने में ईंट और गारे का काम करती रही हैं। इसलिए धन्यवाद के माध्यम से मैं अपनी बैसाखियों का महत्त्व कम नहीं करना चाहता।

यदि मैं अपनी पत्नी राज और बेटों– ललित, सुमीत व अमित के अमूल्य सहयोग की उपेक्षा करूँ तो वे परिस्थितियाँ अछूती रह जाएँगी, जिनके चलते आदमी त्रिशंकु बनकर रह जाता है। वास्तव में नारी-मुक्ति आंदोलन के दौर में राज की ही यह हिम्मत है, जो जवान होते तीन बेटों को सँभाल रही है, नौकरी करके घर चला रही है (क्योंकि राजनीतिक बेवकूफियों ने इनकम टैक्स के माध्यम से नौकरीपेशा आदमी के हाथ में भीख का कटोरा थमा दिया है) और सबसे बड़ी बात, गृहस्थी के झमेलों में वह मेरा 'कवच' बन गई है। अर्थात् सोचने और लिखने के लिए मेरे परिवार ने मुझे पारिवारिक चिंताओं से मुक्त रखा। अन्यथा यह पुस्तक शायद संभव न हो पाती।

वह लेखक ही क्या, जो बोर न करता हो। इंदु दीदी, वीना भाभी, भाई संतोष, विनय, स्वर्गीय विनोद उनियाल आदि ऐसे लोग रहे हैं, जिन्हें मैंने साधिकार बोर किया है। श्री कुलदीप चंद्रा, जनार्दन लखेड़ा, डा. हरगोपाल सिंह, श्री राजकुमार गुप्ता आदि ने मेरे चिंतन को सहज बनाने में सहयोग दिया है।

अंत में, श्री नवीन नौटियाल एवं दिवाकर हैं, जिन्होंने इस पुस्तक की पांडुलिपि तैयार करने में सक्रिय सहयोग और सलाह दी है। मैं इन सबको नमन करता हूँ।

डा. विनोद के. गुप्ता

क्रोध और उसके कारण

जब हम कुछ पाना चाहते हैं और किसी कारणवश उसे पाने में अवरोध उत्पन्न होता है तो उस कारण के प्रति हमारे भीतर क्रोध जागता है। हमारे शरीर में अतिरिक्त ऊर्जा उत्पन्न होती है जिसकी मदद से हम अवरोध को रास्ते से हटा देते हैं। यह एक सामान्य प्रक्रिया है। जब बार-बार अवरोध उत्पन्न होते हैं तो क्रोध में रहने की हमारी आदत बन जाती है। यही आदत पुरानी होकर स्वभाव बन जाती है। क्रोध जब हमारा स्वभाव बन जाता है तो हम स्वयं को सही प्रमाणित करने के लिए कारण ढूँढ़ते हैं। ये कारण वास्तविक न होकर काल्पनिक होते हैं। अर्थात् प्रतिकूल परिस्थितियों में तो क्रोध उत्पन्न होता ही है, लेकिन आदत बनने पर हम अपने क्रोधी स्वभाव के कारण अनुकूल परिस्थितियों को भी प्रतिकूल समझते हैं और आदत केवल व्यवहार के स्तर तक ही सीमित नहीं रहती। मानसिक स्तर पर हमारा संयम जो पहले परिस्थितियों को हमारे अनुकूल बनाने में मदद करता था, हमारे क्रोधी स्वभाव के कारण समाप्त हो जाता है अर्थात् हम अपना धीरज खो बैठते हैं। शारीरिक स्तर पर हमारे भीतर ऐसे रसायन बनने लगते हैं जो हमें लगातार गुस्से में बनाए रखकर हमारी ऊर्जा के स्रोत को कमज़ोर कर देते हैं। नतीजा यह होता है कि एक ओर तो हमारा शरीर बीमारियों का घर बन जाता है, दूसरी ओर हमारा क्रोध उग्र रूप धारण करके ज्वाला की तरह धधकने लगता है। ऐसा क्रोध हमारा शत्रु बन जाता है। बुद्धि भ्रष्ट हो जाती है। हम कुतर्क करने लगते हैं। ईर्ष्या और द्वेष हमारी योजनाओं के आधार बन जाते हैं। असफलता हमारे जीवन का अंग बन जाती है। हम उलझनों में फँस जाते हैं। वास्तव में पहले परिस्थितियाँ हमारी शत्रु थीं। फिर क्रोध हमारा शत्रु बना। अब हम स्वयं अपने ही शत्रु बन गए।

क्रोधी स्वभाव के कारण हम मानसिक रूप से उलझनों के शिकार हो जाते हैं। उलझनों का पहला लक्षण है—शरीर में होने वाली छोटी-से-छोटी घटना के प्रति हमारा संदेहशील हो जाना। जैसे किसी को लगता है मानो गैस दिल पर आ गई है। किसी को लगता है जैसे खाना हज़म नहीं हुआ। उलझनों का दूसरा लक्षण है—जीवन व उसकी घटनाएँ सभी अर्थहीन हो जाती हैं। इस लक्षण के चलते रोगी अपनी सभी समस्याओं का हल मृत्यु अर्थात् आत्महत्या में खोजता है। कोई भी काम जिसे वह

करता है, उसमें उसे कोई संतोष नहीं मिलता। दरअसल, असंतोष भी हमारी उलझनों का एक लक्षण है। उलझनों का ऐसा लक्षण अपने उग्र रूप में प्रगट होकर आत्महत्या जैसी घटना का कारण बनता है और मामूली लक्षण के रूप में 'मन नहीं लगता' जैसे शब्दों में व्यक्त होता है। उलझनों का तीसरा लक्षण है—जानलेवा जोखिम भरे कामों की प्रवृत्ति। तेज रफ्तार से कोई वाहन चलाना, उलझनों का मामूली असर है। बुल फाइटिंग, आग लगाकर मौत के कुएँ में छलाँग, युद्ध में जानलेवा जोखिम का प्रदर्शन, पहाड़ की दुर्गम चोटियों पर चढ़ना आदि अधिकांश स्थितियाँ उलझनों के तीसरे लक्षण का उग्रतम रूप हैं। अपितु ये सभी व्यवहार सामाजिक रूप से मान्य व्यवसाय बन चुके हैं, परंतु ये सभी विवाद के विषय भी हैं। दरअसल, कोई दक्ष ड्राइवर जब कार तेज़ चलाता है तो यह उसकी व्यावसायिक दक्षता का प्रमाण है। मगर जब कोई व्यक्ति आवेश में आकर कार तेज़ चलाता है तो यह उलझनों का लक्षण है। उलझनों का चौथा लक्षण है—हमेशा अपने अंदर कमज़ोरी महसूस करना। शरीर का गिरा-गिरा रहना। ज़रा से काम से थक जाना। उलझनों का पाँचवा लक्षण है, समस्या की भयावहता की कल्पना करके उदास और चिंतित रहना। वास्तव में आम बोलचाल की भाषा में इसी को मानसिक अवसाद (Depression) कहते हैं। इसमें चिंताएँ मन के अंदर निराशा और उदासी का वातावरण तैयार करती हैं। उलझनों का छठा लक्षण है, नींद का न आना और अगर आना भी तो डरावने सपने दिखाई देना। व्यक्ति को लगातार यह आशंका बनी रहती है कि उसे नींद नहीं आएगी। उलझनों का सातवाँ लक्षण है, अपनी समालोचना से चिढ़ जाना, शोर-शराबे से दूर भागना और हमेशा एकांतवासी बने रहना। व्यक्ति अपनी आलोचना किसी भी दशा में सुनना पसंद नहीं करता। अगर कोई भलाई की भावना से किसी तरह का सुझाव देता है तो वह उस व्यक्ति से चिढ़ने लगता है। वह तनिक से शोर से घबड़ा जाता है। प्रतिकूल परिस्थितियों में वह एकांत में मुँह छिपाए रहता है। वास्तव में ऐसे व्यक्ति ही अंतर्मुखी समझे जाते हैं। ऐसा देखने में आता है कि उलझनों से घिरे व्यक्ति 'ध्यान' की साधना करते हुए मिथ्याचार का सहारा लेते हैं। उलझनों के दूसरे लक्षण से ग्रसित व्यक्ति 'वीरता की भावना' को कलंकित करते हैं। उलझनों के सातवें लक्षण से प्रभावित व्यक्ति अंतर्मुखी क्षमताओं व दक्षताओं की पहचान को दूषित करते हैं। हो सकता है कि हम देर-सवेर शब्दों को अलग कर पाएँ परंतु तब बहुत देर हो चुकी होती है, क्योंकि अंतर्मुखी व्यक्ति अपनी पहचान के अभाव में समस्याओं के शिकार हो जाते हैं।

उपर्युक्त व्याख्या के आधार पर कहा जा सकता है कि क्रोधी स्वभाव वाला व्यक्ति मानसिक उलझनों और रोगों के चक्रव्यूह में फँसकर अपनी दयनीयता से

त्रस्त होकर आर्तनाद करने लगता है। वास्तव में यही आर्तनाद उसकी नियति है।

अनुभूतिजन्य सत्य का प्रगटीकरण गूँगे के मुँह में गुड़ जैसा होता है। अब ऐसे में यह कहना कि जीवन और उसकी घटनाओं को देखने का, समझने का, परखने का हमारा दृष्टिकोण इस प्रकार विकसित होता है, बड़ा मुश्किल है। फिर भी सुविधा के लिए कह सकते हैं कि हमारा वातावरण, हमारे परिवार की परिस्थितियाँ, हमारी जैव-रसायन प्रक्रियाएँ, हमारा वंशानुक्रम, हमारे जींस (Genes) की संरचनाएँ, हमारा सीखना, हमारी समझ आदि ऐसी मन:स्थितियों का निर्माण करते हैं, जो जीवन के प्रति हमारे दृष्टिकोण के विकास में सहायक होती हैं। हमारा दृष्टिकोण जितना वस्तुगत होता है, उतना ही हम सम्यक् दर्शन का जीवन जीते हैं। इस सत्य का प्रतिपादन सभी ने अपने-अपने ढंग से किया है। गीताकार हमें स्थितप्रज्ञ बनने का उपदेश देता है। आधुनिक मन:चिकित्सक हमारे इस दृष्टिकोण को वस्तुगत बनाने का प्रयास करते हैं। बहरहाल ढंग अलग हैं परंतु सबके उद्देश्य एक ही हैं।

दूसरी ओर ऊपर के किसी भी कारण में तनिक-सी भी असामान्यता आ जाने से हमारा दृष्टिकोण अपनी वस्तुगतता खो बैठता है। अगर हम मानसिक परीक्षणों का सहारा लें तो कहेंगे कि दृष्टिकोण की स्वाभाविक वस्तुगतता तो वास्तव में एक आदर्श होती है वरना इसमें भी उतार-चढ़ाव आते रहते हैं। अधिकांश व्यक्तियों का दृष्टिकोण अपनी स्वाभाविक वस्तुगत लचक के अभाव में ठस हो जाता है और ऐसे लोग 'सब धान सत्ताईस पसेरी' तोलते हैं। उग्र स्वभाव का व्यक्ति सभी परिस्थितियों में अवरोधों को ढूँढ ही लेता है। कई बार तो वह भूतकाल में हुई किसी घटना में इतना चिपकाव पैदा कर लेता है कि उस घटना को याद करके ही हवा में लट्ठ चलाता रहता है। चित्तवृत्तियों में बदलाव के कारण अगर उसका ध्यान उस घटना से हट भी गया तो वह अपनी भविष्य की योजनाओं में कल्पना के रंग भरकर अपने क्रोध के कारण ढूँढ लेता है। वास्तव में ऐसे व्यक्ति ही सामने वाले खरगोश को या तो अनदेखा करके या फिर उसे दूर भगाकर चाँद के धब्बों का काल्पनिक खरगोश बनाकर उसे पाने की दुराशा में तड़पते रहते हैं। ऐसे ही लोग पत्नी की सामर्थ्य को नकारकर काल्पनिक प्रेमिका की तलाश में परस्त्रीगामी बनकर अपनी और समाज की शांति भंग करते हैं और तड़पते रहते हैं।

कह सकते हैं कि जो प्राप्य है वह हमारे दूषित दृष्टिकोण के कारण हमारे मन में वितृष्णा जगाता है। जो अप्राप्य है उसके लिए प्राप्य को अवरोध मानकर हम क्रोधित होते रहते हैं और अप्राप्य को न पा सकने के कारण उलझनों के शिकार बनकर सहायता के लिए पुकारते रहते हैं। कई बार थोथे अहम के कारण अथवा स्वयं को सही प्रमाणित करने के लिए भी हम ऐसा करते हैं।

वास्तव में जीवन व उसकी घटनाओं के प्रति हमारा दूषित दृष्टिकोण हमें एकांगी बना देता है। समूह अथवा समाज की अनेक इकाइयों में से एक हम अपने को सबसे अलग समझकर बाकी सभी को विजातीय समझने लगते हैं। परिवर्तनशील जगत की घटनाओं को हम अपने दृष्टिकोण के अनुसार अटल बनाए रखना चाहते हैं। परिवर्तन जो संसार का नियम है, उसे रोका नहीं जा सकता। नतीजा होता है इच्छाओं के मार्ग में अवरोध अर्थात संयोग का वियोग में पलटना, जो कुछ भी जुड़ा है उसका तार-तार होना और जीवन का विनाश होना। दरअसल, संसार का अपना चक्र है। उसी चक्र के अनुसार जीवित और निर्जीव सभी परिवर्तनशील हैं। जो जीवन के प्रति वस्तुगत दृष्टिकोण रखते हैं वे इस परिवर्तनशीलता को आत्मसात कर लेते हैं। जो दूषित दृष्टिकोण वाले हैं वे क्रोध व उलझनों के भँवर में फँसकर हाय-हाय करते रहते हैं।

इन अर्थों में संपूर्ण संसार उलझनों की भँवर है। अधिकांश लोग चेतना के जड़त्व के कारण अपनी इहलीला रोते-कलपते पूरी कर जाते हैं। कुछ थोड़े से इस भँवर की सच्चाई को किताबी ज्ञान के रूप में जानकर स्वयं को और दूसरों को अपनी-अपनी सामर्थ्य के अनुसार छलते और छले जाते हुए इस संसार से कूच कर जाते हैं। एक बात और, उलझनों का यह भँवर हमारी चित्तवृत्तियों के अनुरूप व्यावहारिक दृष्टि से कभी-कभी दुख के अभाव की स्थिति भी पैदा करता है। यह स्थिति जिस किसी माध्यम की उपस्थिति में उत्पन्न होती है, उसी माध्यम के प्रति हमारे मन में चिपकाव अर्थात प्रेम उत्पन्न हो जाता है। इसी माध्यम को हम अपने सुख-दुख के अभाव का कारण मान लेते हैं। तथाकथित आत्मिक प्रेम का कारण भी यही माध्यम होता है। तथाकथित इन अर्थों में कि इससे हमारी उलझनों का भँवर भयावह हो उठता है और प्रेम की तलाश एक सिलसिला बन जाती है।

थोड़े बहुत लोग जो इस भँवर की सच्चाई का अनुभव कर लेते हैं, और जो इससे निकलना चाहते हैं, वे हीनता के शिकार हो जाते हैं। ऐसा इसलिए कि जितना वे निकलने के लिए छटपटाते हैं, उतने ही वे भँवर के केंद्र की ओर खिसक जाते हैं। उनमें भँवर से निकलने की इच्छा तो होती है परंतु उन्हें निकलने का तरीका नहीं आता। उनके भीतर से आवाज़ आती है और लगातार आती है कि इस भँवर से निकला जा सकता है। अनुभूतियों के स्तर पर जीनेवालों का उदाहरण उनके सामने होता है। मगर उन्हें निकलने का तरीका नहीं आता। नतीजा होता है कि वे दूसरों की तरह दुख के अभाव को ही आनंद मानकर मनोरंजन के तरीके तलाश करने लगते हैं। अपने प्रयासों में सफल होने पर ऐसे लोग आत्मविकास के प्रयासों में उलझे व्यक्तियों को हतोत्साहित भी करते हैं। असफल होने की स्थिति में नशे की आदत

पाल लेते हैं। दरअसल, नशे के सहयोग से वे अपने भीतर के संशयों को सम्मोहित रखना चाहते हैं या फिर वे भँवर से न निकल सकने की कुंठा में ग्लानि से भरकर हाय-हाय करने लगते हैं।

उलझनों के भँवर में फँसे व्यक्ति जब आत्मविकास की भावना से प्रेरित होकर अपनी असहाय अवस्था से उपजी ग्लानि की पीड़ा झेलते हैं तो उनके अंदर एक ही इच्छा तीव्रतर होती जाती है कि इस भँवर से मैं कैसे बाहर निकलूँ। इन्हीं अर्थों में हम कह सकते हैं कि जीवन एक तलाश है। भँवर को ही जीवन मानने वाले तमाम उम्र मृगतृष्णा की तरह प्रेम और मनोरंजन को तलाशते रहते हैं। दूसरी ओर आत्मविकास के हामी भँवर से बाहर निकलने के तरीकों की खोज में लग जाते हैं।

सारांश :

1. परिस्थितिजन्य क्रोध हमारी सुरक्षा की आवश्यकता को पूरा करता है।

2. क्रोधी स्वभाव हमारी क्षमताओं को लील कर मानसिक व शारीरिक तौर पर हमें कमज़ोर करता है।

3. क्रोध और भय जब हमारे स्वभाव बन जाते हैं तब हम उलझनों के चक्रव्यूह में फँस जाते हैं।

4. क्रोधी स्वभाव परिस्थितिजन्य न होकर वस्तुत: जीवन के प्रति हमारे दृष्टिकोण पर निर्भर करता है।

5. दृष्टिकोण यदि लचीला और वस्तुगत न हो तो यह हमें एकांगी बना देता है और हम तमाम उम्र स्वयं को सही प्रमाणित करने में लगे रहते हैं।

6. कुछ लोग आत्मविकास की भावना से प्रेरित होकर अपने दृष्टिकोण को वस्तुगत और लचीला बनाने के लिए प्रयत्न करते हैं।

7. ऐसे व्यक्तियों के लिए जीवन का पर्याय 'खोज' बन जाता है।

आत्मविकास कैसे करें?

आत्मविकास के अभाव में आदमी, आदमी कम भेड़िया ज़्यादा है।

–प्लैटस

आत्मज्ञान अपने ही पुरुषार्थ और विवेक से होता है। तप, स्नान आदि किसी अनुष्ठान से नहीं होता।

–योग वशिष्ठ

मनोविज्ञान की भारतीय पद्धति को आत्मकेंद्रित पद्धति के रूप में निरूपित किया जाता है, जबकि सच्चाई एकदम उलटी है। वास्तविकता यह है कि उलझनों के भँवर से निकलने से लेकर बौद्धिक विकास तक की तमाम प्रक्रिया भीतरी संवर्धन से होकर गुजरती है। उदाहरण के लिए पश्चिम का मनोविश्लेषण अथवा मन:चिकित्सा भी रोगी की अंतर्दृष्टि के विकास पर ही जोर देते हैं। वस्तुस्थिति यह है कि रोग का निदान, उसके कारणों का मापन एवं परीक्षण, मनोविज्ञान की पश्चिमी पद्धति सफलतापूर्वक कर पाती है। किसी सीमा तक रोग के लक्षणों का नियमन भी यह पद्धति तात्कालिक तौर पर कारगर ढंग से करती है। परंतु असली समस्या तो स्वास्थ्य के अर्जन की आती है। इस मामले में मनोविज्ञान की भारतीय पद्धति ही अधिक सक्षम साबित हुई है, क्योंकि इसकी सहायता से न केवल स्वास्थ्य का अर्जन किया जा सकता है बल्कि बौद्धिक विकास भी संभव हो पाता है।

कहना चाहिए कि मनोविज्ञान की भारतीय प्रक्रिया से होकर गुजरा व्यक्ति ही सही अर्थों में सामाजिक होता है। कृष्ण को क्या आत्मकेंद्रित कहा जा सकता है? महावीर स्वामी को क्या स्वार्थी समझा जा सकता है? गौतमबुद्ध के समस्त मानव कल्याण के प्रयासों को क्या 'असामाजिक' संज्ञा दी जा सकती है? नहीं न। उलझनों के भँवर से निकलकर जैव-रसायन ऊर्जा के मानसिक ऊर्जा के रूप में परिवर्तन तक की तमाम प्रक्रियाएँ शारीरिक और मानसिक धरातल पर चेतना को जड़त्व से अलग करने के प्रयासों से जुड़ी हैं।

ये प्रयास काल्पनिक उठा-पटक नहीं हैं, बल्कि संसार, जीवन और दोनों की घटनाओं को समग्र रूप से अनुभूतियों के स्तर पर जीने के प्रयास हैं। कहना चाहिए

कि ये प्रयास व्यवहार में संशोधन से प्रारंभ होकर, अनुभव की प्रक्रिया से गुजरकर सत्य को यानी चेतना को अनुभूति के स्तर पर जड़त्व से अलग होते देखने के प्रयास हैं।

लेकिन उलझनों के भँवर में फँसा व्यक्ति सत्य को कहाँ देखता है। वह सत्य पर छाए जड़त्व से उपजे राग, द्वेष और मूर्च्छा को भोगता रहता है जबकि आत्मविकास के पथ का राही परम सत्य को पाना चाहता है। वह जड़त्व से मुक्त चेतना के संपर्क में आकर स्वयं भी चेतन होना चाहता है। यह किसी आसमानी ईश्वर को पाने की फैंटैसी नहीं है। यह मरने के बाद किसी काल्पनिक स्वर्ग में जाने की तैयारी भी नहीं है, बल्कि यह तो इसी जीवन में यहीं पर उलझनों के भँवर से निकलकर अपना बौद्धिक विकास करके समाज की उपयोगी इकाई बनने की प्रक्रिया है। मोटे तौर पर हम इसको समाजीकरण की भारतीय पद्धति कह सकते हैं।

इस समाजीकरण की पहली सीढ़ी है– हमारे बाहर का शुद्धिकरण। अर्थात् आत्मविकास की पहली शर्त है कि हम ऐसा कोई काम न करें जो समाज की शांति को भंग करता हो। एक मनोवैज्ञानिक मान्यता के अनुसार हमारे सभी व्यवहार अंतत: जैविक आवश्यकताओं पर आकर समाप्त हो जाते हैं या जीवन की जटिलताओं की मौजूदगी में हमारे सभी व्यवहार जाने-अनजाने जैविक आवश्यकताओं से संचालित होते हैं। जटिलताएँ जैसे-जैसे बढ़ती जाती हैं वैसे-वैसे ही उद्देश्य को पाने के रास्ते लंबे, टेढ़े-मेढ़े घुमावदार और उलझनपूर्ण होते जाते हैं। ऐसे में बौद्धिक क्षमताओं और विवेक की माँग बहुत बढ़ जाती है। लेकिन मनोवैज्ञानिक अध्ययन यह बताते हैं कि अधिकांश व्यक्तियों के पास सामान्य स्तर की बुद्धि होती है, जिसकी मदद से वे केवल जीवनयापन भर ही कर पाते हैं। कुछ व्यक्ति मानसिक रूप से पिछड़े हुए होते हैं जो ज़िंदा रहने के लिए दूसरों पर निर्भर रहते हैं। कुछ व्यक्तियों को बुद्धि थोक में मिल जाती है। ये आत्मविकास की स्थिति में भी होते हैं और दूसरों का शोषण करने में भी सफल होते हैं। रहा उलझनों के भँवर का प्रश्न तो उसमें सभी हाथ-पैर मार रहे हैं।

भारतीय मनीषा ने उपर्युक्त सभी के लिए आत्मविकास का द्वार खोला है। सुविधा के लिए कह सकते हैं कि सामान्य बुद्धिवालों के लिए कर्मयोग, मंद बुद्धिवालों के लिए भक्तियोग, तीव्र बुद्धिवालों के लिए ज्ञानयोग ये तीनों ही अंतत: शारीरिक स्तर पर जैवरसायनों का शोधन करके बुद्धि का विकास करते हुए हमारे विवेक को सुदृढ़ करते हैं। मोटे तौर पर, संसार के सभी व्यवसायों को तीन श्रेणियों में बाँटा जा सकता है–निम्न तकनीक वाले काम, मध्यम तकनीक वाले काम और उच्च तकनीक वाले काम।

हालाँकि विकास की गति को देखते हुए इस प्रकार का विभाजन तर्क की

दृष्टि से उचित नहीं है लेकिन व्यवहार में देखा जाता है कि कल तक जिन कामों को उच्च तकनीकी श्रेणी में रखा जाता था और जिन्हें तीव्र बुद्धि के लोग करते थे, आज वे निम्न तकनीकों की श्रेणी में गिने जाते हैं और सही प्रशिक्षण पाए सामान्य बुद्धि के व्यक्ति भी उन्हें भली-भाँति कर लेते हैं। वास्तव में भक्तियोग अर्थात् मन लगाकर काम करना निम्न तकनीक वाले कामों के लिए जरूरी है। कर्मयोग अर्थात् विकारमुक्त मन से काम करना मध्यम तकनीक वाले कामों के लिए आवश्यक है। ज्ञानयोग यानी बुद्धि को विवेक से संचालित करते हुए काम करना उच्च तकनीक वाले कामों की मूलभूत आवश्यकता है। इस सबका तात्पर्य यह हुआ कि प्रशिक्षण और विकास की सामग्री इसी प्रकार दी जानी चाहिए।

कर्मयोग, भक्तियोग अथवा ज्ञानयोग के लिए हमारे सामाजिक व्यवहार की शुद्धि आवश्यक है, अन्यथा उलझनों के भँवर में फँसे हम लोग दुख के अभाव को ही आनंद मानकर उसे स्थाई बनाने के प्रयासों में लग सकते हैं। इस थोथे स्थायित्व के साधन हैं हमारे आचरण, जैसे–हिंसा, झूठ, चोरी, परस्त्रीगमन और मद्यपान। थोथा स्थायित्व इन अर्थों में हानिप्रद है, एक-- सब कुछ अनित्य है, परिवर्तनशील है; दो– समाज की शांति को भंग करता है; तीन– अंतत: इस प्रकार के आचरण हमें भँवर के केंद्र की ओर धकेलते हैं; चार– बौद्धिक विकास की सभी सँभावनाएँ समाप्त हो जाती हैं और हम सामाजिक प्राणी ही बनकर रह जाते हैं।

सारांश :

1. जीवन के प्रति अपने दृष्टिकोण को वस्तुपरक और लचीला बनाए बिना आत्मविकास संभव नहीं है।

2. उलझनों के भँवर से निकलने से लेकर बौद्धिक विकास की तमाम प्रक्रिया भीतरी संवर्धन अर्थात् अपने दृष्टिकोण को वस्तुपरक और लचीला बनाने से संपन्न होती है।

3. कर्म, भक्ति एवं ज्ञान जब योग के उपकरण बन जाते हैं तो कर्म भक्ति का आधार बन जाता है। भक्ति ज्ञान की जन्मभूमि बन जाती है। ज्ञान, कर्म एवं भक्ति दोनों का जन्मदाता बन जाता है।

4. आत्मविकास के पथ के राही के लिए ये तीनों एक समान हैं। अन्यथा ज्ञान अहंकार का, भक्ति कट्टरता का और कर्म जड़ता का पर्याय बन जाता है।

प्रथम सोपान : आचरण-शुद्धि

(आत्मबल अर्थात संकल्पशक्ति का विकास)

अनुपम-अप्रतिम है शील का बल-वैभव,
उत्तम है शील का आयुध-अस्त्र
श्रेष्ठ है शील का आभरण-आभूषण,
अद्भुत है शील का कवच-बख्तर। –बुद्ध वाणी

होम्योपैथिक चिकित्सा-प्रणाली रोगों के इलाज के लिए लक्षणों के आधार पर समान दवा का इस्तेमाल करती है। होम्योपैथ आज तक भी अपने वैज्ञानिक आधार को प्रमाणित नहीं कर पाए। फिर भी अनेक लाइलाज रोगी होम्योपैथी की मदद से स्वास्थ्य लाभ पाते हैं, क्योंकि जो रोग का कारण है, वह रोग की दवा भी है।

इसी प्रकार हमें उलझनों के भँवर में गहरे धँसाने के लिए जिम्मेदार अनेक कारणों में से एक कारण हमारा अपना आचरण भी है। तो क्यों न हम अपने आचरण को ही सबसे पहले दवाई के रूप में इस्तेमाल करें? ऐसा करने के लिए हमें दृढ़ निश्चयी बनना होगा। अन्यथा दुख के अभाव से उत्पन्न होने वाला चिपकाव अपने आकर्षणों में बाँधकर हमें भँवर के गर्त में फेंक देगा। हमें अपने आचरण से ही आत्मबल प्राप्त करना चाहिए।

दुनियादारी के मामले में भीतर से हम क्या हैं, प्राथमिक रूप से इतना महत्त्वपूर्ण नहीं होता। महत्त्वपूर्ण यह है कि हम दूसरों से कैसे पेश आते हैं। ऐसे मौकों पर हमारा सामाजिक आचरण ही हमें समाज में प्रतिष्ठा दिलाता है। सबसे बड़ी बात तो यह है कि हमारा निर्मल आचरण बाहरी दुष्प्रभावों अर्थात् वे घटनाएँ जो हमारे क्रोध को उग्रतम बनाती हैं, से बचाए रखने में हमारा कवच बन जाता है।

कहना चाहिए कि अपने आचरण में संवर्धन-संशोधन करने का हमारा दृढ़ निश्चय और पालन करने का अभ्यास हमारे आत्मबल को सुदृढ़ करता है तथा दूसरों के मन में हमारे प्रति सद्भावनाएँ जगाता है।

वास्तव में निर्मल आचरण का यही एक ऐसा लाभ है, जिसे हिंसा, झूठ, चोरी, परस्त्रीगमन और मद्यपान जैसे आचरण कभी नहीं दे सकते। अन्यथा राजनीतिक मक्कारियाँ भीड़ का समर्थन जुटाकर हमारे मनोबल को पुष्ट करती दिखाई देती हैं।

विज्ञापनों के माध्यम से दूसरों की सद्‌भावनाएँ भी बटोरी जा सकती हैं। नंबर दो की कमाई से समाज में अपना स्थान भी सुनिश्चित किया जा सकता है। परस्त्रीगमन से ज़िंदगी को रंगीन और आकर्षक भी बनाया जा सकता है। अनित्यता और परिवर्तनशीलता के कारण मन में चलते द्वंद्व और संशयों को मद्यपान की मदद से सम्मोहित भी किया जा सकता है।

प्रश्न यह है कि इस चकाचौंध से आकर्षित तो सब हो सकते हैं और इसके पीछे भाग भी सब सकते हैं मगर ये सुविधाएँ कितनों को और कितनी देर तक सुलभ होती हैं।

हो सकता है कुछ लोग साधनों के रहते इस चकाचौंध को तमाम उम्र बनाए रख सकते हों। मगर किस कीमत पर? ज्योतिष के गंडों-तावीजों, तंत्र की साधनाओं, अवसादनिवारक दवाओं (Anti Depressants) शांतिप्रदायिनी दवाओं (Tranquillizers) आदि की मदद से हम अपनी सम्मोहित स्थिति बनाए रख सकते हैं। जब भी यह सम्मोहन टूटता है तब हम अपनी पीड़ा पहले से बढ़ी हुई पाते हैं। बात पीड़ा की ही होती तो चल जाता, लेकिन चकाचौंध बिखरने का भय हमारे ऊपर लगातार सवार रहता है। प्रेरणाओं से संबंधित अध्ययन भी यह बतलाते हैं कि प्राणियों की सर्वप्रथम आवश्यकता है–सुरक्षा। यानी इतने दंड पेलकर भी हम पशुओं के समान मात्र भय की आशंका से मुक्ति पाना चाहते हैं। परंतु हम तो पशुओं के विकसित रूप हैं। अगर हैं तो फिर इतने असुरक्षित क्यों?

सामाजिक व्यवहार में संशोधन इन्हीं प्रश्नों का उत्तर देता है। वास्तव में हमारा निर्मल आचरण अनुभूतियों के स्तर पर हमें इंसान बनाता है और सुरक्षा के प्रति हमारे भय, आशंका और संशय को समाप्त करता है। रोटी, कपड़ा और मकान हमें भौतिक सुरक्षा तो दे पाते हैं परंतु भावनात्मक सुरक्षा के लिए हमें अपने आचरण में सुधार स्वयं ही करना होता है। वस्तुत: भावनात्मक सुरक्षा हमारे सुप्रयासों से ही संभव है।

सारांश :

1. उलझनों (रोग, दुख एवं असफलता) के भँवर से निकलने के लिए आत्मनिरीक्षण आवश्यक है।

2. प्राय: हमारा सामाजिक व निजी आचरण ही हमारी उलझनों का कारण होता है।

3. हेराफेरी करके हम अपनी उलझनों से सामयिक तौर पर छुटकारा तो पा सकते हैं, परंतु हमारे भीतर असुरक्षा की भावना बनी रहती है।

4. अपने आचरण में सुधार लाने का लाभ है– हमारे आत्मबल अर्थात संकल्प-शक्ति का विकास।

द्वितीय सोपान : साँस के प्रति जागरूकता

('भाग्य' अर्थात परिस्थितियों का सहयोग)

हे मधुसूदन! मन की चंचलता के कारण ध्यान योग में स्थित रहना मुझे बड़ा कठिन दिखाई देता है, क्योंकि हे कृष्ण, मन बड़ा ही चंचल है, प्रमथनशील, बलवान और जिद्दी है। इसका निग्रह करना मैं वायु का निग्रह करने की तरह अत्यंत कठिन मानता हूँ।

–गीता

प्राण जब सम होकर विचरता है, तब मनुष्य भेदभाव-रहित होकर समदर्शी हो जाता है। –शिवसूत्र

जिस मनुष्य को अपने स्वर (साँस) का ज्ञान होता है, उसके पैरों के नीचे लक्ष्मी और उसके शरीर में सदा सुख निवास करता है। –शिव स्वरोदय

समस्त ब्रह्मांड के सभी जीवित या निर्जीव पिंड किसी न किसी चक्र में घूम रहे हैं। सूर्य अपनी कीली पर घूम रहा है। पृथ्वी अपनी धुरी पर भी घूम रही है और सूर्य की परिक्रमा भी लगा रही है, जिससे रात-दिन और मौसम-परिवर्तन का क्रम बना रहता है। चंद्रमा अपनी धुरी पर भी घूम रहा है और पृथ्वी की परिक्रमा भी लगा रहा है। हमारे शरीर के विभिन्न जैव-रसायन भी अपने-अपने चक्र के अनुसार घटते-बढ़ते रहते हैं। हमारी चित्तवृत्तियाँ भी अपने चक्र के अनुसार बदलती रहती है। स्त्रियों का मासिक-चक्र, जैव-रसायन चक्रों का ज्वलंत उदाहरण है। समय की अवधि सभी की अपनी प्रकृति और अवस्था के अनुरूप अलग-अलग हो सकती है, अन्यथा सभी चक्राकार क्रम में गतिमान हैं। दरअसल, जीवन स्वयं में एक चक्र है। जब हम इस सत्य को अनुभूतियों के स्तर पर स्वीकार करने लगते हैं तो हमारे दुख एवं विकारों का शमन होने लगता है।

प्रत्येक व्यक्ति अपने दुखों से छुटकारा पाना चाहता है, कहना चाहिए कि दुखों से छुटकारा पाने के प्रयासों का इतिहास मानव के विकास जितना पुराना है। एक ओर दुखों से छुटकारा पाने के सभी सार्थक प्रयासों को संतुलित रूप से द्वैपायन

व्यास ने 'भगवद्गीता' में प्रस्तुत किया है। दूसरी ओर व्यावहारिक दृष्टि से किए गए सार्थक प्रयासों को पंतजलि ने 'योग सूत्र' के रूप में सूत्रबद्ध किया है। कहने को तो पंतजलि के समय में कुंडलिनी-जागरण की वाममार्गी प्रक्रिया मौजूद थी, फिर भी पंतजलि ने इसको योगसूत्र में स्थान नहीं दिया। कहते हैं कि पंतजलि ने आयुर्वेद के प्रसिद्ध ग्रंथ 'चरक संहिता' के भाष्य की रचना की है, इसलिए यह भी नहीं कहा जा सकता कि पंतजलि कुंडलिनी-जागरण के लाभों से अनजान थे।

परमाणु की चेतना के अतिरिक्त सब कुछ अनित्य है। हाँ, जीवन के रहते एक और परम सत्य है हमारी साँस। साँस ही तो जीवन का एकमात्र सत्य हैं जब तक साँस तब तक जीवन। तो फिर साँस को ही जानने का प्रयत्न क्यों न करें। पर कैसे? प्राणायाम का अभ्यास प्रारंभ करें? फेफड़ों की क्षमता का विकास करें? साँस की साधना शुरू करें? अपनी मर्जी से साँस रोकें-- छोड़ें? नहीं, कदापि नहीं। फेफड़े तो अनित्य हैं और अनित्य की साधना हमें उलझनों के भँवर में और गहरा धँसा देगी। अर्थात् जो राग, द्वेष और मोह की अग्नि में जल रहे हैं उनकी तो इस भँवर से निकलने की संभावना है, लेकिन जो प्राणायाम की साधना करके फेफड़ों की क्षमता बढ़ा रहे हैं, उनकी नियति मात्र 'सांड' बनना ही रह जाती है।

वैसे भी साँस को रोकने का अभ्यास एक ओर जीवन के प्रवाह को कुंठित करता है तो दूसरी ओर हमारे अहंकार को बढ़ाता है। ये दोनों ही हमारे भँवर के मुख्य कारण हैं। वास्तव में प्राणायाम-साधना शुद्धियों के अभाव में की जाने वाली हठयोग की साधना से भी भयंकर होती है। हाँ, यह बात दूसरी है कि इसके तात्कालिक लाभ बहुत-से हैं। जैसे आप कैसे भी दबाव में क्यों न हों, प्राणायाम-साधना आपको तुरंत लाभ पहुँचाएगी। रोग कैसा भी क्यों न हो प्राणायाम साधना आपको लाभान्वित करेगी। लेकिन इसके आगे फिर वही ढाक के तीन पात।

दरअसल यह सारा संसार मनोमय है। अर्थात् हम मन के अनुरूप ही जगत को देखते हैं। उलझनों का भँवर कहीं बाहर नहीं है। यह तो हमारे मन के भीतर है। हमारी जैव-रसायन प्रक्रियाओं के चक्र में है। जब हम साँस को रोकने व छोड़ने का अभ्यास करते हैं तो वह भी हम मन की विशेष चित्तवृत्तियों की स्थिति में ही कर रहे होते हैं। इस अभ्यास की सफलता उन वृत्तियों को दृढ़ करती है और ये वृत्तियाँ हमारे नज़रिए तथा संसार के प्रति हमारी धारणाओं को परिपक्व करती हैं। तो फिर हमारा दृष्टिकोण वस्तुगत कहाँ हुआ और अगर नहीं हुआ तो हमारी उलझनों का भँवर और भयंकर हो उठा न? हाँ, यह सच है कि प्राणों को साधकर कोई भी सफल साधक भँवर से अपनी चेतना को कुछ देर तक मुक्त रख सकता है। दरअसल, मात्र प्राणायाम-साधना भी मुख्य रूप से दमन (Repression) का अचेतन अभ्यास है।

दूसरी ओर साँस का आना-जाना ही चूँकि जीवन है और हमें जीवन को देखना है इसलिए साँस के आने-जाने के क्रम को भी देखना है। हमें सिर्फ स्वाभाविक रूप से आने वाली साँस के आने-जाने को देखना है न कि साँस के शरीर और मन के ऊपर होने वाले प्रभावों को। यह हुआ शुद्ध साँस को देखना। यह शुद्ध साँस न हमारी मर्जी से आ रही है न जा रही है। हम तो मात्र देख रहे हैं। देखने का अभ्यास कर रहे हैं। अब न हम यह चाह रहे हैं कि साँस आए और न हम यह चाह रहे हैं कि यह जाए। हम तो बस देख रहे हैं, अर्थात् न तो साँस के प्रति हम किसी प्रकार का 'राग' पाल रहे हैं और न ही किसी प्रकार का द्वेष पाल रहे हैं। बस देख रहे हैं, यानी हम अपनी स्वाभाविक साँस के प्रति केवल जागरूक हैं। मूर्च्छा की स्थिति में तो हम बिलकुल नहीं हैं। इस पूरी प्रक्रिया में कहीं कोई 'मैं' की भावना नहीं है और कहीं कोई 'ममत्व' नहीं है। केवल साँस के प्रति जागरूकता है।

साँस के प्रति यह जागरूकता हमारे मनोमय संसार में बारूद की तरह विस्फोट करना प्रारंभ कर देती है। क्रोध की ज्वाला भीषण हो उठती है। अवसाद के भँवर में भयंकर चक्रवात चलने लगते हैं। मन विद्रोह कर उठता है। मन में राग जागा तो प्रिय की स्मृतियाँ जागीं। उससे मिलन की योजनाएँ बननी आरंभ हो गईं। यह सब मन में चल रहा है और हम साँस को देख रहे हैं। हमारी कोशिश सिर्फ इतनी होती है कि बिना मन के घटनाक्रम को रोके साँस को देखें। मन के घटनाक्रम को चलने दें। रोकने की कोशिश नहीं करनी है। केवल साँस को देखने का जागरूक प्रयास करना है।

मन में द्वेष जागा तो वे सब स्मृतियाँ बवंडर की तरह मन के ऊपर छा गईं, जिन्होंने हमारे अहंकार या ममत्व को आहत किया था। ऐसे में मन बड़ा उग्र हो जाता है। इतना उग्र कि साँस को देखने का अभ्यास छोड़कर मन केवल बदला लेने की योजनाएँ बनाने लगता है। स्मृतियों के बवंडर उठ रहे हैं। मन योजनाओं में उलझा है। उलझने दें। हमारी कोशिश बस यही होनी है कि हम अपनी साँस को देखें।

अरे, हम कहाँ फँस गए? हमने तो बैठे-बिठाए मुसीबत पाल ली। जब मन में मूर्च्छा जागती है तो ऐसे ही विचार मन में जागते हैं। मन हमारी कोशिशों के प्रति विद्रोह कर बैठता है। ऐसे-ऐसे तर्क मन में उठते हैं कि ज़रा-सी ढील हमारे शुद्ध साँस को देखने के तमाम प्रयासों को ढेर कर सकती है। और कुछ नहीं हुआ तो हमें नींद ही आ जाती है। मन के राग और द्वेष से तो निपटा जा सकता है, मगर मूर्च्छा से निपटना थोड़ा मुश्किल है। ऐसी स्थिति में ही हमारा निर्मल आचरण सहायता करता है। नींद आ रही है तो भगाना है। संशय के नाग यदि फन उठा रहे हैं तो उन फनों को कुचलना है। बहरहाल हमें अपनी मूर्च्छा से लड़ना है और इस लड़ाई का

हथियार है साँस के प्रति हमारी जागरूकता।

साँस के प्रति हमारी जागरूकता केवल मनोमय संसार में ही बारूदी विस्फोट नहीं करती, बल्कि हमारे शरीर की जैव-रसायन प्रक्रियाओं में भी भूचाल की स्थिति पैदा कर देती है। जैव-रसायन प्रक्रियाओं में मिले विकारों को हमारा शरीर बाहर फेंकना शुरू कर देता है। लक्षणों की उग्रता इस बात पर निर्भर करती है कि हमारे विकार कैसे हैं, उनकी मात्रा कितनी है आदि। इनकी उग्रता से जो मूर्च्छा पैदा होती है, वह बड़ी भयंकर होती है। नतीजा होता है हम शुद्ध साँस को देखने के प्रयासों के प्रतिफल को देखकर डर जाते हैं। सोचने लगते हैं कि कहाँ फँस गए। ऐसी दशा में ही आचरण की निर्मलता हमारे मनोबल को बनाए रखने में मदद करती है और शरीर में नए जैव-रसायन विकारों को बनने से रोकती है। साथ ही जो कूड़ा-कचरा जमा था उसको बाहर निकाल फेंकती है और हम बिना अधिक कष्ट भोगे सहज रूप से अपनी साँस को देखने लग जाते हैं।

इस तमाम प्रक्रिया को देखकर कहा जा सकता है कि राग और द्वेष से उत्पन्न स्मृतियों और कल्पनाओं से निपटा जा सकता है। कम से कम साँस को देखने के क्रम में हमें इतना तो समझ में आता ही है कि यह सब इस समय हमारे मानसिक धरातल पर चल रहा है। अब क्योंकि सब कुछ मनोमय है इसलिए हम अपनी साँस को देखने का प्रयास करते रह सकते हैं। परंतु संशयों के रूप में अथवा शरीर के विकारों के रोग के रूप में निकलने से जो मन की अवस्था बनती है उससे हम निपटें तो तब जब हम में होश बाकी रहे। साधारण आदमी तो सोचता है कि कहाँ फँस गए आत्मविकास के चक्कर में। पहले मन ही तो अशांत रहता था, अब बीमार और पड़ गए। अरे दुनिया में आग लगे तो क्या फ़र्क पड़ता है, अपना घर तो नहीं जल रहा था। जैसे-तैसे करके तो ग़मों को भुलाया था, अब ज़ख़्म फिर से हरे हो गए आदि।

कहना चाहिए कि मन की मूर्च्छित अवस्था में हम इस संसार को बड़ा आकर्षक महसूस करते हैं। दुनियादारी के संदर्भ में यह ठीक भी है। लाख दोष होने के बावजूद अगर हम किसी के स्वार्थ-साधन में सहायक हो सकते हैं तो वह अपनी सामर्थ्य के अनुसार हमें सभी प्रकार के लालच देता है। ये लालच भी तो हमारे दुख के अभाव की स्थिति को तात्कालिक रूप से स्थायित्व प्रदान करते दिखते ही हैं।

'अब जब हमने किसी का इतना स्वार्थ साधा है तो हमें इतना सारा मिला है, और करेंगे तो और मिलेगा,' मन में ऐसी मृगतृष्णा तो पलती ही है। मन में उपजने वाले संशयों को नशे की मदद से मंद किया जा सकता है। स्वास्थ्य-लाभ के लिए डाक्टर की मदद ली जा सकती है। सुविधाओं के लिए सरकार से लड़ा भी जा

सकता है। इतने आकर्षक संसार को छोड़कर बेकार के पचड़ों में क्यों पड़ा जाए?

ये सभी मूर्च्छा को बनाए रखनेवाले तर्क इतने लुभावने हैं कि साधारण आदमी आत्मविकास की दिशा में पैर करके सोना भी खतरनाक समझता है। यह है भी ठीक। मौके के हिसाब से सच भी बोला जा सकता है। जरूरत पड़ी तो अहिंसक भी बना जा सकता है। क़रों की चोरी कोई चोरी नहीं, और वैसे हम चोरी करते नहीं। और क्या रह गया? हमारी पत्नी या अपना पति जब हमारी मानसिक और शारीरिक आवश्यकताएँ पूरी कर ही नहीं सकता, तो क्या हमारे पास इतना अधिकार भी नहीं कि हम किसी दूसरी जगह से अपनी आवश्यकताएँ पूरी कर सकें? हम गुलाम नहीं हैं। प्रेम करना आदमी का जन्मसिद्ध अधिकार है। और फिर स्त्री-पुरुष के बीच आकर्षण स्वाभाविक है। अनेक तर्क हैं जिनकी मदद से परस्त्री या परपुरुष गमन के अधिकारों को सामाजिकता की सीमा में रखा जा सकता है। एक तर्क तो बड़ा जोरदार है–'सुंदरता की प्रशंसा न करना परमात्मा का अपमान है। सुंदरता का साहचर्य हमारी कार्य कुशलता को बढ़ा देता है।' रहा मद्यपान का प्रश्न तो इसके समर्थन में भी बहुत कुछ कहा जा सकता है। बहरहाल, मन की मूर्च्छित अवस्था ही हमारे समाजीकरण और आत्मविकास के मार्ग में सबसे बड़ी बाधा है।

यों भी तात्कालिक लाभ के लिए हमेशा ही सत्य का गला नहीं घोंटा जा सकता। सैक्स कितना ही आकर्षक क्यों न हो, माँ अपने नवजात शिशु की कीमत पर उसका आनंद नहीं ले सकती। उसे अपने बच्चे के लिए जागरूक होना ही पड़ता है। यह जागरूकता माँ की मर्जी का परिणाम नहीं है, बल्कि उसके भीतर की जैव-रसायन प्रक्रियाओं का परिणाम है। इसी प्रकार हम लगातार मूर्च्छित अवस्था में नहीं रह सकते, क्योंकि हर नशा अपनी अवधि के बाद दम तोड़ देता है।

गीता, दुखों के प्रति सहनशीलता और सुखों के प्रति त्याग की भावना को आत्मविकास की पहली शर्त मानती है। यह तभी संभव है जब हमारा सामाजिक आचरण निर्मल हो। आचरण की निर्मलता की मौजूदगी में जब शुद्ध साँस को देखा जाता है तब मन में घटित होने वाले तमाम विस्फोटों, चक्रवातों और संशयों के प्रति हमारा द्रष्टा-भाव जाग्रत हो जाता है। इस भाव व मनोवृत्ति के सुदृढ़ होने से मन में उठने वाले उद्वेलन शांत होने लगते हैं और धीरे-धीरे मन अपने सहज भाव से साँस के आवागमन पर टिकने लगता है।

मन ने जहाँ से हमारा मित्र बनना स्वीकार किया, वहीं से हमें बाहरी सहायता मिलनी प्रारंभ हो जाती है। इस मित्रता की कीमत उन्हें अच्छी तरह मालूम होती है जो योग्यता और प्रयासों के होते हुए भी हर बार किसी न किसी कारण से असफलता का ही मुँह देखते हैं। वे किसान जिनका जीवन मात्र बाढ़ और अकाल

की भेंट चढ़ जाता है, वे व्यापारी जो सरकारी नीतियों के चक्कर में अपना सब कुछ गवाँ देते हैं, वे प्रबंधक (Manager) जो प्राकृतिक संसाधनों के अभाव में असफल गिने जाते हैं आदि। अर्थात् भाग्य साथ नहीं देता। क्यों? क्योंकि उनका मन किसी न किसी कारण से उनका शत्रु बन बैठा है।

अगर हमें भाग्य की मदद हमेशा हर हालत में चाहिए तो मन को दोस्त बनाना ही होगा। मन दोस्त तभी बनेगा, जब हम अपने आचरण को निर्मल बनाकर शुद्ध साँस को देखने के अभ्यास को परिपक्व करेंगे। जो भी ऐसा करता है, उसे परिणामस्वरूप आत्मबल मिलता है और दूसरों की सद्भावनाएँ मिलती हैं। समाज में उसका स्थान सुनिश्चित हो जाता है, काम-धंधे की दृष्टि से उसको सुनिश्चित रोजगार मिलता है, और सबसे बड़ी बात है कि भाग्य उसका साथ देता है।

दरअसल विवेकी व्यक्ति ही ऐसा कर पाते हैं। ऐसा नहीं है कि उनके जीवन से घटनाओं का प्रवाह समाप्त हो जाता है। यह भी नहीं है कि उनके मार्ग में अवरोध नहीं आते। वे तो बस निर्मल आचरण करते हुए मन के साथ दोस्ती निभाते चलते हैं। अवरोध आते भी हैं तो वे स्वयं अपनी नियति के साथ समाप्त हो जाते हैं। अवरोध की प्रकृति को देखकर विवेकीजन या तो अवरोध की दिशा बदल देते हैं या उसको समाप्त कर देते हैं अथवा स्वयं रास्ता बदल लेते हैं। अवरोध के कारण हाय-तौबा मचाने वाले अथवा पत्थर से सिर फोड़ने वाले तो केवल वे होते हैं, जिनका आचरण दूषित होता है और मन जिनका शत्रु होता है।

यह सच है कि उपर्युक्त सभी निर्मल आचरण और मन के दोस्त बन जाने के लाभ हैं, परंतु कोई अगर लाभ की दृष्टि से अपना आचरण निर्मल करना चाहे अथवा भाग्य की मदद पाने के लिए शुद्ध साँस को देखने का अभ्यास करे तो कुछ मिलेगा ही इसकी गारंटी नहीं है। मिलेगा, यह तो तय है, परंतु कब मिलेगा, यह तय नहीं है। इसलिए कुछ पाने की आशा वाले इस मैदान को छोड़कर भाग जाते हैं। बीच में छोड़कर भागने से अच्छा है कि मैदान में आया ही न जाए।

अत: आत्मविश्वास की तीव्र इच्छा वाले अथवा सब ओर से निराश परंतु दुखों से छुटकारा पाने की इच्छा वाले ही साधना के इस पथ पर लाभान्वित होते देखे जाते हैं। वे ही बादलों की ओट से निकलते चंद्रमा की तरह इस जगत के कल्याण-मित्र बन पाते हैं।

सारांश :

1. साँस हमारे जीवन का पर्याय है। हमारे शरीर के भीतरी संसार और बाह्य संसार के बीच संबंध स्थापित करने वाली हमारी साँस ही है।

2. अपनी साँस की अवस्था और उसकी गति का अनुभव दो ही स्थितियों में हमें

होता है। एक–जब हम पूरी तरह उलझनों के भँवर की तह में पहुँचकर जीवन को समाप्त-प्राय होता अनुभव करते हैं। दो–जब हम मानसिक रूप से सहज और शारीरिक रूप से निश्चल एवं शांत होते हैं।

3. उलझनों से घिरा व्यक्ति मानसिक रूप से सहज तो नहीं होता, परंतु वह कोशिश करके अपने शरीर को स्थिर एवं शांत अवश्य बना सकता है।

4. आप भी या तो मुर्दे के समान सीधे लेट जाइए या फिर कमर और सिर सीधा करके पालथी मारकर बैठ जाइए।

5. अब अपनी नाक के नथुनों पर ध्यान केंद्रित कीजिए और अपनी साँस के आवागमन का अनुभव कीजिए।

6. यदि आपका दृष्टिकोण वस्तुपरक और लचीला है तो आप अपनी साँस का अनुभव बिना किसी व्यवधान के करते रह सकते हैं।

7. दोषपूर्ण दृष्टिकोण के रहते आप अपने साँस का कम, व्यवधानों का अधिक अनुभव करेंगे।

8. अपने पैरों पर खड़े होकर चलने की कोशिश में गिरने वाले बच्चे के समान आप भी हताश मत होइए। व्यवधानों को देखने का मतलब है, तुरंत ही अपनी साँस का अनुभव करना।

9. साँस को अनुभव करने के अभ्यास से हमारा दृष्टिकोण वस्तुपरक और लचीला होने लगता है।

10. इसके साथ ही हमारा मन हमारा मित्र बनने लगता है।

11. मन जब मित्र बन जाता है तब हमें भविष्य में होनेवाली घटनाओं का पूर्वाभास होने लगता है। इसकी सहायता से हम अपने प्रयासों, अपनी योजनाओं में सुधार ला सकते हैं।

12. कह सकते हैं कि रोगग्रस्त दुखी अथवा असफल व्यक्ति अपने दृष्टिकोण में सुधार लाकर अपनी योजनाओं तथा अपने प्रयासों को आवश्यकतानुसार ढालकर स्वास्थ्य, सुख एवं सफलता को पा सकते हैं।

तृतीय सोपान : विपश्यना

(बुद्धि तथा विवेक का विकास)

पश्चिमी मनोविज्ञान के अनुसार शुद्ध साँस को देखने की संपूर्ण प्रक्रिया में– रोगी केंद्रित उपचार (Client-Centered Therapy), आत्म-विश्लेषण (Introspection), अननुकूलन (Deconditioning), असंवेदनीकरण तकनीकें (Desensitization Techniques), व्यवहार-रूपांतरण तकनीकें (Behaviour Modification Techniques) आदि कार्यरत हैं। यों भी ज़िंदगी को सीखने (Learning) और पूर्व में सीखे हुए से मुक्त होने (De-learning) की शृंखला कहा जा सकता है। जीवन के चक्राकार क्रम में वर्तमान को जीने के लिए हमारे पुराने अनुभव बहुत अधिक काम के नहीं होते। उनमें से कुछ को भूलना नहीं बल्कि उनसे मुक्त होना होता है, कुछ नया सीखना होता है। क्योंकि सीखने और पूर्व में सीखे हुए से मुक्त होने का प्रक्रम उलझनों के भँवर में डूबते-उतराते हम लोगों के जीवन में अपनी पूर्णता के साथ काम नहीं करता, इसलिए हम या तो भूतकाल में जीते हैं या फिर भविष्य में जीते हैं।

वर्तमान तो हम लोगों के जीवन में व्यावहारिक रूप से होता ही नहीं। कितने हैं जो शुद्ध साँस को देखने के लिए जागरूक हैं, जबकि एक मिनट साँस न मिलने पर हम मर सकते हैं। संभवत: बौद्ध-दर्शन में क्षणभंगुरवाद को इसीलिए स्थान दिया गया। व्यावहारिक रूप से अगर सफल और असफल व्यक्तियों का अध्ययन करके सफलता के कारणों को खोजा जाए तो मिलेगा कि जो व्यक्ति वर्तमान के प्रति जितना जागरूक है उतना ही सफल है और शुद्ध साँस को देखने का अभ्यास हमें अंदर से वर्तमान के प्रति जागरूक बनाता है, अर्थात् हमारी सफलता की संभावनाएँ बढ़ाता है।

मन:चिकित्सक तो व्यवहार-रूपांतरण (Behaviour Modification) की मदद से हमारी अवस्था सामान्य बनाने में मदद करते हैं और हमें सफलता के गुर समझाते हैं। यही सफलता के गुर हम अपने आचरण को निर्मल बनाकर समझते हैं। लेकिन सीखने का अर्थ सफलता नहीं होता, अन्यथा सभी किताबी ज्ञान वाले प्रबंधन परामर्शक (Management Consultant) सफल प्रबंधक होते। सफलता के लिए व्यवहार-रूपांतरण के अलावा कुछ और भी चाहिए। वह है वर्तमान के प्रति

जागरूकता का अभ्यास।

दरअसल, यह हमारी व्यावहारिक दक्षता है और दक्षता के लिए ज्ञान, अभ्यास एवं रुचि आवश्यक होते हैं। शुद्ध साँस को देखने के अभ्यास से वर्तमान के प्रति जागरूकता की आदत बन सकती है। हमारा मन हमारा दोस्त भी बन सकता है लेकिन मन की अपनी सीमाएँ हैं। पहली तो यह कि जिस मन को हम जानते हैं वह तो बहुत सीमित है। इसी को तो हमने अपना दोस्त बनाया है। यानी हम उलझनों के भँवर से पैदा होने वाले दुख को भोग नहीं रहे हैं। हमने अपनी सहनशीलता बढ़ा ली है। हमने अपनी सुख-भोग की इच्छा का भी त्याग कर दिया है। लेकिन न ही दुख समाप्त हुए हैं और न सुख की इच्छा। किसी भी दिन हमारा दोस्त, अर्थात् मन ठोकर खाकर मूर्च्छित हो सकता है। हम नए सिरे से भोक्ता बन सकते हैं।

मन की दूसरी सीमा है कि शुद्ध साँस को देखने के अभ्यास के कारण इसने हमारी बुद्धि के निर्णय लेने की कार्य-प्रणाली में व्यवधान डालना बंद करके मौन धारण कर लिया है, लेकिन बुद्धि तो मन के सक्रिय सहयोग के बिना जटिल परिस्थितियों में निर्णय लेने के मामले में अक्षम है। अक्षम इन अर्थों में कि बुद्धि निजी आवश्यकताओं को तो पूरा कर सकती है लेकिन हम निजी हैं कितने? हम तो समाज के हैं। सामाजिक संदर्भों में बुद्धि स्वार्थ-पूर्ति तो कर सकती है परंतु वह सामाजिक कल्याण भी कर सके, यह मन के सक्रिय सहयोग के बिना असंभव है।

कहना चाहिए कि उलझनों के भँवर में डूबते-उतराते सुख-दुख भोगते व्यक्ति की बुद्धि मलिन होती है। उसके निर्णय आत्मकेंद्रित होते हैं। आत्मकेंद्रित भी पशुओं से बदतर अर्थों में, जैसे पशु क्रोध में किसी की हत्या नहीं करते लेकिन क्रोधी व्यक्ति ऐसा करने का निर्णय भी लेते हैं और हत्या भी करते हैं। आचरण की निर्मलता से हम अपने मानवीय स्वरूप में आने के प्रयास में पशुओं से ऊपर उठते हैं। हमारी बुद्धि अपने ऊपर लगी उलझनों की पर्तों के प्रति सचेत होने लगती है। कोशिश करने पर इन पर्तों से कई बार मुक्त होकर निर्णय भी ले लेती है। यह मुक्ति उसे कितनी देर बाद और कितने अंशों में मिलती है, यह आत्मविश्लेषण का विषय है।

शुद्ध साँस को देखने का अभ्यास बुद्धि को उसकी पर्तों से मुक्त करता है। मन इन्हीं अर्थों में हमारा मित्र होता है कि हम दुखों को भोग नहीं रहे होते और वह मौन रहकर बुद्धि के निर्णय लेने की प्रक्रिया में विघ्न पैदा नहीं करता। इससे बुद्धि निजी सुरक्षा तो सफलतापूर्वक कर लेती है परंतु सामाजिक जटिलताओं के कारण सामाजिक कल्याण के निर्णय लेने में अक्षम रहती है। अर्थात् शुद्ध साँस को देखने का अभ्यास बुद्धि की निर्णय-प्रक्रिया को सहज तो बनाता है परंतु इससे न तो बुद्धि

की क्षमताओं का विकास होता है और न ही हमारे निर्णय कल्याणकारी हो पाते हैं।

गीता में कृष्ण अर्जुन को समझाते हैं कि शरीर से प्रबल इंद्रियाँ होती हैं, इंद्रियों से प्रबल मन होता है, मन से प्रबल बुद्धि होती है और बुद्धि से प्रबल काम होता है। हे अर्जुन, तू अपनी बुद्धि से काम को वश में कर ले। कितना विरोधाभास दिखाई देता है इन शब्दों में। वास्तव में विरोधाभास कहीं नहीं है।

हालाँकि भौतिक-विज्ञान चेतना को अपने अध्ययन की विषयवस्तु नहीं मानता। पश्चिम का मनोविज्ञान भी व्यवहार का अध्ययन तो करता है परंतु चेतना का अध्ययन नहीं करता। मनोविश्लेषणवादियों के चेतना-संबंधी अध्ययन सही तो समझे जाते हैं, परंतु वैज्ञानिक नहीं।

दरअसल, सत्रहवीं सदी से ही पश्चिम के वैज्ञानिकों ने मन और चेतना को अपनी अध्ययन सामग्री से बाहर कर दिया था। फ्रॉयड ने पहली बार अपने रोगियों की चिकित्सा करते समय चेतना के अस्तित्व को अनुभव किया। उसने पहली बार चेतन, अवचेतन और अचेतन की व्याख्या की। परंतु क्योंकि फ्रॉयड पश्चिमी वैज्ञानिकता के मानदंडों से जकड़ा हुआ था, इसलिए वह अचेतन मन की ओर भिन्न-भिन्न उद्धरणों की मदद से इशारा-भर करके रह गया। अचेतन बहुत बड़ा है, बहुत व्यापक है। कार्ल जुंग जो भारतीय दर्शन से प्रभावित था, उसने अचेतन मन में व्यक्ति के निजी अनुभवों के साथ मानवजाति के अनुभवों को भी समाहित कर लिया। अर्थात् हमारा अचेतन मन पश्चिम के मनोवैज्ञानिकों के बीच सार्वभौमिक (Universal) हो गया। फिर भी अचेतन मन क्या है, कहाँ है, कैसा है, यह प्रश्न अनुत्तरित हैं या फिर विवाद के विषय हैं।

जिस प्रकार क्वांटम फिज़िक्स (Quantum Physics) में निरीक्षणकर्ता के अस्तित्व को भी स्वीकार किया जाता है, उसी प्रकार आधुनिक भौतिकशास्त्र की अध्ययन विधि में अनुभूतियों को भी मान्यता मिलनी चाहिए। यह ठीक नहीं है कि अगर आप किसी वस्तु को मापने के लिए कोई तकनीक विकसित नहीं कर सकते तो आप उस वस्तु को ही नकार दें। आपके नकारने से वस्तु का अस्तित्व थोड़े ही समाप्त हो जाएगा। दरअसल, मन और चेतना के अध्ययन के लिए हमें निगमनात्मक (Deductive) विधियों के बजाय पूर्णतात्मक (Holistic) विधि का सहारा लेना पड़ता है। ठीक है कि निगमनात्मक विधियों से सुंदरता का अध्ययन करने पर सुंदरता ही नष्ट हो जाती है। परंतु अध्ययन से पहले तो सुंदरता थी। क्या हम उस सुंदरता का अस्तित्व नकार सकते हैं?

भारतीय मनीषा ने पूर्णतात्मक विधि का सहारा लिया है। इसकी सहायता से पाया गया कि हमारा शरीर लघु ब्रह्मांड है। कहा जा सकता है कि पूर्णतात्मक विधि

के अनुसार समस्त मस्तिष्क चेतन मन का क्षेत्र है; सुषुम्ना तथा समस्त शरीर में होने वाली जैव-रसायन प्रक्रियाएँ व अन्य प्रक्रियाएँ अचेतन मन का क्षेत्र हैं। शुद्ध साँस को देखने के अभ्यास की सहायता से हम चेतन मन को अपना मित्र बनाते हैं। लेकिन मस्तिष्क तो सुषुम्ना और शरीर की जैव-रसायन प्रक्रियाओं से भी प्रभावित होता है। ये रासायनिक प्रक्रियाएँ जब चेतन होकर मस्तिष्क की चेतना को प्रभावित करती हैं तो काम बुद्धि से प्रबल हो जाता है। यानी बुद्धि जड़ शरीर व उसकी इंद्रियों को नियंत्रित करती है लेकिन जब शरीर ब्रह्मांड बनता है तो बुद्धि शक्तिहीन हो जाती है। मोटे तौर पर निगमनात्मक विधियों के आधार पर बुद्धि सर्वोच्च है और पूर्णतात्मक दृष्टि से शरीर की चेतना बुद्धि से सबल होती है।

द्वैपायन व्यास और उनके समकालीन अथवा पूर्वकालीन मनीषियों ने इन संबंधों का सैद्धांतिक विवेचन करके उलझनों के भँवर से निकलकर बौद्धिक विकास के तरीके बतलाए हैं। इन तरीकों की सैद्धांतिक विवेचना इतनी कठिन है कि आम आदमी के पल्ले कुछ भी नहीं पड़ता। दरअसल पूर्णतात्मक विधियों से प्राप्त निष्कर्षों को अनुभूतियों के स्तर पर ही समझा जा सकता है और अगर इतना सब्र किसी के पास होता तो वह भोक्ता ही क्यों होता।

गौतम बुद्ध ने इन विधियों को सरल करके आम आदमी के लिए सहज रूप से सुलभ कराया। उन्होंने निर्मल आचरण, शुद्ध साँस को देखने के अभ्यास और त्वचा पर होने वाली संवेदनाओं को टुकड़े करके देखने के अभ्यास की शिक्षा दी। पहले दो की व्याख्या की जा चुकी है। अनुभूतियों के स्तर पर शरीर में होने वाली जैव-रसायन प्रक्रियाओं से उत्पन्न चेतना के सत्य को संवेदनाओं के माध्यम से जानने के अभ्यास को विपश्यना कहते हैं। शरीर में हर समय कुछ न कुछ हो रहा है। यह होना शरीर की संवेदनाओं से प्रकट हो रहा है विपश्यना में इसी होने को देखना होता है। शरीर के प्रत्येक परमाणु में किसी न किसी प्रकार की संवेदना हो रही है। हमें इन्हीं संवेदनाओं को अनुभूतियों के स्तर पर टुकड़े करके देखना होता है। प्रारंभ में सुखद संवेदनाएँ क्षणिक और दुखद संवेदनाएँ नित्य मालूम होती हैं। लेकिन जैसे-जैसे यह अभ्यास बढ़ता जाता है अनुभूतियों के स्तर पर हम दोनों संवेदनाओं को क्षणिक ही पाते हैं। यानी हमारा अचेतन मन जिन संवेदनाओं के प्रति राग व द्वेष पाल रहा था, उनको अनित्य मानकर अनासक्त होने लगता है। प्रत्येक क्षण शरीर के प्रत्येक परमाणु में जैव-रसायनों का उदय-व्यय हो रहा है। संवेदनाएँ उत्पन्न होती हैं, समाप्त हो जाती हैं। अचेतन मन जब इस अनुभूति के साथ अपनी चेतना को जीने लगता है, जब हमारा चेतन मन इस सत्य को अनुभूतियों के स्तर पर जीने लगता है तो चेतन, अचेतन एकाकार हो जाते हैं। चेतन मन का क्षेत्र मात्र मस्तिष्क न रहकर

तमाम शरीर हो जाता है। बुद्धि, काम अर्थात् विकारों का शमन करके प्रज्ञा अथवा विवेक में बदल जाती है। यह कोई घंटे-दो-घंटे का अभ्यास नहीं, बल्कि आयु-पर्यंत की साधना है। इसी साधना के दौरान हम अनुभूतियों के स्तर पर देखते हैं कि शरीर में जो कुछ भी उत्पन्न होता है, समाप्त हो जाता है। जो समाप्त होता है वही दुख का कारण है। हम तो बेकार में ही दुखी हो रहे हैं क्योंकि यह न तो हमारी इच्छा से उत्पन्न हो रहा है और न ही समाप्त हो रहा है। यह तो प्रकृति का चक्राकार क्रम है। जब शरीर में होने वाली संवेदनाओं का उदय-व्यय प्रकृति के नियम के अनुसार हो रहा है तो फिर जीवन के बाहर का घटनाचक्र भी तो किसी नियम के तहत हो रहा है। इसमें 'मैं', 'मेरा' कहाँ से आ गया? सब अपने-अपने स्वभाव और गुणों के अनुसार बरत रहे हैं। इसमें अहंकार और ममत्व कहाँ से आ गया? जब हम संपूर्ण चेतना के धरातल पर इस सत्य की अनुभूति करने लगते हैं, तो सभी प्रकार के विकारों का शमन होकर हमारा विवेक सुदृढ़ होने लगता है।

सारांश :

1. वर्तमान को पूरी तरह जीने के लिए पहले सीखे गए को भूलने के बजाय उससे असंबद्ध होना होता है।

2. अपनी साँस के आवागमन के अनुभव से प्राप्त मन की मित्रता का लाभ केवल इतना ही होता है कि हम अपने दुखों को भोग नहीं रहे होते और वह मौन रहकर हमारी निर्णय-प्रक्रिया में व्यवधान उत्पन्न नहीं करता।

3. यह मन जिसे हम जानते हैं, अपने आप में बड़ा सीमित है।

4. वास्तव में हमारे शरीर का प्रत्येक अणु चेतन है। जब यह चेतना सक्रिय होती है तब हमारी बुद्धि, हमारा मन बड़े असहाय हो जाते हैं।

5. जब हम अपनी त्वचा के प्रत्येक अणु की चेतना का अनुभव संवेदना के रूप में करते हैं तब उपर्युक्त सच्चाई का पता चलता है।

6. इस सच्चाई के साथ ही शरीर का प्रत्येक अणु जैव-रसायन प्रक्रियाओं के स्तर पर समता को प्राप्त करता हुआ अपने स्तर पर विवेक को सुदृढ़ करता है।

7. विवेक के उदय के साथ ही हम अनुभूतियों के स्तर पर जीवन-सत्य को न केवल जानने लगते हैं, बल्कि उसे स्वीकार करने की क्षमता का भी हमारे अंदर विकास होता है।

कुंठाओं से कैसे बचें?

सिवाय अनुसरण के प्रकृति को नियंत्रित नहीं किया जा सकता।

–फ्रांसिस बेकन

असफलताओं से जन्मी कुंठाओं से बचने के लिए लोग मोटे तौर पर तीन प्रकार की विचार प्रक्रियाओं की सहायता लेते हैं– एक : हम अपनी असफलताओं के लिए बाहरी परिस्थितियों, व्यक्तियों एवं व्यवस्था की गड़बड़ियों को जिम्मेदार ठहरा देते हैं। ऐसी मानसिकता की मदद असफल लोग लेते देखे जा सकते हैं। बौद्धिक रूप से पिछड़े, अशिक्षित, दीन-हीन व्यक्ति ही इस श्रेणी में आते हैं।

दो : अपनी असफलताओं के कारणों का वस्तुगत तरीकों से पता लगाकर उनको दूर करने वाले व्यक्ति कुंठाओं से बचाव के तरीकों की सहायता लेते हैं। वास्तव में सफलता ऐसे ही व्यक्तियों का वरण करती है। लक्ष्मी ऐसे ही लोगों के जीवन में निवास करती है। अगर देखा जाए तो ऐसे ही लोगों की बुद्धि अपने ऊपर से अवसाद और क्रोध की पर्तों को दूर करके स्वार्थ-साधन में सफल होती है। व्यावसायिक दृष्टि से ऐसे ही लोग सफल प्रबंधकों की श्रेणी में आते हैं। ये ही अपने हित-साधन के लिए दूसरों का इस्तेमाल कर पाते हैं। इनके लिए समाज-कल्याण का अर्थ होता है अपने आसन को स्थायित्व देना। दरअसल, इनके सभी क्रियाकलापों से ध्वनि तो समाज-कल्याण की निकलती है लेकिन इनकी दृष्टि केवल अपने हित-साधन पर केंद्रित होती है। इसलिए ऐसे व्यक्ति सफल जननायक बनकर सामने आते हैं।

तीन : अपनी असफलताओं के कारणों का पता लगाने के बजाय कुछ लोग सिर्फ इसी कोशिश में लग जाते हैं कि दूसरों के जीवन में वे परिस्थितियाँ न आएँ, जिनके कारण वे स्वयं कुंठा के शिकार हुए हैं। देखा जाए तो ऐसे व्यक्तियों के समस्त व्यवहार समाज-कल्याण की भावना से प्रेरित होते हैं। इस प्रकार की स्थिति को, जिसमें व्यक्ति अपनी असफलताओं व कठिनाइयों से उपजी निजी कुंठा को दूर न करके इस कोशिश में लग जाता है कि वैसी परिस्थितियाँ दूसरों के जीवन में न आएँ, जो कठिनाइयों को जन्म देती हैं, परिष्करण (Sublimation) कहते हैं।

परिष्करण का इस्तेमाल करने वाले व्यक्ति जब असफलताओं व कुंठाओं का कारण खोजने का प्रयास करते हैं, तो समाज को वैज्ञानिक उपलब्धियाँ प्रदान करते हैं। जब असफलताओं व कठिनाइयों से जन्मी कुंठाओं को सामान्य करके उनका प्रगटीकरण करते हैं तो समाज को साहित्यिक व कलात्मक उपलब्धियाँ प्राप्त होती हैं।

कारणों की खोज में अगर प्रगटीकरण का भाव नहीं होता तो वैज्ञानिक उपलब्धियाँ कल्याणकारी नहीं हो पातीं। अगर प्रगटीकरण की प्रक्रिया में खोज का भाव नहीं होता तो साहित्यिक व कलात्मक उपलब्धियाँ जन-हितकारी नहीं हो पातीं। इसीलिए कहा जाता है कि सच्चे वैज्ञानिक या साहित्यकार में मौलिक भेद मात्र रास्तों का होता है अन्यथा दोनों का उद्देश्य एक ही होता है।

सभी प्रयासों में तीव्र समाज-कल्याण की भावना होने के बावजूद जनमानस साहित्यकारों, कलाकारों व वैज्ञानिकों को अपना जननायक स्वीकार नहीं करता और अगर गलती से इनको जननायक का पद मिल भी जाए तो ये अपने पद के साथ न्याय नहीं कर पाते। यही वजह है कि सरस्वती के भक्तों पर लक्ष्मी की कृपा नहीं हो पाती।

सही बात तो यह है कि सरस्वती के भक्त जब अपनी कठिनाइयों को दूर करने का प्रयास ही नहीं करते तो फिर उनकी कठिनाइयाँ दूर कैसे हों? जब सरस्वती के भक्त एकांगी होकर लौकिक सुविधाओं पर ध्यान केंद्रित करते हैं तो वे उन परिस्थितियों की तलाश करते हैं, जहाँ वे निर्द्वंद्व साधना कर सकें। कहना चाहिए कि कुंठाओं से बचाव की प्रक्रिया की मदद लेने वाले परिस्थितियों का निर्माण करते हैं और परिष्करण की मदद लेने वाले परिस्थितियों की तलाश करते हैं।

ऊपर की तीनों स्थितियां को देखने से एक बात बड़ी साफ दिखलाई देती है कि अपनी असफलताओं को दूसरों पर आरोपित करने वाले या तो बचाव प्रक्रिया इस्तेमाल करने वालों के लिए 'चारे' का काम करते हैं या फिर परिष्करण का इस्तेमाल करने वालों के लिए प्रेरणा का काम करते हैं। यानी भारतीय मिथक के अनुसार लक्ष्मी अपने भक्तों के लिए शोषण के द्वार खोलकर समृद्धि और ऐश्वर्य प्रदान करती है। सरस्वती अपने भक्तों के लिए शोषितों के मन में राग के बीच बोकर प्रसिद्धि प्रदान करती है। इस प्रसिद्धि को स्थायित्व तब मिलता है जब लक्ष्मी-भक्त अपने हित-साधन के लिए सरस्वती के भक्तों की उपलब्धियों को इस्तेमाल करना शुरू कर देते हैं। अर्थात् सरस्वती-भक्त उपयुक्त परिस्थितियों की तलाश तब तक करते हैं, जब तक सही लक्ष्मी-भक्त नहीं मिल जाते। लक्ष्मी-भक्त तब तक उन्हें स्वीकार नहीं करते जब तक वे उनकी उपलब्धियों को अपने हित-साधन के उपयुक्त नहीं पाते। यह सिलसिला तब तक चलता रहता है या चलता रहेगा जब तक

लक्ष्मी-भक्त समाज-कल्याण को अपने जीवन का उद्देश्य नहीं बना लेते तथा सरस्वती-भक्त मनोरंजन की साधना करने के बजाय विकार-शोधक नहीं बन जाते।

ऐसा नहीं कि हम व्यक्तियों द्वारा उनकी कुंठाओं को समाप्त करने के उपायों के आधार पर उन्हें अलग-अलग वर्गों में रख सकते हैं। एक ही व्यक्ति एक जैसी परिस्थितियों में ही कभी 'चारे' का काम करता है, कभी लक्ष्मी का भक्त बनकर दूसरों का शोषण करता है और कभी सरस्वती का भक्त बनकर लोकरंजन करता है। ऐसे में जब वह उलझनों के भँवर से निकलने के लिए समाजीकरण की भारतीय पद्धति की सहायता लेता है, तब वह अनुभूतियों के स्तर पर जिनको सामान्य अवस्था में दुख का कारण समझता था, उनको तो वह दुख का कारण पाता ही है लेकिन जिन्हें वह सुख का कारण समझता है, उन्हीं को वह अपने दुखों के मूल में पाता है।

अभ्यास और लगन की मदद से जब वह अनुभूतियों में और गहरे उतरता है और जब विपश्यना का अभ्यास परिपक्व होता चलता है, तब वह देखता है कि यह शरीर तो वह नहीं है, जो वह समझता आया था। सारे अनुभव जो बुद्धि के माध्यम से प्राप्त किए गए थे, जिन्हें वह भूला हुआ समझता रहा था, इस शरीर में समाविष्ट हैं। यह शरीर मात्र शरीर नहीं है, तमाम चेतना का पुंज है। जो कुछ जड़त्व है वही सारे क्लेशों की जड़ है। दुख कहीं बाहर नहीं, उलझनों का भँवर हमारे मन में नहीं, रोग किसी जीवाणु द्वारा नहीं बल्कि हमारी जैव-रसायन प्रक्रियाओं के विकारों में है। यह शरीर जिसे हम अपनी बुद्धि से संचालित करते रहे हैं, वही अपनी जैव-रसायन प्रक्रियाओं के माध्यम से हमारे मन, हमारी बुद्धि को संचालित करता है। राग, द्वेष और मूर्च्छा जिन्हें हम अपनी चित्तवृत्तियों का परिणाम मानते रहे हैं, वास्तव में वे शरीर में होने वाली जैव-रासायनिक प्रक्रियाओं का परिणाम हैं। हमारे कष्टों, हमारे दुखों, हमारे रोगों का कारण कहीं बाहर नहीं, हमारे अचेतन मन में उतरी शरीर के प्रत्येक परमाणु की जैव-रसायन प्रक्रियाओं के विकारों में है।

अनुभूतियों के स्तर पर ही विपश्यना के अभ्यास से हम जान पाते हैं कि शरीर के प्रत्येक परमाणु में होने वाली जैव-रसायन प्रक्रियाओं के विकार ही वास्तव में हमारे दुखों, कष्टों व रोगों का मूल कारण हैं।

सारांश :

1. लोगों द्वारा अपनी कुंठाओं से बचाव अपने दोषों को दूसरों पर थोपकर, अपनी गलतियों को ढूँढकर और उनमें सुधार लाकर नए सिरे से प्रयास करके अथवा निजी कुंठाओं को व्यापक फलक पर जनहित में या तो प्रदर्शित करके या फिर उनके कारणों की खोज करके किया जाता है।

2. जो केवल दोषारोपण करते हैं, वे सिर्फ शोषण के शिकार होकर रोग और शोक भोगते हैं।

3. जो गलतियाँ ढूँढकर, उसमें सुधार लाने के लिए लगातार प्रयासरत् हैं, वे ही वास्तव में प्रकृति का अनुसरण करते हैं। उन पर ही लक्ष्मी की कृपा-दृष्टि रहती है।

4. वैज्ञानिक, कलाकार, साहित्यकार आदि यदि मनोरंजन के व्यापार में लिप्त नहीं हैं तो वास्तव में वे अपनी निजी कुंठाओं के लिए कुछ नहीं करते। वे तो बस जन-सामान्य के हित में सरस्वती की साधना करते हैं।

5. सरस्वती की साधना भी दत्तचित्त होकर ये तभी कर पाते हैं जब लक्ष्मी-भक्त इन्हें संरक्षण देकर इनसे मार्ग-निर्देशन की याचना करते हैं।

6. लेकिन आत्मविकास के पथ का राही जैसे-जैसे अपने विवेक को पुष्ट करता है। यदि वह प्रकृति का अनुसरण करने वाला लक्ष्मी-भक्त है, तो वह सच्चे वैज्ञानिकों, कलाकारों, साहित्यकारों आदि की खोज करके उन्हें संरक्षण देता है और उनसे दिशा-निर्देश प्राप्त करता है।

7. यदि वह सरस्वती-भक्त है तो वह स्वयं को 'स्वयंसिद्ध' बनाकर साधना करता है।

जागरूकता क्या है?

जागरूकता मन की तुलना में कहीं अधिक उत्कृष्ट और शक्तिशाली है।
–के.एन. उडूपा

जैव-रसायनशास्त्रियों,मनोऔषधगुण-वैज्ञानिकों (Physcho-Pharmacologists), अनुवांशिकी (Genetics) वैज्ञानिकों, कंप्यूटर वैज्ञानिकों आदि को धन्यवाद। धन्यवाद इस बात का कि इनकी खोजों ने बतलाया कि जिसको हम अपना विचार समझ रहे हैं वह जैव-रसायन तल पर होने वाले परिवर्तनों का परिणाम है। धन्यवाद इस बात का कि जिस आनंद व अवसाद को हम अपने विचारों का परिणाम समझ रहे थे, मनो-औषधगुण वैज्ञानिकों की खोजों के अनुसार वह मस्तिष्क व सुषुम्ना में पाए जाने वाले एक विशेष सैल (Cell) के रसायन का परिणाम है। धन्यवाद इस बात कि जिस विचार को हम अपनी आदत का कारण मानकर अपनी महानता पर रोमांचित हो रहे थे वह अनुवांशिकी की खोजों के अनुसार अमीनो अम्लों (Amino Acids) की संरचना का परिणाम है। धन्यवाद इस बात का कि जिस विचार के कारण हम अपनी बौद्धिक योग्यताओं पर नाज़ कर रहे थे वह कंप्यूटर वैज्ञानिकों की खोज के अनुसार जैव-रसायनों के उदय-व्यय के क्रम का परिणाम है।

यानी जिसे हम मानसिक मान रहे हैं, वह मानसिक है ही नहीं। भाषा जिसे हम अपने विचारों का माध्यम मान रहे हैं वह लौकिक-व्यवहार का माध्यम है। जिस प्रकार एक तस्वीर लगभग नगण्य है परंतु जब अलग-अलग तस्वीरें एक क्रम में प्रस्तुत की जाती हैं तो सिनेमा बन जाता है। हम इस सच को भूल जाते हैं कि इन तस्वीरों के बीच में कहीं अंतराल भी है। सच तो यह है कि इस अंतराल की कहीं भनक भी नहीं मिलती।

सिनेमा देखकर हम तकनीक के पीछे कहाँ भागते हैं? हम तो तस्वीरों के तारतम्य से उत्पन्न होने वाली कहानी को सच मानकर उसके साथ भावनात्मक रूप से जुड़ जाते हैं। वास्तव में व्यावसायिक दृष्टि से वही फिल्म सफल भी मानी जाती है जो हमें अधिक-से-अधिक प्रभावित कर सके और यह प्रभाव हमें बार-बार फिल्म देखने के लिए प्रेरित करे। अर्थात् शरीर के परमाणुओं की जैव-रसायन

प्रक्रियाओं में होने वाले उदय-व्यय के कारण परिवर्तन की संवेदना चेतन मन तक पहुँचते-पहुँचते लगभग नगण्य हो जाती है। यह उदय-व्यय शरीर के सभी परमाणुओं में अपने चक्राकार क्रम में लगातार हो रहा है। इसलिए शरीर में कभी किसी रसायन की प्रमुखता हो रही है तो कभी किसी रसायन की।

जैव-रसायनों की यह कमी और बढ़ोतरी ही हमारी काया के स्तर पर कभी सूक्ष्म तो कभी स्थूल संवेदना के रूप में उदय-व्यय हो रही है। मात्रा की सूक्ष्मता के कारण यह संवेदना हमारे चेतन मन को जागरूक नहीं करती, परंतु शरीर के स्तर पर स्थानीय वातावरण और मानसिक स्तर पर अपने प्रभाव से भाव-जगत का निर्माण करती है। मन का यह भाव-जगत भिन्न-भिन्न जैव-रसायनों की प्रमुखता के कारण भिन्न-भिन्न होता है। भाव-जगत की यह भिन्नता ही चित्तवृत्तियाँ हैं। ये चित्तवृत्तियाँ (Mood States) छोटी अवधि की भी हो सकती हैं और लंबी अवधि की भी। असामान्य अवस्था में ये उतार-चढ़ाव के साथ लगातार भी बनी रह सकती हैं। लेकिन यह सब इस बात पर निर्भर करता है कि शरीर में उदय-व्यय की प्रक्रिया में किन जैव-रसायनों की प्रमुखता हो रही है। जैसे ऐड्रीनल ग्रंथियों (Adrenal Glands) के लगातार उत्तेजित रहने के कारण हम तनाव की स्थिति में बने रह सकते हैं। ऐड्रीनल की यह उत्तेजना शरीर की आंतरिक व्यवस्था को अशांत भी कर सकती है। यानी यह तनाव हमें रक्तचाप तथा हृदय का रोगी भी बना सकता है।

निर्मल आचरण का पालन हमारे भीतर, बाह्य विकारों को आने से रोकता है। शुद्ध साँस को देखने का अभ्यास शारीरिक व मानसिक धरातल पर हमारी उत्तेजना को शांत करता है। विपश्यना का अभ्यास हमारे देखने के आयामों को सक्रिय करके चौथे-पाँचवें आयामों को देख सकने योग्य बनाता है। यूँ तो हम अपनी आँखों से अपने शरीर के अंदर नहीं देख सकते लेकिन जब हम अपनी जागरूकता को अपनी आँख बना लेते हैं तो वह सूक्ष्मदर्शी बनकर भीतर के परमाणुओं को भी देख पाती है। भारतीय आयुर्वेद हमारी जागरूकता की विशेष उपलब्धि है।

जागरूकता जब चौथे-पाँचवें आयामों से आगे देखने में सक्षम होती है तो अनुभूति से पता चलता है कि जैव-रसायनों का उदय-व्यय ही मन की उस स्थिति के लिए जिम्मेदार है, जिसे हम विचार कहते हैं। जैसे कंप्यूटर की रोशनी की उपस्थिति अथवा अनुपस्थिति के अतिरिक्त कोई भाषा नहीं होती, ऐसे ही सूक्ष्म व स्थूल संवेदनाओं के अतिरिक्त अचेतन अथवा काया की कोई भाषा नहीं होती। इसी क्रम में जैव-रसायनों के उदय-व्यय को समझने के लिए हमें अपनी जागरूकता को माध्यम बनाना पड़ता है। चूँकि हमारी ज्ञानेन्द्रियाँ बहिर्मुखी होती हैं इसलिए हम वातावरण में होने वाले परिवर्तनों की मदद से मन और शरीर की भिन्न-भिन्न

अवस्थाओं को सही ठहराने की कोशिश करते हैं। इस कोशिश का समर्थन हमारी शिक्षा भी करती है।

विज्ञान की उपलब्धियों और सामान्य ज्ञान में एक अंतराल होता है। लौकिक दृष्टि से हम दो प्रकार से सीखते हैं। एक को हम पाठ्यपुस्तकीय शिक्षा (Academic Learning) तथा दूसरी को भावनात्मक शिक्षा (Emotional Learning) कहते हैं। पाठ्यपुस्तकीय शिक्षा का माध्यम पुस्तकें व स्कूल-कालेज होते हैं। भावनात्मक शिक्षा का माध्यम हमारा घर-परिवार होता है। दोनों ही प्रकार का सीखना हमारी ज्ञानेन्द्रियों को बहिर्मुखी बनाता है। वरना तो विज्ञान की उपलब्धियाँ हमें कभी तो अपने भीतर झाँकने के लिए प्रेरित करतीं। हम समझ जाते कि जिसे हम 'मैं कर रहा हूँ' समझते हैं और जिससे हम अहंकार को पुष्ट करते हैं वह तो जैव-रसायन प्रक्रियाओं में होने वाले परिवर्तनों का परिणाम है। जिससे हम दुखी हो रहे हैं वह तो संसार की सृष्टि और विनाश का क्रम है। वास्तव में विज्ञान की उपलब्धियों और भारतीय मनीषा की अनुभूतिजन्य उपलब्धियों में कोई विशेष अंतर नहीं है। यह अंतर केवल भाषा और अध्ययन-विधियों का है, अन्यथा दोनों ही सत्य की खोज करती हैं। आम आदमी क्योंकि अपने सामान्य जीवन में अपने संस्कारों अथवा भावनात्मक शिक्षा से संचालित होता है इसलिए वह सत्य को आत्मसात नहीं कर पाता। कह सकते हैं कि जितना अंतर विज्ञान की उपलब्धियों और हमारे संस्कारों के बीच में होता है उतना ही हमारा अहंकार बढ़ा हुआ और हमारा दृष्टिकोण संकीर्ण होता है।

आत्मविकास की तीव्र इच्छा के कारण जब हम भारतीय समाजीकरण की पद्धति का अनुसरण करके विपश्यना का अभ्यास करते जाते हैं तो हमारी चेतना शरीर की कोशिकाओं में होने वाले जैव-रसायनों के उदय-व्यय को देखने में सक्षम होने लगती है। जागरूक होकर देखने की इस प्रक्रिया में हम अनुभूतियों के स्तर पर इस सत्य को आत्मसात करने लगते हैं कि सब कुछ अनित्य है। अनित्यता का यह बोध जैसे-जैसे पुष्ट होता जाता है, वैसे-वैसे जैव-रसायनों में व्याप्त विकारों का शमन होने लगता है। जैसे-जैसे हमारा अचेतन शरीर चेतन होता जाता है, वैसे-वैसे हम परम सुख के समीप होते जाते हैं। जैसे ही विकारों का शमन होकर हमारी संपूर्ण काया चेतनामय हो जाती है, वैसे ही हम 'परम सुख' को पा लेते हैं। अर्थात् बुद्धि पूर्ण विकसित होकर प्रज्ञा अथवा विवेक में बदल जाती है। वास्तव में ऐसी स्थिति में हमारे शरीर की प्रत्येक कोशिका आनंदमय हो उठती है। यही तो परमसुख की स्थिति है।

सारांश :

1. वैज्ञानिक उपलब्धियों और सामाजिक चिंतन के बीच एक अंतराल रहता है। जिस सत्य को हम वैज्ञानिक धरातल पर स्वीकारते हैं, उसी को संस्कारों के स्तर पर जानने

तक से इंकार करते हैं।

2. शरीर के प्रत्येक अणु के स्तर पर जैव-रसायन प्रक्रियाओं का चक्राकार क्रम जारी है। इस क्रम के चलते जो परिवर्तन होते हैं उनकी सूचना मस्तिष्क तक पहुँचती है। बहुत-सी सूचनाएँ एक विशेष प्रकार का वातावरण बनाती हैं। मन का यह वातावरण किसी विशेष प्रकार के भाव-जगत का निर्माण करता है, जिसे हम चित्तवृत्तियों (Mood States) के नाम से जानते हैं।

3. आत्मविकास के पथ का राही जब अपने शरीर के प्रत्येक अणु की संवेदना का अनुभव करता है तब वह उपर्युक्त सत्य की वास्तविकता अनुभव करता है। अर्थात् वह समझ जाता है कि 'मैं' 'मेरा' जैसी कोई चीज़ नहीं है। यह तो लोक-व्यवहार की भाषा मात्र है।

4. जैसे-जैसे यह सत्य हमारी जागरूकता का मूल मंत्र बनता जाता है, हम परम-सुख को प्राप्त करते जाते हैं।

5. वास्तव में वैज्ञानिक उपलब्धियों से अर्जित सत्य को संस्कारों के स्तर पर स्वीकार करके ही 'परम सुख' को प्राप्त किया जा सकता है।

6. इस स्वीकारोक्ति का माध्यम ही हमारी निजी जागरूकता है।

अपने व्यक्तित्व को पहचानें

जो आराम करना जानता है, वह उससे कहीं ज़्यादा बड़ा है, जो नगरों पर कब्जा करना जानता है।

–फ्रैंकलिन

पचास के दशक में पश्चिम के चिकित्सक इस प्रयास में जुटे कि क्या हृदय संबंधी रोगों का आदमी के व्यक्तित्व से कोई संबंध होता है। डाक्टर युगल फ्रीडमैन व रोजनमैन ने पाया कि व्यक्तित्व की एक विशेष किस्म हृदय संबंधी रोगों के लिए अधिक संवेदनशील होती है। अपने अध्ययनों के आधार पर उन्होंने संपूर्ण मानव जाति को दो श्रेणियों–'ए' व 'बी' में बाँट दिया।

उनके अनुसार 'ए' श्रेणी के व्यक्तियों को हृदयाघात (Heart Attack) की संभावनाएँ अधिक होती हैं। ये कार्य-भावना ग्रंथि (Action-Emotion Complex) से ग्रसित होते हैं। ये हर काम बड़ी जल्दी में करते हैं। ये बहुत महत्त्वाकांक्षी तथा स्पर्धात्मक होते हैं। खाली बैठना इनको बेचैन कर देता है। समय इनके लिए बड़ा कीमती होता है। महत्त्वाकांक्षी ये इस दर्जे के होते हैं कि एक समय में बहुत से काम करना चाहते हैं और योजना बनाते रहते हैं कि आगे क्या करेंगे। हमेशा आगे ही आगे बढ़ते रहना इनका उद्देश्य होता है। अपने उद्देश्य के अलावा इनको कुछ और दिखाई नहीं देता, यानी इनके व्यवहार को भौतिक सफलता के मामले में आदर्श कहा जा सकता है।

समाज वैज्ञानिकों ने संगठनात्मक व्यवहार (Organisational Behaviour) के क्षेत्र में पाया कि 'ए' श्रेणी के युवा कर्मचारी अपने जीवन के प्रारंभिक वर्षों में काफी तेजी के साथ तरक्की करते हैं, लेकिन जैसे-जैसे ये तेज़ी के साथ ऊपर की ओर बढ़ते जाते हैं, वैसे-वैसे कार्य की आवश्यकताएँ बदलती जाती हैं। अर्थात् उच्चपद पर अथवा इसके आस-पास के पदों पर आवश्यकता 'बी' श्रेणी के व्यक्तियों की होती है, जो काम के तनाव से अप्रभावित रहकर दूरगामी निर्णय लेने में सक्षम होते हैं। एक तो तेज़ी से तरक्की करने वाले 'ए' श्रेणी के व्यक्ति अपने व्यवहार में परिवर्तन नहीं ला पाते। दूसरे चालीस की आयु पार करते-करते तनाव के कारण इनका शरीर संवेदनशील होकर एक प्रकार से चुक जाता है। नतीजा यह होता

है कि इनका शरीर बीमारियों का घर बन जाता है और ये अपनी पिछली सफलताओं के बलबूते पर चलते रहते हैं।

काश, 'ए' श्रेणी के व्यक्तियों को इस सत्य का पता लग जाता कि जड़ शरीर तो अनेक प्रभावों को एक ही समय में झेल लेता है, परंतु चेतन मन एक समय में एक ही काम कर पाता है। अगर मन का संबंध त्वचा से न होता तो वह 'व्यापक' जैसे गुणों से संबोधित न होता। ऐसे में जब 'ए' श्रेणी के व्यक्ति लौकिक दृष्टि से भौतिक सफलताओं को पाने के लिए चेतन मन से अचेतन मन का भी काम लेना चाहते हैं तो दमन की सहायता लेते हैं। अर्थात् अचेतन मन को दबाते भी जाते हैं और उससे काम भी लेना चाहते हैं। नतीजा यह होता है कि उनका मन लगातार दबाव में काम करता है। जब तक योग्यताओं की सामर्थ्य उनका साथ देती है वे तरक्की करते चले जाते हैं।

प्रारंभ में उनकी संकल्प-शक्ति तनाव से होने वाली हानि को अनदेखा करती है। बाद में समझौता करती है। आजकल क्योंकि बहुत से तनाव-मुक्ति के उपाय उपलब्ध हैं, इसलिए ये किसी न किसी की मदद लेते हैं। मजे की बात ये है कि तनाव निवारकों की मदद के बावजूद ये अपनी नियति को बदल नहीं पाते। दरअसल, बिना चेतन मन की सीमाओं को जाने जब हम उसे अपनी महत्त्वाकांक्षाओं के घोड़ों के साथ दौड़ाना शुरू करते हैं तो ऐसा ही होता है।

ऐसे व्यक्ति ही एक समय में पत्नी और प्रेमिका दोनों को प्यार करने का दम भरते हैं। वास्तव में वे या तो किसी एक से प्यार करते हैं या फिर अपनी मिथ्या धारणा को प्यार करते हैं। कहने का अर्थ यही है कि या तो वे बेवकूफ हैं या फिर धोखेबाज हैं। बहरहाल मन तो एक समय में एक ही काम कर सकता है और चित्तवृत्तियों की अवस्था में परिवर्तन के कारण एक वस्तु पर भी अधिक देर तक टिक नहीं सकता। हाँ, अचेतन में पड़ी कोई गाँठ हमारे अंदर किसी तीव्र इच्छा को जन्म दे देती है, जो पत्नी, प्रेमिका अथवा हमारे दंभ को ही अपना केंद्र-बिंदु बना लेती है और हम अपने लौकिक ज्ञान की मदद से स्वयं को धोखा देते रहते हैं।

यह धोखा भी हमारे जीवन में दबाव की स्थिति बनाता है। वास्तव में लौकिक जीवन में मान्यता है–'वीर भोग्या वसुंधरा, वीर भोग्या स्त्री।' 'ए' श्रेणी के व्यक्ति स्वयं को वीर ही समझते हैं। इसलिए ये अधिक से अधिक भौतिक सफलता प्राप्त करना चाहते हैं तथा अधिक से अधिक स्त्रियों से संबंध रखना चाहते हैं। दरअसल, इनका प्यार अथवा समाज-कल्याण दोनों ही शक्ति अर्जित करने और उसके भोगने की तीव्र इच्छा पर पड़ा आवरण है।

लेकिन जब कोई 'ए' श्रेणी का सत्यार्थी दुख अथवा विस्मय के कारण

आत्मविकास की इच्छा से सत्य का अनुसंधान प्रारंभ करता है तो आत्मविकास की तीव्र इच्छा उसके आचरण में निर्मलता लाती है। इसके बाद वह शुद्ध साँस को देखने के अभ्यास के द्वारा सत्य के साथ जीना सीखता है। इस प्रक्रिया में वह मन की प्रकृति को जानने लगता है। कभी-कभी अभ्यास के दौरान उसको संवेदनाओं के माध्यम से सत्य की झलक भी मिलती है। भीतरी जागरूकता उसके जीवन का अंग बनने लगती है। इसी जागरूकता की मदद से जब वह विपश्यना का अभ्यास करता है तो धीरे-धीरे वह अनुभूतियों के स्तर पर पाता है कि उसकी त्वचा के ऊपर भीतर से संवेदनाएँ उभर कर आ रही हैं। ये संवेदनाएँ कहीं-कहीं सुखद है तो कहीं-कहीं दुखद है।

विपश्यना का अभ्यास जैसे-जैसे परिपक्व होता जाता है। एक स्थिति ऐसी आती है जब जागरूकता उसका स्वभाव बन जाती है। तब शरीर के जिस हिस्से पर भी उसका चेतन मन टिकता है वहीं वह सत्य को अनुभूतियों के स्तर पर देखता है, अर्थात् सृष्टि और विनाश के क्रम को देखता है। वास्तव में विपश्यना जागरूकता की मदद से अनुभूतियों के स्तर पर सत्य के दर्शन का अभ्यास है।

सारांश :

1. भारतीय प्रबंधकों का द्वंद्व-प्रबंध विज्ञान की नई-नई तकनीकों व भारतीय संस्कारों के चलते बढ़ता जा रहा है।

2. जो महत्त्वाकांक्षी हैं और दूसरों को पछाड़ने में कुशल हैं वे आदर्श अधिकारियों की श्रेणी में आते हैं। वास्तव में ये विशेषताएँ निजी स्तर पर ज़िंदा रहने की शर्तें हैं। लेकिन जब कोई सामाजिक और व्यावसायिक जीवन में इन विशेषताओं का इस्तेमाल करके आगे बढ़ना चाहता है तो मात खाता है।

3. प्राकृतिक चयन के अनुसार ऐसे व्यक्ति मन:शारीरिक रोगों की गिरफ्त में आ जाते हैं।

4. जो आत्मविकास के पथ का अनुसरण करता है, वह जीवित रहने की शर्तों और सामाजिक एवं व्यावसायिक आवश्यकताओं के बीच भेद को जानकर अपने विवेक से संचालित होकर समाज-कल्याण एवं आत्मसाक्षात्कार को अपना आदर्श बना लेता है।

अंतर्द्वंद्व क्या है?

मन ही ब्रह्मा का स्वरूप धारण करता है। ब्रह्म का संकल्प करने वाला मन है। मन ही अपने आपको विस्तृत करके इस संसार की रचना करता है। मन ब्रह्म का स्वरूप है। मन का रूप धारण करके ही ब्रह्मा सृष्टि उत्पन्न करता है।

–योग वशिष्ठ

दाद-खुजली के रोगी अपने अनुभव से जानते हैं कि जब-जब प्रभावित हिस्से में खुजली की तलब महसूस होती है तब उन पर क्या बीतती है। खुजला-खुजला कर उन्होंने स्वयं को बेहाल कर लिया है। डॉक्टर की सलाह पर नाखूनों से न खुजाने का उन्होंने संकल्प कर लिया है। वे खुजली की मामूली संवेदना को नज़रअंदाज़ करते हैं। खुजली की संवेदना को डॉक्टर की सलाह और अपने लिए हुए निर्णय के कारण मन ही मन दबाते हैं। पर वह मन ही क्या जो दबाव की भाषा माने। अत: अगर अब वह कुछ ग्रहण कर रहा है तो केवल खुजली की संवेदना को।

अब खुजाने की तलब अपनी तीव्रता बढ़ा रही है। हाथ धीरे-धीरे प्रभावित हिस्से की ओर बढ़ रहे हैं। मन में अगर कुछ है तो खुजाने की तलब। हाथों ने खुजली को सहलाना शुरू कर दिया है। सहलाने की प्रक्रिया में मन रमने लगा है। डॉक्टर की सलाह और अपना स्वयं का निर्णय खुजली की तलब के कुहासे में खोने लगा है। तलब की तीव्रता बढ़ गई है। हथेली से सहलाने की जगह नाखूनों ने अपना काम शुरू कर दिया है। अब संपूर्ण अस्तित्व खोने लगा है। केवल खुजली की उत्तरोत्तर बढ़ती तलब है, नाखून हैं, अँगुलियों की पोरें हैं, खुजाने का मज़ा है और उससे पैदा होने वाला सुख है। खुजली की तलब अपने चरम को छूकर अब शांत होने लगी है। स्वयं के होने का आभास अब वापस लौटने लगा है। डॉक्टर की सलाह और अपना निर्णय दोनों याद आने लगे हैं। खुजली से प्रभावित हिस्सा लहूलुहान हो चुका है। खुजाने का सुख अब दर्द की संवेदना में बदलने लगा है। अब खुजली से बने ज़ख्म पर लेप लगाया जाता है और नए सिरे से न खुजाने का संकल्प लिया जाता है।

ऐसा एक नहीं, दो नहीं, अनेक बार होता है और तब तक होता रहता है जब तक कि शरीर खुजली के रोग से मुक्त न हो जाए।

अगर खुजली का रोगी व्यवसाय से चिकित्सक भी है तो वह जानता है कि शरीर की भीतरी अवस्था और रोगाणुओं की सक्रियता के कारण खुजली की संवेदना होती है, जो धीरे-धीरे अपने चरम पर पहुँचती है और फिर धीरे-धीरे शांत होने लगती है। या फिर खुजाने के कारण यह संवेदना ज़ख्म और फिर उसकी पीड़ा में बदलती है। अर्थात् खुजली की संवेदना का उदय होता है, यह अपने चरमोत्कर्ष पर पहुँचती है, फिर धीरे-धीरे शांत हो जाती है। उदय-व्यय की इस प्रक्रिया को सैद्धांतिक रूप से जानना एक बात है, लेकिन रोगी होकर खुजाना अलग बात है।

यदि रोगी सिर्फ रोगी है तो डाक्टर उसको न खुजाने की सलाह देता है और वह अपने स्वयं के अनुभव के आधार पर न खुजाने का निर्णय लेता है।

न खुजाने का निर्णय और खुजाने की प्रक्रिया, ये दो भिन्न-भिन्न मन:स्थितियों के परिणाम हैं। एक में मन दर्शक होता है तो दूसरी में कर्ता। एक में सत्य का दर्शन करके उससे प्राप्त ज्ञान को मन अपना अवलंब बनाना चाहता है तो दूसरी में अर्जित ज्ञान को भुलाकर अपने निजी अस्तित्व को तिरोहित करके मात्र भोक्ता होता है।

दोनों ही स्थितियों में सामान्य व्यक्ति या तो निर्णय से मिली सफलता अथवा बाहरी साधनों यानी चिकित्सा से मिली रोग-मुक्ति के द्वारा अपने अहम् की शक्ति में एक और अंक की वृद्धि कर लेता है।

लेकिन सत्य का खोजी विपश्यना के अभ्यास से उत्पन्न सत्य की अनुभूतियों के स्तर पर जीने लगता है। संवेदनाएँ उदय होती हैं, अपने चरम उत्कर्ष पर पहुँचती हैं, फिर समाप्त हो जाती हैं। अर्थात् मन के कर्ता अथवा भोक्ता बनने से खुजली के बाद दर्द की संवेदना उत्पन्न होती है। विप्श्यी साधक खुजली की संवेदना को देखना प्रारंभ कर देता है। इस देखने की प्रक्रिया में खुजली से होने वाले कष्ट के प्रति वह सहनशील बनता है क्योंकि वह मात्र देख रहा है इसलिए वह खुजली की संवेदना से मुक्ति नहीं चाहता। अर्थात् वह अपनी सुख की इच्छा का त्याग करता है। खुजली को देखने की प्रक्रिया में संवेदना अपने चरम पर पहुँचकर शांत हो जाती है। क्योंकि खुजाया नहीं इसलिए रोग के बढ़ने की एक संभावना कम हुई। क्योंकि इस देखने में किसी प्रकार का राग नहीं, किसी प्रकार का द्वेष नहीं केवल देखने के प्रति संपूर्ण जागरूकता है, इसलिए एक ओर जहाँ हमारा आत्मविश्वास बढ़ रहा है, वहीं शरीर को पूरा मौका मिल रहा है स्वयं को रोग से मुक्त करने का।

विपश्यना की साधना के दौरान मन के दर्शक होने का मात्र यही सुफल नहीं होता, बल्कि परिस्थिति-अनुकूलन (Conditicning) के कारण जो आदतें हमारा बंधन बन गई हैं उनकी गिरफ्त ढीली पड़ने लगती हैं। अभ्यास जैसे-जैसे बढ़ता जाता है वैसे-वैसे हमारे बंधन समाप्त होते जाते हैं। मन निर्मल होता जाता है और उसका

द्रष्टाभाव पुष्ट होता जाता है।

भावपुष्टि के दौरान अनुभूतियों के स्तर पर उसे सत्य का पता चलता है कि समस्त सुखों का कारण मन का दर्शक होना है और समस्त दुखों का कारण मन का कर्ता और भोक्ता भाव है। स्वयं सत्यार्थी होने के कारण वह अपनी ज्ञान अथवा अज्ञान की अवस्था को पहचानने लगता है। ज्ञान की अवस्था में वह अथवा दूसरे ज्ञानीजन संवेदनाओं को पूरी जागरूकता से जानने का प्रयास करते हैं। अज्ञान की अवस्था में वह तथा अज्ञानी व्यक्ति संवेदनाओं के दुख-सुख को भोगकर स्वयं को नए-नए बंधनों में जकड़ते जाते हैं। वास्तव में अज्ञान के कारण हम मूर्च्छित अवस्था में पशुओं जैसा जीवन जीते हैं और मन के कर्ता अथवा भोक्ता-भाव की उपस्थिति में अपने बंधनों को मजबूत करते हुए दुख भोगते हैं।

सारांश :

1. खुजली के रूपक द्वारा आत्मविकास के पथ के द्वंद्व को समझा जा सकता है।

2. वास्तव में सामाजिक और व्यावसायिक जीवन में आगे बढ़ने की इच्छा रखने वाले को मात्र सहना पड़ता है और इस सहने के लिए उसे अपने भीतर कष्टों को सहने की असीम क्षमता विकसित करनी होती है।

3. जो सह सकता है, क्षमाशील है, वही आगे बढ़ता है।

4. अन्य सभी को प्राकृतिक चयन की प्रक्रिया जीवन पथ पर असफल सिद्ध कर देती है।

हताशा और आक्रोश

अहिंसा न तो सहज है और न ही स्वाभाविक। उपलब्धियों के संदर्भ में शरीर के धरातल पर हम मात्र एक-दूसरे के शत्रु ही हैं। जो केवल तात्कालिक स्वार्थों के चक्कर में रहते हैं वे इस शत्रुता को नित्य मानकर हिंसा का ही सहारा लेते हैं। जो दूरदर्शी और विवेकी हैं वे पारस्परिक शत्रुता को अहिंसा के माध्यम से साधते हैं।

–अज्ञात

2. **करुणा + समता + निर्भरता = अहिंसा**

–विनोबा

कुछ लोगों को तमाम उम्र यह मलाल रहता है कि वे सारी ज़िंदगी दूसरों का भला करते रहे, कभी किसी को अपशब्द नहीं बोले फिर भी लोग उनके इरादों को शक की निगाह से देखते हैं। उनके अच्छे कामों को न कभी पहचान मिली और न ही सराहा गया। कई बार जब वे गाली-गलौज करने वालों को औरों से प्रशंसा मिलती देखते हैं तो अपनी तकदीर पर कुछ अधिक ही कुढ़ जाते हैं।

अगर ऐसे व्यक्ति आत्मविश्लेषण के लिए किसी मनोवैज्ञानिक की मदद लें और वह उनके व्यक्तित्व का अध्ययन करे तो परिणामों से पता लगेगा कि उनके अचेतन मन में झगड़ालूपन की मात्रा कहीं अधिक है। वास्तव में भीतर से वे दूसरों पर छा जाना चाहते हैं। परिस्थितिवश अथवा अज्ञानतावश वे अपनी चाहत को अंजाम नहीं दे सके। अपनी असफलताओं और यश न मिल पाने से उपजी कुंठाओं को वे अंदर ही अंदर भोगते हैं। ऊपर से अर्थात् कर्मों से दूसरों का भला करते हैं। शब्दों को इतना तोलकर बोलते हैं कि अपशब्द तो अपशब्द, वे अपने को पूरी तरह खोल भी नहीं पाते। दरअसल, वे अपने जीवन में अति के स्तर की सावधानी बरतते हैं। यानी अंडों पर चलते हैं तो इतनी सावधानी के साथ कि एक भी अंडा न फूटे।

भारतीय राजनीति में गांधी के पदार्पण के समय सारे देश की ऐसी ही मन:स्थिति थी। सदियों का गुलाम हिंदुस्तान अपनी रूढ़ियों में जकड़ा, कायरों की तरह अपने शासकों की जी-हुजूरी में संलग्न था। भारतीय शासक अँग्रेजों की व्यापारिक बुद्धि से असंतुष्ट व हतप्रभ थे। विश्व में होने वाली घटनाएँ व सामाजिक सुधार भारतीय जनमानस में जागरण पैदा कर रहे थे। परिणाम-स्वरूप अँग्रेजी राज्य

के विरोध में राजनीतिक चेतना का उदय हो रहा था। गांधी जी ने अपने विकार-शोधन के अभ्यास के दौरान भारतीय जनमानस की नब्ज़ को टटोला और पाया कि उसका भीतरी आक्रोश ऊपर से उसे या तो कायर बनाए हुए है या फिर वह हिंसक बना रहा है। जब तक इस आक्रोश का शमन नहीं होगा तब तक स्वतंत्रता आंदोलन से आम हिंदुस्तानी को नहीं जोड़ा जा सकता। उन्होंने इसी आक्रोश के शमन के लिए अहिंसा को अपना हथियार बनाया। दरअसल, उनका सारा प्रयास भारतीय जनमानस के भीतरी आक्रोश के शमन का प्रयास था।

मन जब तक आक्रोश से उपजी कुंठा व हताशा से संचालित होता है तब तक हमारे व्यवहार की सावधानी उलटा कार्य करती है। अर्थात् हमारी तमाम मिठास जिसे हम शब्दों और व्यवहार से प्रदर्शित करते हैं, आत्मघात करने के अलावा और कुछ नहीं करती। उदाहरण के लिए पिछड़ी जातियों में सामूहिक अनुशासन को अधिक महत्त्व दिया जाता है। इनके यहाँ स्वतंत्र चिंतन अथवा वस्तुगत निर्णय जैसी कोई चीज़ नहीं होती। विकसित और अविकसित समाजों की विभाजन रेखा, सृजनात्मक उपलब्धियों के आधार पर खींची जा सकती है। इस दृष्टि से भारत की उपलब्धियाँ विकसित देशों की तुलना में आज भी नगण्य हैं। तो फिर बीसवीं सदी के आरंभ की कल्पना कीजिए। उस समय में गांधी अपने विकार-शोधन के माध्यम से भारतीय जनमानस को सत्य के दर्शन का मार्ग दिखा रहे थे। हालाँकि गौतम बुद्ध ने आज से पच्चीस सौ वर्ष पहले मानवता को दुखों से मुक्ति का मार्ग दिखाया था। कबीर तमाम उम्र समाज-सुधार करते रहे। गांधी का योगदान और भी अधिक इसलिए हो जाता है क्योंकि वह राजनीति के स्तर पर सामूहिक रूप से भारतीय जनमानस को मुक्ति की ओर ले जा सके।

दरअसल, संप्रेषण-संबंधी अध्ययन बतलाते हैं कि मौखिक संप्रेषण (Verbal Communication) की तुलना में अमौखिक संप्रेषण (Non-verbal Communication) अधिक महत्त्वपूर्ण होता है। हम अपनी वाणी और कामों से क्या संप्रेषित करते हैं, इसकी तुलना में यह अधिक महत्त्वपूर्ण होता है कि ऐसा करते समय हमारे मनोभाव कैसे हैं। निजी तौर पर हम यह समझते हैं कि दूसरे लोग हमारे मनोभावों को नहीं पहचानते। जहाँ हमारी वाणी, कर्मों और मन:स्थिति में विरोधाभास उत्पन्न हुआ वहीं हमारी सामाजिक पहचान पर प्रश्नचिह्न लग जाता है। मन में यह शिकायत होती है कि लोगों ने मेरी कद्र नहीं की और वाणी में मिठास तथा व्यवहार में सावधानी होती है। इस सबका नतीजा होता है—दुख, केवल दुख।

प्यार न तो भीख में और न ही हिंसक माध्यमों से मिलता है, बल्कि हमें प्यार पाने के लिए स्वयं को तैयार करना होता है। यह तैयारी जब तक भीतर से नहीं

होती हम आशंकित ही रहते हैं। मन के ऊपर अगर मैल की परतें चढ़ी हों तो हमें प्यार की बजाय आशंकाएँ ही मिलती हैं।

यह तो हुई लौकिक व्यवहार की बात। दुखों से मुक्ति के मामले में भी यह शत-प्रतिशत सत्य है, क्योंकि वाणी और कर्म का आधार समाज है। थोड़ी देर के लिए समाज को वाणी और कर्म से बहलाया जा सकता है। अन्यथा समाज की निगाहें बड़ी पैनी होती हैं। वह लिफाफे पर कम, उसके भीतर लिखे मजमून पर अधिक टिकती हैं। जहाँ मजमून में असंबद्धता दिखी समाज ने निगाहें टेढ़ी कीं। यानी हमारे दुखों का कारण हमारे मन पर चढ़ी मैल की परतें हैं न कि हमारी वाणी या हमारा व्यवहार।

सारांश

1- वे जो अज्ञानी हैं अथवा मूढ़ हैं, कई बार अपनी आवश्यकताओं को तरतीब नहीं दे पाते। वास्तव में स्वयं को स्थापित करने की भावना जो सामाजिक जीवन के प्रारंभिक सोपानों पर आवेगपूर्ण दिखाई देती है, इतनी बुरी नहीं है जितना कि इसे समझा जाता है।

2. जो इसे परिमार्जित करने के बजाय इसका दमन करते हैं, वे अपने भीतर फलने वाले आक्रोश के चक्रव्यूह में फँसकर रोग-शोक से संतप्त रहते हैं।

3. ऐसे व्यक्ति आत्मविकास की भावना से प्रेरित होकर जब योग्य निर्देशक की सहायता से साधना के पथ पर आगे बढ़ते हैं, तब उन्हें अपनी मूढ़ता समझ में आती है।

4. वास्तव में समाज हमारी उपयोगिता के आधार पर हमारा मूल्यांकन करता है। वह जो अपने द्वंद्वों से ही चुक गया है, किसी न किसी अर्थ में समाज पर बोझ है। उसे समाज स्वीकार नहीं करता।

सफल पर्यवेक्षक (Supervisor) बनें

अनुसंधान के क्षेत्र में सांख्यिकी का प्रयोग करने वाले इस बात को पूरी तरह समझते हैं कि उद्देश्य की प्राप्ति के लिए आँकड़ों की मदद से जनमत को किस तरह प्रभावित किया जाता है। हमारी योजनाओं का आधार ये आँकड़े ही होते हैं। इन आँकड़ों की मदद से उद्देश्य निर्धारित किए जाते हैं। इन उद्देश्यों की प्राप्ति के लिए कुछ व्यक्तियों को जिम्मेदार बनाया जाता है।

आँकड़े जितने वस्तुपरक होते हैं, अधिकारियों और मातहतों के बीच संबंध उतने ही मधुर होते हैं। उच्चाधिकारी उद्देश्यों की प्राप्ति में मातहत द्वारा की गई पहल को उसकी प्रभावकता का मापदंड मानते हैं। मातहत अपनी मजबूरियों के प्रति अधिकारी द्वारा बरती गई हमदर्दी (Consideration) को उसकी प्रभावकता का मापदंड मानते हैं। नतीजा होता है मातहत के अस्तित्व को स्वीकृति के स्तर पर खतरा। खतरा इन अर्थों में कि अगर अधिकारी अपेक्षित परिणाम नहीं दे पाता तो उसे उच्चाधिकारी स्वीकार नहीं करते। ऐसी स्थिति में तबादला, उन्नति में बाधा अथवा नौकरी का छूटना, कुछ भी हो सकता है। खतरा इन अर्थों में कि अगर अधिकारी मातहतों की आवश्यकताओं के प्रति संवेदनशील नहीं होता तो वह उनसे पर्याप्त सहयोग प्राप्त नहीं कर पाता। ऐसी स्थिति में मातहतों द्वारा अवज्ञा, असहयोग, मारपीट, हड़ताल, कुछ भी हो सकता है। इसलिए इन अर्थों में पर्यवेक्षक (Supervisor) को छल्ला (Washer) भी कहते हैं, जो नट और बोल्ट के बीच में रहता है, यानी नट भी लोहा और बोल्ट भी लोहा, परंतु छल्ला रबड़ का।

चूँकि प्रशासनिक कारणों से न तो व्यवस्था को बदला जा सकता है न ही व्यक्तियों को, इसलिए ऐसे पर्यवेक्षक की तलाश रहती है, जो दोनों प्रकार की अपेक्षाओं की कसौटी पर खरा उतर सके। इस खरा उतरने की प्रक्रिया में उसका प्रबंधकीय तथा संप्रेषणात्मक कौशल अहम भूमिका अदा करता है। सामाजिक व तकनीकी जटिलताओं की मौजूदगी में ये दोनों बातें काफी महत्त्वपूर्ण हो गई हैं। हरेक व्यक्ति अपने जीवन में कभी न कभी पर्यवेक्षण (Supervision) करता ही है, इसलिए सभी के लिए ये कौशल आवश्यक हैं।

अब अगर हम प्रभावी पर्यवेक्षक की कार्य-प्रणाली पर ध्यान दें तो पाते हैं कि

वही सुपरवाइज़र प्रभावशाली हो पाता है, जो अपने उच्चाधिकारियों के मन में बैठा सके कि वस्तुपरक परिणाम वे नहीं हैं जिनकी अपेक्षा वे करते हैं, बल्कि वे हैं, जिन्हें वह प्रस्तुत कर रहा है तथा जो अपने मातहतों को इस बात के लिए प्रेरित कर सके कि सही ढंग से सही काम करके ही वे अपनी इच्छाओं की पूर्ति कर सकते हैं। यह बात लिखने में जितनी सरल है, वास्तविक जीवन में उतनी ही कठिन है। सर्वप्रथम इसलिए कि बिना सत्यार्थी बने वस्तुगत परिणामों की पहचान नहीं होती। दूसरे इसलिए कि बिना विकार-विहीन हुए संप्रेषणात्मक कौशल का परिमार्जन नहीं होता। तीसरे : इसलिए कि निर्मल आचरण के अभाव में प्रबंधकीय-ज्ञान-कौशल में परिवर्तित नहीं होता। भारतीय समाजीकरण की भाषा में–तामसी और राजसी वृत्तियों का त्याग किए बिना न तो सत्यार्थी ही बना जा सकता है और न प्रभावी पर्यवेक्षक ही बना जा सकता है।

उस पर्यवेक्षक की कल्पना कीजिए जो अपने बौद्धिक चातुर्य से आँकड़ों में हेरा-फेरी करके उच्चाधिकारियों को खुश रखने के प्रयासों में लगा रहता है और मातहतों को बहकावे में रखकर उन्हें उद्देश्य की प्राप्ति में इस्तेमाल करता है। कच्चे धागे से बँधी तलवार उसके सिर पर लटकी रहती है। आशंका और संशयों के अंगारों पर चलना उसकी नियति बन जाता है।

जो पर्यवेक्षक केवल उच्चाधिकारियों की चापलूसी में लगा रहता है, वह अपनी सत्यनिष्ठा खो देता है और जो पर्यवेक्षक अपने मातहतों के हितों का केवल संरक्षण करता है, वह उनका प्रवक्ता तो बन जाता है परंतु पर्यवेक्षक नहीं रहता। यानी उच्चाधिकारी उसको जिम्मेदारी नहीं सौंपते। नतीजा होता है व्यावसायिक विकास में बाधा। इस तकलीफ को भुक्तभोगी ही जानते हैं, जब उनके साथी तरक्की पर तरक्की करते जाते हैं और वे नज़रअंदाज़ किए जाते रहते हैं।

लेकिन जब कोई पर्यवेक्षक सत्यार्थी बनकर विकार-विहीन मन से निर्मल आचरण का व्यवहार करता है तो उसके साथ सुख ऐसे चल पड़ता है जैसे कभी न साथ छोड़ने वाली छाया किसी के साथ चलने लगती है।

सारांश :

1. सभी को कभी-न-कभी पर्यवेक्षण (Supervision) करना पड़ता है।

2. अपने मातहतों के मन में अपने प्रति भरोसा और सत्य के लिए पारखी दृष्टि उसकी आवश्यकता होती है।

3. समय की नज़ाकत भाँपकर निर्णय लेने की क्षमता पर पर्यवेक्षक की सफलता निर्भर करती है।

4. जो आत्मविकास के लिए दृढ़प्रतिज्ञ हैं उनमें यह विशेषताएँ समय के साथ स्वयं पैदा हो जाती हैं और सुख व सफलता कभी साथ न छोड़ने वाली छाया के समान उनके पीछे चलने लगते हैं।

अपनी चित्तवृत्ति (Mood) को पहचानें

व्यक्तित्व वह है जिसके आधार पर बताया जा सके कि आदमी परिस्थिति विशेष में किस प्रकार का व्यवहार करेगा।

–रेमंड बी. कैटेल

शुद्ध साँस को देखने का अभ्यास मन की प्रकृति को स्पष्ट करता है। विपश्यना के अभ्यास के द्वारा अनुभूतियों के स्तर पर संवेदनाओं के उदय-व्यय की प्रक्रिया के दर्शन होते हैं। यहीं हमें सत्य की अनुभूति होती है कि मन केवल एक समय में संवेदना को ग्रहण करता है। काया के स्तर पर संवेदनाओं को जब हम देख रहे होते हैं तो हमें अनित्यता के दर्शन होते हैं। हमारी जागरूकता पुष्ट होते-होते हमारे शरीर के भीतर होने वाली जैव-रसायन प्रक्रियाओं को देखने में भी सक्षम होने लगती हैं। इसी सक्षमता के दौरान हम अनुभूतियों के स्तर पर जानने लगते हैं कि हमारे विभिन्न जैव-रसायन, उदय-व्यय के माध्यम से एक विशेष प्रकार के वातावरण को तैयार करते हैं। विभिन्न रसायन विभिन्न वातावरणों को तैयार करते हैं। ये वातावरण मन के ऊपर प्रभाव डालते हैं। विकारों की उपस्थिति में जैव-रसायन मन की अवस्थाओं या चित्त की वृत्तियों (Moods) के लिए जिम्मेदार होते हैं।

अमरीका में कार्यरत् ब्रिटिश मनोवैज्ञानिक प्रोफेसर रेमंड बी. कैटेल ने व्यक्तित्व का अध्ययन व मापन किया है। प्रोफेसर कैटेल की मापन विधियों की विशेषता यह है कि सैद्धांतिक स्तर पर बहुत से मनोवैज्ञानिक उनको नकारते हैं, परंतु जिसको प्रोफेसर कैटेल की मापन विधियाँ समझ में आ गईं और जो उन्हें व्यावसायिक जीवन में इस्तेमाल कर पाया, वह फिर किसी दूसरे मनोवैज्ञानिक को पसंद नहीं कर सकता। वास्तव में प्रोफेसर केटेल की मापन विधियों से व्यक्तित्व के संबंध में प्राप्त जानकारियाँ ज़िंदगी के काफी करीब हैं। इतने करीब कि व्यक्ति के पिछले इतिहास व वर्तमान परिस्थितियों के बारे में सही ज्ञान होने पर इन जानकारियों के आधार पर भविष्यवाणी गारंटी की सीमा तक की जा सकती है।

कई बार ऐसा भी देखा गया है कि व्यक्तित्व मापन से प्राप्त जानकारियाँ एक नई सूचना दे रही हैं और उस सूचना का व्यक्ति के जीवन में फिलहाल दूर-दूर तक

कोई वास्ता नहीं है, लेकिन पाया जाता है कि कुछ समय के बाद वह परिस्थिति पैदा हो गई है। उदाहरण के लिए एक कंपनी के चेयरमैन व मैनेजिंग डायरैक्टर के व्यक्तित्व का अध्ययन किया गया। मापन से मिली जानकारियों में से एक के अनुसार उनको असहाय-भाव से पीड़ित होना था। उनकी उस समय की स्थिति उस सूचना को गलत बता रही थी। लेकिन एक सप्ताह के भीतर जिस इमारत में उनकी संस्था का कार्यालय था, उसकी पाँच मंज़िलें आग की लपटों में भस्म हो गईं। उसके बाद महीनों काफी परेशानी रही, क्योंकि पाँच मंज़िलों का ऑफिस रिकॉर्ड आग में भस्म हो गया था।

तर्क दिया जा सकता है कि इमारत में आग लगने और चेयरमैन की असहाय अवस्था के बीच क्या रिश्ता। मगर जब व्यक्तित्व के मापन से प्राप्त सूचना के आस-पास ही घटना घटती है और उस व्यक्ति के जीवन में घटती है तब रिश्ता बन ही जाता है। जब किसी व्यावसायिक मनोवैज्ञानिक के जीवन में ऐसे उदाहरणों की भरमार होने लगती है, तो वह मापन से प्राप्त जानकारियों की सत्यता को जानने का प्रयास करता है। जानकारियाँ जब सत्यापन के नापदंड पर खरी उतरने लगती हैं, तब प्रोफेसर कैटेल के द्वारा दी गई व्यक्तित्व की परिभाषा कि 'किसी का व्यक्तित्व उसके संबंध में संपूर्ण भविष्यवाणी है' समझ में आने लगता है। प्रोफेसर कैटेल के अनुसार व्यक्ति के जीवन में घटने वाली किसी भी घटना के होने में चार हजार से लेकर छियासठ हजार तक संभावनाएँ होती हैं। व्यक्तित्व का अध्ययन करके यह तो नहीं बतलाया जा सकता कि किस वजह से घटना होगी, लेकिन यह नहीं हो सकता कि मापन से जानकारियाँ तो प्राप्त हों और घटना न हो। अर्थात् जीवन में होने वाली घटनाओं के बारे में भविष्यवाणी की जा सकती है, जो देर-सवेर सत्यापन की कसौटी पर खरी उतरती है। लेकिन इस प्रकार की भविष्यवाणी का ज्योतिष से लेना-देना नहीं है। सब कुछ क्योंकि मनोमय है इसलिए किसी भी काम के शुरू होने की स्थिति में व्यक्तित्व का अध्ययन करके उसकी सफलता के बारे में भविष्यवाणी की जा सकती है। असफलता की स्थिति में बतलाया जा सकता है कि क्या तरीका अपनाया जाए कि सफलता ही मिले। कह सकते हैं कि प्रोफेसर कैटेल की संपूर्ण प्रणाली त्वचा के बाहर तथा भीतर होने वाले व्यवहार का अध्ययन करती है। यह प्रणाली क्योंकि व्यवहार की सूक्ष्मताओं को पकड़ने में समर्थ है इसलिए भविष्यवाणी करने में भी समर्थ है। अब यह अन्य मनोवैज्ञानिकों के ऊपर निर्भर करता है कि उन्होंने अपने व्यवसाय में कितनी दक्षता प्राप्त की है, कितना कैटेल को आत्मसात् किया है, कितना समाज व संस्कृति के सूक्ष्म और गहन पहलुओं को समझा है आदि। उदाहरण के लिए आम हिंदुस्तानी जानना चाहता है कि उसके पास पैसा होगा

या नहीं। उसे इस बात से मतलब नहीं कि आप उसके इस प्रश्न का उत्तर कैसे देते हैं। वह तो अपने अभावों से मुक्त होना चाहता है। कोई भी मनोवैज्ञानिक परीक्षण इस प्रश्न का सीधा उत्तर नहीं देता। आप केवल अनुमान लगा सकते हैं। लेकिन जिसने कैटेल को भारतीय परिस्थितियों में आत्मसात् किया है वह सुनिश्चितता के साथ इस प्रश्न का उत्तर दे सकता है। इतना सब कुछ करते हुए भी कैटेल चेतना के बारे में चुप हैं।

बहरहाल व्यक्तित्व-संबंधी अध्ययनों के दौरान प्रोफेसर कैटेल ने चित्तवृत्तियों (Mood States) का भी अध्ययन किया है। प्रोफेसर कैटेल ने आठ दशाओं का वर्णन किया है। ये हैं : बहिर्मुखी-प्रवृत्ति (Extrovert Behaviour), व्यग्रता (Anxiety), अवसाद (Depression), उत्तेजना (Arousal), थकान (Fatigue), तनाव (Stress), दमन (Repression) तथा अपराध-बोध (Guilt)। मानसिक स्वास्थ्य व परिस्थितियों में सुधार के साथ बहिर्मुखी-प्रवृत्ति के अलावा सभी चित्तवृत्तियों में कमी होती जाती है। अर्थात् भारतीय समाजीकरण की पद्धति के अनुसार व्यवहार की निर्मलता, आनापान सति व विपश्यना के अभ्यास से हमारे अंदर दया, करुणा, सहानुभूति आदि का भाव जागता है। ये भाव हमें समाज-कल्याण के लिए प्रेरित करते हैं। बहिर्मुखी-प्रवृत्ति भी हमें ऐसे व्यवहारों के लिए प्रेरित करती है। अर्थात् कैटेल ने भी कमोबेश व्यग्रता, अवसाद, उत्तेजना, थकान, तनाव, दमन तथा अपराध-बोध को हमारे क्लेशों, दुखों के प्रगटीकरण का माध्यम पाया है।

हमारे दुख, चिंताओं, व्यग्रता व थकावट के माध्यम से प्रकट होते हैं। हमारे दुख तब भी प्रगट होते हैं जब हम मानसिक तौर पर पीछे लौट जाते हैं, अर्थात् पिछली बातों की ही तारीफ करते रहते हैं। और हमारे दुख तब भी प्रगट होते हैं जब हम अपराध-बोध के शिकार होते हैं। लेकिन हम सुखी तभी होते हैं जब हमारा व्यवहार, दूसरों का भला करता है।

कह सकते हैं कि प्रोफेसर कैटेल के अध्ययन दुखों से जुड़े व्यवहारों व मन:स्थिति का तो वर्णन करते हैं, परंतु उनके कारणों की चर्चा नहीं करते। वास्तव में ऐसा अनुभूतियों के स्तर पर सत्य को न जीने के कारण होता है। पश्चिमी जगत में प्रसिद्ध है–हम चाँद पर तो पहुँच गए हैं लेकिन मन की गहराइयों को नहीं छू पाए। ऐसा लगता है कि पश्चिम के वैज्ञानिक जीवन और व्यवसाय को अलग-अलग मानते हैं अर्थात् उनके लिए विज्ञान का सत्य और जीवन का सत्य दोनों अलग अस्तित्व रखते हैं। हमारे यहाँ भी पंडित जी जब कथा बाँचते हैं तो बैंगन की बुराई करते हैं, लेकिन घर जाकर बैंगन ही खाते हैं। यानी निपट पाखंड। संभवत: इसी पाखंड ने विज्ञान की उपलब्धियों के साथ एड्स का उपहार भी दिया है।

भारतीय मनीषा ने मन और कर्म के बीच किसी भी पर्दे को अस्वीकार किया है। कर्म को मन का प्रगटीकरण मानने के पीछे जागरूकता से संबंधित अध्ययन व अभ्यास हैं। इनकी मदद से जब सत्य के दर्शन होते हैं, तब ज्ञान अहंकारविहीन हो जाता है। कर्म विकारविहीन अथवा अनासक्ति से प्रेरित होते हैं, और भक्ति ज्ञान-प्राप्ति का माध्यम हो जाती है। व्यावहारिक बुद्धि वालों का कर्म सोद्देश्य होकर दुख को जन्म देता है। भक्ति, सम्प्रदायों की कट्टरता में परिवर्तित होकर सामाजिक स्तर पर हिंसा और निजी स्तर पर दुख का कारण बनती है। यानी पाखंड हमें कहीं का नहीं छोड़ता।

दूसरी ओर जब मन और कर्म एकाकार होकर भारतीय समाजीकरण की पद्धति के अभ्यास से निर्मल होने लगते हैं, तब हमें चित्तवृत्तियों के मूल में छिपे कारणों की सच्चाई का पता लगता है। अर्थात् दुख के मूल में चित्तवृत्तियाँ हैं और चित्तवृत्तियों के मूल में राग, द्वेष, आलस्य तथा संशय हैं। ये जब व्यवहार में परिवर्तित होते हैं, तब कैटेल की आठ चित्तवृत्तियाँ (Moods States) सामने आती हैं। तब हम चिंतित, अवसादग्रस्त तथा थकावट से चूर होते हैं।

सारांश :

1. किसी आदमी का व्यक्तित्व उसके जीवन के बारे में संपूर्ण भविष्यवाणी है।

2. व्यक्तित्व के संबंध में किए अध्ययनों से (आठ चित्तवृत्तियाँ) का पता चलता है। ये हैं मिलनसारिता, चिंता, तनाव, अवसाद, थकावट, अपराध भाव व उत्तेजना।

3. जैसे-जैसे हम शांत और सहज होते जाते हैं, मिलनसारिता के अलावा सभी में कमी आती जाती है।

4. आधुनिक मनोविज्ञान ने भी अपने अध्ययनों से भारतीय समाजीकरण के क्रमिक विकास का समर्थन किया है।

5. अंतर केवल इतना है कि आत्मविकास की साधना के लिए मन और व्यवहार के बीच किसी प्रकार का भेद नहीं होता, जबकि मनोविज्ञान केवल वस्तुस्थिति का मापन करता है।

ऐसे होता है मन का इलाज

मन सब कुछ है। मन की, अपने भीतर ही चिकित्सा करने से सारा संसार ठीक हो जाता है।

–योग वशिष्ठ

कहावत है कि समझदार दूसरों के अनुभव से सीखते हैं, सामान्यजन अपने अनुभवों से सीखते हैं तथा मूर्ख न अपने अनुभवों से और न ही दूसरों के अनुभवों से सीखते हैं। लौकिक सीखने के संदर्भ में यह कहावत सही हो सकती है। दूसरों के अनुभवों से सीखना वास्तव में किताबी ज्ञान से अधिक नहीं है। अधिक पढ़ने का अर्थ है मस्तिष्क की क्षमताओं को कुंठित करना, क्योंकि अधिक पढ़ने से भ्रांति ही बढ़ती है। दूसरी ओर अधिक लिखने से मस्तिष्क की क्षमताओं का विकास होता है और चीज़ें साफ़-साफ़ समझ में आने लगती हैं।

मन:चिकित्सा में जब तक चिकित्सक सक्रिय रहता है, रोगी की उस पर निर्भरता बढ़ती रहती है। नतीजा होता है, रोग का उपचार लंबे समय तक चलता है और फिर भी यह बात निश्चित नहीं होती कि रोगी ठीक भी होगा। इसीलिए चिकित्सक उस समय तक सक्रिय रहता है जब तक रोगी उसमें विश्वास नहीं करने लगता। जहाँ रोगी का विश्वास चिकित्सक में जमा, चिकित्सक निष्क्रिय होता जाता है और उन स्थितियों का निर्माण करता है, जिनमें रोगी प्रारंभ में अपने उपचार में सक्रिय सहयोग दे सके। फिर धीरे-धीरे अपनी समस्याओं को चिकित्सक की उपस्थिति में समझ सके। जैसे-जैसे रोग का उपचार होता जाता है, रोगी सक्रिय रूप से स्वयं में विश्वास करता हुआ अपनी समस्याओं को हल करना सीखता जाता है। अब चिकित्सक की भूमिका मात्र उस लाठी के समान हो जाता है जो किसी हृष्ट-पुष्ट युवक के हाथ में होती है। जरूरत पड़ने पर उस लाठी को इस्तेमाल तो किया जा सकता है, परंतु युवक उसको अपना सहारा कभी नहीं बनाता। जब रोगी अपने चिकित्सक को इस रूप में स्वीकारने लगता है तब मन:चिकित्सा को समाप्त कर दिया जाता है। यानी अपनी समस्याओं को अपने स्तर पर आत्मविश्वास के साथ सुलझा पाना मन:चिकित्सा के अनुसार रोग के उपचार की कसौटी है।

इस कसौटी के मूल में रोगी को संपूर्ण इकाई समझने की भावना काम करती

है। परंतु पश्चिम की ही चिकित्सा-प्रणाली जिसे एेलोपैथी (Allopathy) कहते हैं, इस कसौटी को अपना आदर्श मानती नहीं दिखती। वास्तव में जिस डाक्टर के पास मरीजों की जितनी लंबी भीड़ होती है, जितने अधिक पुराने मरीज लौटकर आते हैं, उसको उतना ही सफल व दक्ष समझा जाता है।

सच तो यह है कि आयुर्वेद के अतिरिक्त अधिकांश चिकित्सा-प्रणालियों मे रोगी की चेतना को अधिक महत्त्व नहीं दिया जाता। वहाँ रोग के लक्षणों को तो चिकित्सा का आधार माना जाता है, परंतु चेतना के विकारों को समझने का प्रयास नहीं किया जाता। उदाहरण के लिए होम्योपैथी, जो रोगी की जीवनी-शक्ति (Vital Force) को सक्रिय बनाकर रोगों के उपचार का दम भरती है, खाने में उन वस्तुओं का परहेज तो बताती है जो दवा के प्रभाव को समाप्त करती हैं, परंतु व्यवहार के निर्मलीकरण को महत्त्व नहीं देती। हाँ, यह बात दूसरी है कि कोई चिकित्सक मिश्रित-प्रणाली का सहारा लेता हो, अन्यथा सभी रोग के निवारण में अपनी दवा को ही अचूक मानते हैं, मानो रोगी चेतनामय न होकर कोई जड़ वस्तु हो, जिस पर दवा की रासायनिक प्रक्रिया होनी ही हो।

संभवत: इसीलिए कैंसर, उच्च रक्तचाप, मधुमेह आदि बीमारियाँ, जो लाइलाज समझी जाती हैं, के रोगियों को मन:चिकित्सक के पास भेज दिया जाता है, ताकि वह आत्मबल प्राप्त करके रोग के निवारण में सक्रिय भूमिका निभा सके।

दरअसल, मन:शारीरिक (Psycho-Somatic) बीमारियों के मूल में वात, कफ व पित्त की विषम अवस्था कम, और तामसी और राजसी वृत्तियाँ अधिक काम करती हैं। रोगी को मात्र उपकरण मानने वाला चिकित्सक अपनी औषधि की मदद से रोग के लक्षणों को घटा तो सकता है, परंतु जब तक रोगी स्वयं तामसी और राजसी वृत्तियों का निरोध करके सात्त्विक नहीं होता, तब तक रोग का निवारण नहीं किया जा सकता। इसीलिए पुरातनपंथी अर्थों में रोग-निवारण के लिए दान, धर्म को भी स्वीकार किया जाता रहा है। वास्तव में आयुर्वेद में रोगी से अपेक्षा की जाती है कि वह जटिल रोगों की उपस्थिति में अपने उपचार हेतु दान व धर्म के द्वारा सात्त्विक गुणों का विकास करे। जब सात्त्विक गुणों का विकास होता है तो केवल रोगी ही नहीं बल्कि सामान्य व्यक्ति भी प्रमादमुक्त होकर उस हाथी की तरह क्लेशों को दूर करने का प्रयास करने लगता है, जो कीचड़ में धँसा होने पर भी अपने ही बलबूते कीचड़ से निकलने का प्रयत्न करता है।

सारांश :

1. चिकित्सक का कार्य रोग का निवारण करके रोगों के मन में स्वयं के प्रति भरोसा पैदा करना है ताकि वह सात्त्विक आचरण का पालन करके स्वास्थ्य लाभ प्राप्त कर

सके।

2. मन:चिकित्सा अपने विशेष संदर्भ में तथा आयुर्वेद अपने रूढ़ अर्थों में इसका पालन करता है।

3. अन्य सभी चिकित्सा-पद्धतियाँ रोग-निवारण को ही अपना उद्देश्य मानती हैं।

4. वास्तव में इस रूपक के द्वारा यह समझाने की कोशिश की गई है कि एक अच्छे पर्यवेक्षक (Supervisor) को अपने मातहतों के लिए मन:चिकित्सक भी बनना पड़ता है।

5. आत्मविकास के पथ का साधक, जब सात्त्विक गुणों का विकास करता है, तो कीचड़ में धँसे होने के बावजूद अपने बलबूते बाहर निकलने वाले हाथी के समान ही वह अपने क्लेशों से मुक्त होने का प्रयत्न करता है।

दुःखों से मुक्त कैसे हों?

जोगी सो जो राखे जोग, जिभ्या इंद्री करै न भोग।
अंजन छोड़ि निरंजन रहै, ताकू गोरख जोगी कहै॥

–गोरखनाथ

दुश्चिंता (Anxiety), तनाव (Stress) और अवसाद (Depression)– हमारे दुख व क्लेश इन तीनों के माध्यम से मापे जाते हैं। पश्चिम से जो एक हवा चली, उसके अनुसार मानसिक स्वास्थ्य का अभाव ही हमारी सभी परेशानियों का कारण माना गया। एक दूसरी हवा चली जिसके अनुसार परिस्थितियों की जटिलताओं से उत्पन्न दबावों को हमारी सभी परेशानियों का कारण माना गया। आजकल जो हवा चल रही है, उसके अनुसार हमारी परेशानियों के मूल में अवसाद है।

इन सबका अर्थ केवल इतना है कि राग, द्वेष, आलस्य, औद्धत्य, संशय कुछ व्यक्तियों में दुश्चिंता, कुछ में तनाव और कुछ में अवसाद के लक्षण पैदा करते हैं। जब दुश्चिंता के रोगियों की संख्या बढ़ने लगती है, तब दुश्चिंता की हवा चलती है। जब तनाव के शिकारों की संख्या बढ़ने लगती है, तब तनाव की हवा चलती है और जब अवसाद के रोग बढ़ते हैं तब अवसाद की हवा चलती है। संभवत: कैटेल के द्वारा चित्तवृत्तियों (Mood States) के वर्णन के पीछे एक मंतव्य यही है कि ये तीनों ही दुख प्रकट करने के माध्यम हैं। अगर हम इन तीनों का गहराई में अध्ययन करें तो पाते हैं कि दमन (Repression) व अपराध-बोध (Guilt) दुश्चिंता में समाहित हैं। उत्तेजना (Arousal) और थकावट (Fatigue), अवसाद में सम्मिलित हैं।

कैटेल ने व्यक्तित्व-संबंधी अध्ययनों के दौरान पाया कि व्यक्तित्व के पाँच गुण, फैक्टर-Q-3, फैक्टर-C, फैक्टर-L, फैक्टर-O, फैक्टर-Q-4 दुश्चिंता बढ़ाने में योगदान देते हैं। मोटे तौर पर समझने की दृष्टि से कहा जा सकता है कि फैक्टर-Q-3 आत्मानुशासन, फैक्टर-C आत्मसंयम, फैक्टर-L आत्मसंशय, फैक्टर-O आत्मविश्वास व फैक्टर-Q-4 आत्मसंतोष का मापन करते हैं। आत्मानुशासन, आत्मसंयम, आत्मविश्वास और आत्मसंतोष का अभाव तथा आत्मसंशय की बढोतरी दुश्चिंता के लक्षणों को बढ़ा देती है।

मन:चिकित्सा (Psychotherapy) की मदद से अगर दुश्चिंता (Anxiety) का उपचार करना हो तो समाज अथवा समूह की मान्यताओं की दिशा में रोगी से काम कराने से अधिक लाभ होता है। अर्थात् यदि चिकित्सक इस प्रकार काम करे कि रोगी सामाजिक अपेक्षाओं को पूरा करने लगे तो वह इससे उत्पन्न आत्मविश्वास की मदद से अपनी चिंताओं पर काबू पाने लगता है। कहा जा सकता है कि समूह के प्रति वफ़ादारी आत्मविश्वास को बढ़ाती है।

दूसरी ओर अगर कोई निजी प्रयासों के द्वारा अपने दुखों व चिंताओं का निवारण करना चाहता है तो उसे आत्मसंयम की मदद लेनी पड़ती है। मनोवैज्ञानिक दृष्टि से हमारे आत्मसंयम की स्थिति बैंक के उस खातेदार की तरह होती है, जो ऋणांकन (Debit) और जमा (Credit) के बीच संतुलन बनाकर चलता है। जो खातेदार सिर्फ पैसा जमा करता रहता है, उसका दैनिक व्यवहार असंगत हो जाता है। आत्मसंयम वास्तव में हमारी जीवनी-शक्ति के अर्जन व विसर्जन के बीच में संतुलन बनाकर हमें क्रियाशील बनाए रखता है। 'एक ही साधे सब सधै' की कहावत के अनुसार केवल आत्मसंयम को साधने से हम आत्मानुशासित होने लगते हैं। जीवन के प्रति हमारी आस्थाओं का विकास होने लगता है। हमारा आत्मविश्वास बढ़ने लगता है और हम आत्मसंतुष्ट होने लगते हैं।

वास्तव में विकार-शोधन के अभाव में आत्मसंयम असंभव है, क्योंकि संवेगों के धरातल पर वास्तविकताओं को बिना समझे और बिना स्वीकारे आत्मसंयम अस्तित्व में नहीं आता। भारतीय समाजीकरण की प्रक्रिया क्योंकि आंतरिक जागरूकता का दर्शन है, और क्योंकि जागरूकता के अभ्यास ने हमें समझाया है कि वस्तुगत प्रत्यक्षीकरण तभी संभव है जब हमारी ज्ञानेंद्रियाँ उद्दीपक से प्राप्त सूचनाओं के प्रति किसी प्रकार का चिपकाव पैदा न करें, इसलिए संयम को भारतीय मनीषा ने केवल व्यवहार के धरातल पर ही स्वीकार नहीं किया है बल्कि उसने सूक्ष्म धरातल पर इसको और भी महत्त्वपूर्ण माना है। उसके अनुसार संवेगात्मक व्यवहार के धरातल पर आत्मसंयम चिंताओं को कम तो करता है, परंतु उनका निवारण नहीं करता। नतीजा होता है कि हमें हमेशा सावधान रहना पड़ता है। सावधानी अपने आप में एक रोग है, अर्थात् जागरूक रहने के लिए भी अगर चिकोटी काटनी पड़े और बार-बार काटनी पड़े तब हम केवल अपनी बेहोशी को दूर कर रहे हैं न कि हम जागरूक हैं।

शुद्ध साँस को देखने की आदत और विपश्यना का अभ्यास जागरूकता को हमारी जीवन-प्रणाली का अंग बना देता है। यानी योग की तुर्यावस्था एक-दो मिनट की अवधि वाली न होकर आयु-पर्यन्त की अवधि वाली होती है। गौतमबुद्ध

चवालीस वर्षों तक निर्वाण का जीवन इसलिए जीते रहे क्योंकि छत्तीस वर्ष की अवस्था में वह अपने क्लेशों का पूर्णरूप से निवारण करके जागरूकता को अपने जीवन का स्थायी अंग बना चुके थे। ऐसा नहीं है कि मात्र गौतम ही बुद्ध हो पाए। कबीर भी इस श्रेणी में आते हैं। महात्मा गांधी को भी इसी श्रेणी में रखा जा सकता है। ऐसे योगी तो बहुत मिल जाएँगे, जो हमेशा आत्मविकास की साधना करते रहते हैं। हाँ, यह बात दूसरी है कि तथाकथित योग हमें समाज से काटकर रख देता है।

बहरहाल भारतीय समाजीकरण की पद्धति के अनुसार हमें जागरूकता को अपने जीवन का स्थायी अंग बनाना होता है। इसके लिए ज़रूरी है कि हमारा आत्मसंयम न केवल हमारी चिंताओं के लक्षणों को दूर करे, बल्कि जिन कारणों से चिंताएँ उत्पन्न होती हैं उनका भी निवारण करे।

जब कारणों के निवारण की बात आती है तब आवश्यक हो जाता है कि हम अपनी इंद्रियों को भी संयम से संचालित करें। यानी निर्मल आचरण के अभ्यास में हम अपने बाह्य कर्मों को संयमपूर्वक करते हैं। शुद्ध साँस को देखने व विपश्यना के अभ्यास से 'ज्ञानेंद्रियाँ, कर्मेंद्रियाँ व मन' को भी संयमपूर्वक संचालित करने का अभ्यास करते हैं। वैसे ये अभ्यास मोटी बुद्धि व जागरूकता के अभाव में काल्पनिक अधिक लगते हैं। लगने भी चाहिए, क्योंकि जब हम अपने से अधिक दक्ष व्यक्ति को किसी काम को सफलतापूर्वक निष्पादित करते देखते हैं तो तीन में से कोई एक प्रतिक्रिया करते हैं। एक–हमें उसके प्रति अपने मन में श्रद्धा उत्पन्न होती महसूस होती है। दो–हम उसके जैसी दक्षता प्राप्त करना चाहते हैं। तीन–उसको हम अपने से इतर मानकर या तो उससे ईर्ष्या करने लगते हैं या फिर उस दक्षता को ही नकारने लगते हैं। जागरूकता के अभ्यास से इंद्रियों व मन के संयम के प्रयासों की संभावना को नकारने के पीछे तीसरी व अंतिम प्रतिक्रिया अधिक काम करती है। फिर भी चिंता, तनाव व अवसाद से समूल मुक्ति पाने के लिए इद्रियों व मन का संयम आवश्यक है।

आँखें दृश्य के प्रति किसी प्रकार का लगाव पैदा न करें, इसलिए आँखों का संयम जरूरी है। कान किसी स्वर अथवा ध्वनि के प्रति किसी प्रकार का चिपकाव पैदा न करें, इसलिए कानों का संयम जरूरी है। जीभ किसी स्वाद के प्रति ललचाई न रहे, इसलिए जीभ का संयम जरूरी है। वाणी किसी विशेष शैली को न अपना ले, इसलिए वाणी का संयम जरूरी है। मन किसी खास सोच के प्रति आग्रह न पाल ले, इसलिए मन का संयम जरूरी है।

कहने का तात्पर्य यह है कि अननुकूलन (Deconditioning) केवल विषय वस्तु की ही नहीं, वरन् उन माध्यमों की भी करनी है, जिनकी मदद से विषयवस्तु

अर्जित की गई है। वास्तव में अर्जित ज्ञान को भूलना नहीं है बल्कि ज्ञान से उत्पन्न अहंकार को समाप्त करना है। यही अननुकूलन या सीखे हुए से मुक्ति पाना (De-Learning) है। यही इंद्रियों की गुलामी को समाप्त करना है।

जब हम 'सबसे भले हैं वे जिन्हें न व्यापे जगत गति' की उक्ति को स्वीकार करके अज्ञान को अपने सुखों का कारण मानने लगते हैं तो भूल जाते हैं कि मंदबुद्धि लोग अपने पैरों पर खड़े होकर जीवनयापन नहीं किया करते। उन्हें तो जीने के लिए भी दूसरों की मदद चाहिए। इसलिए हमें अपने ज्ञान को समाप्त नहीं करना है, बल्कि ज्ञान से उत्पन्न अहंकार को समाप्त करना है। इस अहंकार के निर्मलीकरण में संयम ही हथियार का काम करता है। इसीलिए कहा गया है कि जो संयम का सूक्ष्म रूप से इस्तेमाल करना जान जाता है, वह सारे दुखों से मुक्त होने लगता है। जब संयम का अभ्यास परिपक्व व पुष्ट हो जाता है तब वह सारे दुखों से मुक्त हो जाता है।

सारांश :

1. चिंताग्रस्त रोगी का आसान और सफल इलाज है—समाज उससे जिन बातों की अपेक्षा करता है उनको पूरा करना। वास्तव में यह जिम्मेदारी उसके चिकित्सक की है।

2. जब कोई आत्मविकास की भावना से प्रेरित होकर अपनी चिंताओं से मुक्त होना चाहता है तब उसे अपने आत्मसंयम की मदद लेनी होती है।

3. आत्मसंयम बैंक के उस खातेदार की तरह है, जो जमा और खर्च के बीच संतुलन बनाकर चलता है।

4. मनोविज्ञान के अनुसार आत्मसंयम व्यवहार के धरातल पर चिंताओं को कम करता है।

5. आत्मविकास के पथ का साधक उन कारणों का भी निवारण कर पाता है जिनसे चिंता उत्पन्न होती है। वास्तव में वह अपनी जागरूकता की मदद से उन माध्यमों—आँख, कान, नाक आदि का भी निर्मलीकरण करता है, जो सूचना की संवेदना मस्तिष्क तक पहुँचाते हैं।

6. वास्तव में अर्जित ज्ञान को भूलना नहीं है बल्कि उससे स्वयं को असंपृक्त करना है। यही अननुकूलन (Deconditioning) है। यही इंद्रियों व मन का संयम है।

7. जो संयम का सूक्ष्म इस्तेमाल जान जाता है, वह सारे दुखों से मुक्त होने लगता है।

प्रतिक्रियावाद से बचें

प्रतिक्रियावादी दूसरों के विचारों से संचालित होते हैं। विवेकी जन अपने भीतर की उथल-पुथल के प्रति जागरूक रहते हैं।

–कूपर

भारतीय समाजीकरण की पद्धति को अब तक जिस प्रकार प्रतिष्ठित किया गया है, उससे तो यह लगता है कि यह पुस्तक या तो उसकी प्रवक्ता बन गई है या फिर सिर नवाकर स्तुति-गान कर रही है। चलो यह भी ठीक है क्योंकि अभिव्यक्ति की स्वतंत्रता में हरेक को अपनी बात कहने का हक है और अधिकारों का दुरुपयोग एक आम बात है। लेकिन यदि विपश्यना के अभ्यास से अहंकार समाप्त हो गया और तेरे-मेरे का भाव समाप्त हो गया तो हमारी पहचान का क्या होगा। ज़िंदगी जीने का आकर्षण क्या होगा।

गीता में अर्जुन द्वारा ऐसी शंकाएँ उठाने पर कृष्ण ने अपना परामर्श (Counselling) देना शुरू किया था। हाँ यह तो सच है परंतु आम भारतीय गृहस्थ की समझ में गीता का अध्ययन आदमी को वैरागी बना देता है। गृहस्थ और वैराग्य एक नदी के दो किनारे हैं। आदमी को गीता का पाठ तब करना चाहिए जब पत्नी भाग गयी हो, पुत्रों ने दुत्कार दिया हो, व्यापार में दिवाला निकल गया हो, प्रिय संबंधी की मृत्यु हो गई हो, मृत्यु-शैया पर पड़ा हो अथवा मृत्युदंड मिल चुका हो। अन्यथा नई-नवेली सुंदर-सलोनी प्रेम-कलश छलकाती पत्नी की उपस्थिति में गीता-पाठ तौबा-तौबा! व्यापार जब चंद्रमा की कलाओं की तरह दिन-दुगना, रात चौगुना बढ़ रहा हो उस समय विपश्यना का अभ्यास? दिमाग़ तो खराब नहीं हो गया!

वास्तव में इस प्रकार की शंकाएँ वही उठाया करते हैं, जिनकी समझ तो सीमित होती है परंतु सुलभ साधनों के कारण बुद्धिजीवी होने का दंभ पाल लेते हैं। उदाहरण के लिए दो कहावतें हैं। एक के अनुसार–जब तक तैरना न आए पानी में मत उतरो। दूसरी के अनुसार–बिना पानी में उतरे तैरना नहीं आता। सीमित समझ वालों की मुश्किल होती है कि किसे ठीक मानें। दरअसल, जब हम शब्दों को पकड़कर बैठ जाते हैं तब ऐसी ही कठिनाइयाँ सामने आती हैं। अन्यथा बात बिल्कुल

साफ़ है, जब तक हम तैरना सीखते हैं, हमें अनजान पानी में नहीं जाना चाहिए।

इसी प्रकार जब तक हम ज़िंदगी को देखना नहीं सीखते तब तक हम जीते कहाँ हैं। हम तो मात्र कष्ट या उत्तेजना को भोगते हैं। शादी की पहली रात को यौन-क्रिया से अनभिज्ञ व्यक्ति संयम के अभाव में उत्तेजनाओं को भोगते हुए अपने व अपने साथी के जीवन में मात्र कुंठाओं को निमंत्रित करते हैं। शब्दों को पकड़कर लटकने वाले तो अवश्य गीता-पाठ से संन्यास की दीक्षा ग्रहण कर सकते हैं। विपश्यना के अभ्यास से मृतक तुल्य हो सकते हैं अन्यथा तो हम ज़िंदगी को असंपृक्त होकर देखना ही सीखते हैं।

अँग्रेजी के दो शब्द हैं– एक : Reaction अर्थात् प्रतिक्रिया और दूसरा : Response अर्थात् प्रत्युत्तर या अनुक्रिया। नवजात शिशु जब दूध पीकर दूध उलटता है तो इसका अर्थ होता है कि कहीं कुछ गड़बड़ है। तभी वह दूध हजम नहीं कर पा रहा। उपचार के बाद जब वह फटा हुआ दूध उलटने लगता है तो घर के सयाने चैन की सांस लेते हैं कि चलो अब तबियत ठीक होने लगी। दूध पीकर दूध उलटने का अर्थ है बच्चा दूध के प्रति प्रतिक्रिया कर रहा है। यानी प्रतिक्रिया अस्वास्थ्य का प्रतीक है। दूध पीकर फटा दूध निकालने का अर्थ है, बच्चा दूध को हजम कर रहा है यानी वह दूध के प्रति अनुक्रिया कर रहा है। अर्थात् अनुक्रिया या प्रत्युत्तर से हमारा तात्पर्य स्वास्थ्य से है। सामान्यत: हम प्रतिक्रिया तभी करते हैं जब किसी प्रकार की धारणा बनाए होते हैं अन्यथा प्रत्यक्षीकरण की प्रक्रिया पूरी होने पर हम अनुक्रिया ही करते हैं।

हमारा प्रत्यक्षीकरण जितना वस्तुगत होता है प्रत्युत्तर उतना ही प्रभावी होता है। दुश्चिंता, तनाव, अवसाद या किसी भी मानसिक विकलांगता या रोग की दशा में हमारा प्रत्युत्तर प्रभावपूर्ण नहीं हो पाता। लौकिक अथवा आध्यात्मिक–कैसी भी सफलता की कल्पना प्रभावपूर्ण प्रत्युत्तर के अभाव में नहीं की जा सकती। ऐसा तभी संभव है जब हम जीवन अथवा उसकी परिस्थितियों के प्रति प्रत्युत्तर या अनुक्रिया करना सीखें।

कहने में बड़ा अच्छा लगता है कि हम अनुक्रिया ही तो करते हैं। परंतु क्या वास्तव में ऐसा है? अगर ऐसा है तो सांप्रदायिकता, भ्रष्टाचार, चोरबाज़ारी जैसी सामाजिक समस्याएँ क्यों? हमारे निजी जीवन में आडंबर (Hypocrisy) क्यों? विज्ञान के प्रत्येक क्षेत्र में इतनी उपलब्धियों के बावजूद हम दुखी क्यों? दरअसल हम अपनी पूर्व धारणाओं के आधार पर जीवन और उसकी स्थितियों का सामना सामान्यत: प्रतिक्रिया करके करते हैं, जबकि हमें प्रत्युत्तर देना चाहिए।

भारतीय समाजीकरण की पद्धति विपश्यना के अभ्यास से अनित्यता के दर्शन

करवाकर हमारे संयम को पुष्ट करती हैं। जैसे-जैसे संयम पुष्ट होता जाता है, हमारी दुश्चिंता, हमारा तनाव, हमारा अवसाद समूल नष्ट हो जाता है। जैव-रसायन प्रक्रियाओं के विकारों का शमन होता जाता है। जब हमारा प्रत्यक्षीकरण वास्तविक अर्थों में वस्तुगत हो जाता है, तब हम सामाजिक समस्याओं में बढ़ोतरी नहीं करते। मन और कर्म एकाकार हो जाते हैं और हमारा पाखंड अस्तित्वविहीन हो जाता है। दुख का निराकरण हो जाता है। ऐसे में 'परमसुख' का जीवन जीते हुए हम जीवन व उसकी परिस्थितियों के प्रति केवल अनुक्रिया करते हैं।

कहना चाहिए कि प्रतिक्रिया के मामले में हमारा ज्ञान ज़िम्मेदार है और प्रत्युत्तर के लिए हमारी भीतरी जागरूकता जरूरी है। भीतरी जागरूकता की मदद से जब अनुभूतियों के स्तर पर सत्य के दर्शन होते हैं, तब सही अर्थों में हम सब केवल अनित्यता को ही पाते हैं और जान पाते हैं कि कुछ भी नित्य नहीं है। केवल उदय-व्यय का क्रम चल रहा है-शरीर में भी और संसार में भी। इस अनुभूति से जन्मता है हमारा संयम और हमारा विवेक अर्थात् प्रज्ञा। यही है आदमी के विकास की परिणति। इसके बाद की स्थिति को व्यक्त करने के लिए भाषा गूँगी है। उसको केवल अनुभूति के स्तर पर देखा जा सकता है। यूँ भी जब चेतना जड़त्व से मुक्त हो जाती है, तब व्यक्तिगत चेतना और ब्रह्मांड की चेतना में कोई भेद नहीं रहता। तब लघु ब्रह्मांड संपूर्ण ब्रह्मांड का पर्याय बन जाता है।

गृहस्थी का सुख भोगने वाले बुजुर्ग जानते हैं कि बच्चों के साथ खेलने का क्या सुख है। अपने व्यवसाय में दक्ष अभिनेता जानते हैं कि यह जो हँसी हम हँस रहे हैं अथवा जो रोना हम रो रहे हैं, यह हमारी भूमिका की आवश्यकता है। भूमिका समाप्त होते ही वे अपने वास्तविक स्वरूप में आ जाते हैं। अभिनेता या बुजुर्ग ऐसा नहीं है कि स्थितप्रज्ञ बन गए हैं। लेकिन उस परिस्थिति-विशेष में स्थितप्रज्ञ की भूमिका कर रहे होते हैं। गीता इसीलिए कहती है कि स्थितप्रज्ञ होने पर व्यक्ति कर्म के बंधन से मुक्त हो जाता है।

विपश्यना का अभ्यास जब परिपक्व होता है तब अहंकार का नाश हो जाता है, जैसे अभिनेता या बुजुर्ग परिस्थिति-विशेष में अपने अहंकार को विलीन कर देते हैं। तब भी उनकी पहचान बनी रहती है। यह सही है कि तब तेरे-मेरे का भाव समाप्त हो जाता है। लेकिन उस समय जो आनंद मिलता है वह न केवल उनकी जीवंतता को बढ़ाता है बल्कि जीवन को आकर्षक भी बना देता है। जागरूकता का एक क्षण जब जीवंतता को बढ़ाकर जीवन को आकर्षक बना सकता है तो फिर जागरूकता जिनके जीवन का अंग बन गई हो, सोचिए कि उनका जीवन कितना आनंदपूर्ण हो सकता है। यानी ज़िंदा रहने की सच्चाई साँस है और जीवन की सच्चाई

अनित्यता है। वह अनित्यता जो परमाणु से लेकर ब्रह्मांड तक की सच्चाई है। जो इन दोनों सच्चाइयों के प्रति जागरूक है, वह सब कुछ करता हुआ भी कुछ नहीं करता। क्योंकि वह कर्मों के बंधन से छूट जाता है। वैसे भी दुख तो बंधनों का होता है। बंधन तब होते हैं जब हम प्रतिक्रिया करते हैं।

सारांश :

1. आत्मविकास की साधना असंपृक्त होकर जीना सिखाती है।

2. जो प्रतिक्रिया व्यक्त करते हैं, वे उस बीमार बच्चे की तरह हैं, जो अपनी माँ का दूध भी हज़म नहीं कर पाता और उसे उलट देता है।

3. हमारा प्रत्यक्षीकरण जितना वास्तविकता के समीप होता है, व्यवहार की दृष्टि से हम समस्याओं का सामना उतने ही प्रभावपूर्ण ढंग से कर पाते हैं।

4. ऐसा तभी संभव है, जब हम भीतर से पूरी तरह जागरूक हों।

5. आत्मविकास के पथ का साधक जब अनित्यता की वास्तविकता को अनुभूतियों के स्तर पर स्वीकार करने लगता है, तब वह असंपृक्त होकर जीना सीख जाता है। इस असंपृक्तता से जागरूकता अस्तित्व में आती है। यही जागरूकता जब हमारी योजनाओं, हमारी प्रक्रियाओं और हमारे प्रयासों का आधार बनती है तो सफलता हमारा अनुसरण करने लगती है।

आत्मज्ञान क्या है?

जैसे सिर पर रखे हुए बोझे का दुःख और लोग भी दूर कर सकते हैं, परंतु भूख-प्यास आदि का दुख अपने सिवा और कोई नहीं मिटा सकता, ऐसे ही आत्मज्ञान व्यक्ति को स्वयं प्राप्त करना होता है।

–विवेक चूड़ामणि

ज्ञान है कि गर्व में चूर है जो भी सीखा है बहुत सीखा है,
विवेक है कि संकोच में है अभी तो कुछ भी नहीं सीखा है।

–कूपर

गहरी बेहोशी के बाद जब कोई होश में आता है तो पहले तो सभी चीज़ें धुंध से घिरी एक जैसी दिखती हैं। धीरे-धीरे जैसे-जैसे वह होश में आता जाता है, वैसे-वैसे ही उनमें स्पष्ट अंतर देखता जाता है। इस बात को एक अन्य उदाहरण से समझा जा सकता है कि अपने विकास के साथ बच्चा जैसे-जैसे ज्ञान अर्जित करता जाता है, वैसे-वैसे ही वह वस्तुओं को, जीवन की परिस्थितियों को तथा जीवन को सही परिप्रेक्ष्य में देखने में समर्थ होता जाता है। अर्थात् ज्ञान हमें पहचानने, दो वस्तुओं के बीच में भेद करने, सही परिप्रेक्ष्य में देखने आदि के योग्य बनाता है। हमारी यही योग्यता हमें वस्तुओं, जीवन व उसकी परिस्थितियों के प्रति अनुक्रिया (Response) करने में सहायता देती है।

अगर अर्जित ज्ञान का यही लाभ है तो फिर विपश्यना की क्या आवश्यकता है। मृत्यु के बाद जीवन है अथवा नहीं यह बहस का विषय है। ईश्वर है अथवा नहीं। किसने देखा है। लेकिन विपश्यना को प्रस्तुत करने वाले गौतम बुद्ध न ईश्वर को मानते थे और न ही ईश्वर की वाणी अर्थात् वेदों को। कहने का मंतव्य इतना भर है कि जब हम किसी के प्रति जवाबदेह हैं ही नहीं और ज्ञान-अर्जन की प्रणाली अर्थात् पश्चिमी शिक्षा-पद्धति अगर हमें प्रत्युत्तर देने योग्य बनाती है तो क्या जरूरत है विपश्यना के अभ्यास की।

यह प्रश्न ऐसा ही है जैसे ढाई वर्ष के बच्चे का बस में टिकट नहीं लगता। बस में कोई महिला ढाई वर्ष, डेढ़ वर्ष और दो महीने के बच्चों के साथ यात्रा करते हुए सीटें तो दो घेरे, लेकिन टिकट सिर्फ अपना ले। ऐसे में टिकट चैकर कंडक्टर

से पूछे कि तुमने एक ही टिकट क्यों दिया। जवाब में कंडक्टर कहे कि बच्चे तीन साल से छोटे हैं। इसका मतलब है कि अगर हमारी बस तीन साल से छोटी उम्र के बच्चों से भरी हो तो तुम टिकट नहीं दोगे। टिकट चैकर अगर चिढ़कर यह सवाल करे तो। दरअसल, यह सवाल उतना ही परिकल्पनात्मक (Hypothetical) है जितना ऊपरवाला क्योंकि तीन वर्ष से छोटी आयु के बच्चे स्वयं यात्रा नहीं कर सकते।

इसी प्रकार लौकिक पद्धतियों से प्राप्त ज्ञान की सीमा यही है कि यह हमारे अहंकार को पुष्ट करता है। यानी संवेगात्मक धरातल पर ज्ञान और अहंकार पर्यायवाची हो जाते हैं, अन्यथा व्यावसायिक दृष्टि से दक्ष व्यक्ति अपना काम तो बिना भावनात्मक हुए सफलतापूर्वक कर लेते हैं। लेकिन जहाँ संवेगात्मक परिस्थितियाँ उत्पन्न हुईं वहीं वे गड़बड़ा जाते हैं। दरअसल,दक्ष व्यक्ति के लिए, यदि काम उसकी योग्यता के अनुरूप है, किसी प्रकार की संवेगात्मक उलझन पैदा नहीं करता, इसलिए वह उसको सफलतापूर्वक कर पाता है।

अगर देखा जाए तो कहा जा सकता है कि जब दक्ष व्यक्ति अपना काम करता है तो वह कर्मयोग की साधना करता है। उस तल्लीनता की स्थिति में सारी सकारात्मक भावनाएँ अस्तित्व में होती हैं। न वहाँ राग होता है, न द्वेष होता है। वहाँ होती है केवल जागरूकता। न भूत होता है, न भविष्य होता है, बल्कि दक्ष व्यक्ति केवल वर्तमान के प्रति जागरूक होता है। भारतीय समाजीकरण की पद्धति भी तो इसी को आदर्श मानती है।

आज जहाँ सारा विश्व बेरोज़गारी की समस्या से जूझ रहा है, वहीं दक्ष व्यक्तियों का भी अकाल है। भारत की स्थिति तो और भी खराब है। यहाँ जो बातें बेच सकता है वही दक्ष मान लिया जाता है। यह बात अलग है कि बातें बेचने वाले हर बार नया आसामी ढूँढते हैं, अन्यथा लोग उन्हें बर्दाश्त नहीं कर पाते।

दक्ष व्यक्ति जब संवेगात्मक परिस्थितियों के उलझाव से होकर गुज़रता है तव उसका कर्मयोग कपूर की तरह तिरोहित हो जाता है। शेष बचता है अहंकारी व्यक्ति, जो स्वयं तो दुखी होता ही है, दूसरों को भी दुखी करता है। यही है लौकिक पद्धति से ज्ञान-अर्जन की सीमा।

व्यवसाय से जुलाहे कबीर के पास एक आदमी आत्मज्ञान की दीक्षा लेने आया और पूछने लगा कि यह आत्मज्ञान क्या होता है। कबीर ने अपनी पत्नी को आवाज़ देकर कहा कि ज़रा मटकीवाला घी तो लाना। घी के लाने पर कबीर ने पत्नी से कहा कि गोबर भी ले आओ। उनकी पत्नी गोबर भी ले आई। अब कबीर ने पत्नी से कहा कि घी व गोबर दोनों को मिला दो। कबीर की पत्नी ने दोनों को मिला दिया। कबीर बोले—अब इससे जमीन को लीप दो। कबीर की पत्नी ने जमीन लीप

दी। वह आदमी जो आत्मज्ञान की दीक्षा लेने आया था, इस तमाम घटना को बड़ी उत्सुकता से देख रहा था। अंत में कबीर उस आदमी से बोले कि देख क्या रहे हो, यही है आत्मज्ञान। वह आदमी जो आत्मज्ञान को लेकर दार्शनिक पहेलियों में उलझकर कबीर के पास आया था, सारी घटना को देखकर बड़ा खुश हुआ। उसने सोचा कि मैंने तो बड़ी माथा-पच्ची की परंतु आत्मज्ञान तो बड़ा आसान है।

धनी आदमी था। सोचा एक मटका घी खराब करके अगर आत्मज्ञान प्राप्त हो सकता है तो सौदा बड़ा सस्ता है। जोश में दौड़ा-दौड़ा घर पहुँचा। दरवाज़े की ड्योढ़ी से ही उसने पत्नी को पुकारा। उसकी पत्नी अंदर आटा मल रही थी। चार-पाँच आवाज़ों के बाद आटे से सने हाथ लेकर, जब बाहर आई तो त्यौरियाँ चढ़ी हुई थीं। क्या बात है? उस आदमी ने कबीर की शैली में घी लाने को कहा। पर वह घी के मटके की बात सुनकर भड़क गई। अब क्योंकि भारतीय पत्नी थी तो जैसे-तैसे घी का मटका लाई। उस आदमी को तो एक मटके की कीमत पर आत्मज्ञान का सौदा सस्ता लग रहा था, इसलिए उसने पत्नी से गोबर लाने को भी कहा। वह गोबर की बात सुनकर झल्ला गई। अब तो वह यह जानने पर तुल गई कि घी और गोबर का क्या किया जाएगा। मामला बढ़ता जा रहा था और उस आदमी को एक मटके घी की कीमत पर आत्मज्ञान का सौदा सस्ता लग रहा था। उसने सोचा कि इसे सारी बात बता ही दूँ। सारी बात सुनकर उस औरत ने कबीर को गालियाँ देना शुरू कर दिया। घर-भर में रणभारत मच गया। वह आदमी दौड़ा-दौड़ा कबीर के पास पहुँचा। आपने आत्मज्ञान का कैसा तरीका बतला दिया। मेरे घर में तो रणभारत मचा है। कबीर ने उस आदमी को सलाह दी कि पत्नी के मन में अपने प्रति भरोसा पैदा नहीं कर सकते और आत्मज्ञान पाने आए हो। जाओ पहले अपनी पत्नी के मन में भरोसा पैदा करो।

विश्व में सबसे समृद्ध देश अमरीका में ऐसे ही व्यक्ति अधिक है, जो अपने काम में तो दक्ष हैं लेकिन पत्नी के मन में अपने प्रति भरोसा पैदा नहीं कर पाते। यह स्थिति सिर्फ अमरीकियों की ही नहीं है बल्कि कमोबेश सभी की है। कारण केवल इतना है कि लौकिक पद्धतियों से अर्जित ज्ञान या तो हमें एकांगी बना देता है या फिर मूढ़। नतीजा होता है पाखंड। यानी जो जितना अधिक ज्ञान अर्जित करता है वह उतना ही बड़ा पाखंडी हो जाता है।

भारतीय समाजीकरण अर्थात् विपश्यना का अभ्यास हमें संपूर्ण जीवन-दर्शन देता है। जब काया के स्तर पर, अनुभूतियों के धरातल पर हम संवेदनाओं को सूक्ष्म रूप से देखते हैं, तो हमें उदय-व्यय के क्रम में मात्र अनित्यता के ही दर्शन होते हैं। हम पाते हैं कि यह अनित्यता केवल हमारी काया के स्तर पर ही प्रतिफलित हो रही

है।

अंधेरी रात में अगर कोई स्ट्रीट-लाइट की रोशनी में अपनी छाया को टकटकी बाँधकर दस मिनट तक देखने के बाद आकाश में देखे तो उसको हर कहीं अपनी ही छाया दिखाई देती हैं। यह कोई चमत्कार नहीं है, बल्कि देखने का उत्तर-प्रभाव (After effect) है।

लेकिन अनुभूतियों के स्तर पर अनित्यता का दर्शन जिस विवेक को पुष्ट करता है, उस विवेक से उत्पन्न जागरूकता इतनी व्यापक, पैनी व प्रभावपूर्ण हो जाती है कि आगे-पीछे, ऊपर-नीचे, यहाँ-वहाँ सभी जगह उदय-व्यय अर्थात् अनित्यता को देखने में समर्थ हो जाती है। अब जब हम अनुभूतियों के स्तर पर देखते हैं कि सभी अपने स्वभाव व गुणों के अनुसार व्यवहार कर रहे हैं तथा ये भी अनित्यता से बँधे हैं तो फिर राग अथवा द्वेष कुछ भी नहीं हो पाता। ऐसे में हम जो भी करते हैं वह सब के कल्याण की भावना से करते हैं, अर्थात् कर्म करके भी हम कर्मयोगी होते हैं क्योंकि अनित्यता के दर्शन का अभ्यास हमारे अहंकार को समूल नष्ट कर देता है। जब बायाँ हाथ भी मेरा है और दायाँ हाथ भी मेरा है और विवेक भी जागा हुआ है, तब इन हाथों के बीच में सहयोग के अलावा अन्य किसी संभावना की कल्पना नहीं की जा सकती। विपश्यना का अभ्यास भी हमें जीवन जीने की कला सिखाता है। काम के मामले में हम दक्ष होते हैं। परिवार के मामले में, पत्नी के मन में अपने प्रति भरोसा पैदा करते हैं और सामाजिक संदर्भों में सहयोगी होते हैं। यानी सही अर्थों में कर्मयोगी होते हैं।

सारांश :

1. लौकिक पद्धतियों से अर्जित ज्ञान की सीमा यही है कि यह हमारा चहुँमुखी विकास न करके हमारे अहंकार को पुष्ट करता है।

2. वे जिन्होंने अपने व्यवसाय में दक्षता प्राप्त कर ली है, उनका ज्ञान भी उस समय निरर्थक साबित होता है, जब वे अपनी किसी संवेगात्मक समस्या से होकर गुज़रते हैं।

3. लौकिक पद्धति से अर्जित ज्ञान हमें मात्र पाखंड का जीवन प्रदान करता है।

4. आत्मविकास के पथ का साधक उस ज्ञान को अपने भीतर की अनुभूतियों के माध्यम से परखता है और आत्मज्ञान का अर्जन करता है।

5. इस प्रक्रिया में उसका विवेक पुष्ट होता है और जागरूकता पैनी हो जाती है। परिणाम स्वरूप वह अपने काम के मामले में तो दक्ष होता ही है, उसे जीवन जीने की कला भी आ जाती है, और वह सच्चे अर्थों में कर्मयोग का भी पालन करता है।

सत्य को जानें

अमरीका के हृदय-रोग विशेषज्ञ डाक्टर हर्बर्ट स्पेंसर ने भारतीय योग से आकर्षित होकर इसे जानना चाहा। इस संबंध में उन्होंने योगियों से संपर्क किया। पता नहीं योगी उनको योग की वैज्ञानिकता समझा नहीं पाए अथवा वह स्वयं ही निगमनात्मक (Deductive) विधियों के शिकंजे से निकल नहीं पाए। बहरहाल, वह योग को शिथिलन प्रतिक्रिया (Relaxation Response) के रूप में ही स्वीकार कर पाए।

यही नहीं, आज बाज़ार में मिलने वाला योग-संबंधी साहित्य मात्र अंगों की चिकित्सा तक केंद्रित है। इसी प्रकार योग के एक अंग ध्यान को अपने ढंग से इस्तेमाल करके महर्षि महेश योगी ने विश्व में अनुभवातीत ध्यान (Transcendental Meditation) को स्थापित कर दिया। रजनीश ने भारतीय चिंतन से विद्रोह करके उसको चार्वाकों की तर्ज पर पश्चिमी चाशनी में भिगोकर प्रस्तुत कर दिया। इस प्रस्तुतीकरण का नतीजा यह है कि अब ऐसे लेख प्रकाशित होने लगे हैं, जिनमें नास्त्रेदमस की भविष्यवाणी को आधार मानकर रजनीश को एक ऐसे दार्शनिक के रूप में प्रस्तुत किया जाता है, जो उसको विश्व-गुरु बना देते हैं।

यह सही है कि अनुभूतिजन्य सत्य की कोई भाषा नहीं होती। यह भी सही है कि स्वयं को स्थापित करने की ललक कमोबेश सभी में होती है। कुछ लोग धनेषणा, कुछ स्त्रीयेषणा और कुछ यशेषणा से प्रेरित होकर काम करते हैं। धनेषणा और स्त्रीयेषणा सामान्य व्यक्तियों को प्रेरित करती है। बुद्धिजीवियों व समर्थों के जीवन में यशेषणा प्रबल होती है। बुद्धि की भी अपनी सीमाएँ होती हैं। आम आदमी को अपने यश की तो विशेष परवाह नहीं होती, लेकिन वह भी उपलब्ध ज्ञान की सहायता से स्वयं को स्थापित करना चाहता है। अपने इस प्रयास से वह सिर्फ फायदे पर ही नज़र रखकर उपलब्ध ज्ञान को अपने ढंग से इस्तेमाल करता है। बुद्धिजीवी यशेषणा से संचालित होकर उपलब्ध ज्ञान को अपने ढंग से तोड़ता-मरोड़ता है। उसका यह तोड़ना-मरोड़ना अधिकतर फूहड़ ढंग का होता है। इसके बावजूद कई बार अनुभव के स्तर पर सत्य की झलक देख लेने के कारण यह नवीनता लिए भी होता है। डाक्टर हर्बर्ट स्पेंसर, महर्षि महेश योगी अथवा ओशो रजनीश की

उपलब्धियों को इसी श्रेणी में रखा जा सकता है। यह अष्टांग योग का दोष नहीं है कि वह हर्बर्ट स्पेंसर की समझ में केवल शिथिलन प्रतिक्रिया तक ही क्यों आया? दरअसल अनुभवजन्य सत्य की यही सीमा है कि हरेक आदमी उसको अपनी बुद्धि के पैमाने से ही देखता है।

यह भी सही है कि हर युग में अनुभूतिजन्य सत्य को युग की आवश्यकता के अनुसार नए सिरे से परिभाषित करना पड़ता है, इसलिए हर युग में व्याख्याकारों के महत्त्व को नकारा नहीं जा सकता। लेकिन यह व्याख्या वही कर सकता है, जिसने अनुभूतियों के स्तर पर सत्य के दर्शन किए हों। ऐसा व्यक्ति ऐषणाओं से ऊपर उठकर अनुभूतिजन्य सत्य से संचालित होता है। वह जब उपलब्ध ज्ञान की सहायता से अनुभूतिजन्य सत्य को जनसामान्य के कल्याण के लिए घोषित करता है, तब उसका प्रयास सत्य को स्थापित करना होता है।

गीता में व्यास जी ने स्वयं को स्थापित करने के स्थान पर अनुभूतिजन्य सत्य को उस समय के उपलब्ध ज्ञान के माध्यम से स्थापित किया है। पंतजलि ने योगसूत्र में स्वयं को स्थापित न करके उस समय के उपलब्ध ज्ञान के माध्यम से अनुभूतिजन्य सत्य तक पहुँचने का मार्ग स्थापित किया है। गौतमबुद्ध के समय तक जीवन की जटिलताएँ आम आदमी को अपने चक्रव्यूह में फँसाने में समर्थ हो चुकी थीं। मनुष्य यूँ ही दार्शनिक कलाबाजियों में फँसकर विमूढ़ हो चुका था। इसलिए गौतम बुद्ध ने विपश्यना के माध्यम से बिना किसी बौद्धिक जंजाल में फँसाए जनसामान्य के अनुभूतिजन्य सत्य तक पहुँचने का मार्ग प्रशस्त किया। कबीर के समय तक भक्तिमार्ग कट्टरपन का पर्याय बन गया था, इसलिए कबीर ने अनुभूतियों के स्तर पर सत्य के दर्शन करके आम आदमी की भाषा में उसको स्थापित किया। क्योंकि सत्य की अनुभूति से जीवन जीने की कला का विकास होता है, इसलिए कबीर के सारे प्रयास इस कला को ही विकसित करते रहे।

ऐसा नहीं है कि अनुभूतिजन्य सत्य की विरासत भारतीयों को ही मिली है। अगर ऐसा होता तो ईसा मसीह सूली पर चढ़कर भी करुणा को अपना जीवन मंत्र नहीं बनाते। सुकरात विष पीने के बजाय जेल से भाग जाते। लेकिन वहाँ पर अनुभूतिजन्य सत्य के स्थान पर अनुभवजन्य सत्य को अधिक महत्त्व दिया गया। वैसे भी अनुभूतिजन्य सत्य सार्वभौमिक होते हुए भी नितांत निजी होता है, जिसकी भाषा भी जैव-रसायन प्रक्रियाओं के उदय-व्यय की भाषा होती है। अगर उपलब्ध ज्ञान की सहायता से उसको समझना पड़े तो 'यें भी नहीं है,' 'ये भी नहीं है', ही कहना पड़ेगा; जबकि अनुभवजन्य सत्य को अथवा उसके अंश को उपलब्ध ज्ञान एवं प्रयोगों के माध्यम से स्थापित किया जा सकता है।

संभवतः यही कारण है कि विज्ञान कोई भी सार्वभौमिक सूत्र नहीं दे पाया और अनुभूतिजन्य सत्य का प्रणेता भारत कपिल के परमाणु की खोज और पाणिनी के व्याकरण की रचना के बाद या तो केवल अपने को दोहराता रहा या फिर आवश्यकतानुसार व्याख्या करता रहा। यह ठीक भी है। सत्य की अनुभव के स्तर पर झलक का अगला आयाम अनुभूतियों के स्तर पर सत्य को लगातार देखते रहना है। इसीलिए विज्ञान विकासशील है। लेकिन अनुभूतियों के स्तर पर सत्य को देखने के बाद अगला आयाम मात्र देखते रहना ही हो सकता है। इसके बाद कुछ शेष रहता ही नहीं। इसलिए भारतीय प्रयासों को लौकिक दृष्टि से नया कुछ नहीं करना है।

जिन्होंने इस सत्य को अनुभूतियों के स्तर पर देखा है, उन्होंने सत्य को नए आयाम और नई व्याख्या तो दी है, लेकिन सत्य को तोड़ा-मरोड़ा नहीं है। दूसरी ओर जो अनुभव के सत्य को ही सार्वभौम मानते रहे उन्होंने सत्य को अपने ढंग से तोड़ा-मरोड़ा है। किसी ने गीता के 'कर्मण्येवाधिकारस्ते...' को आधार मानकर शोषण किया। कोई मन को चंचल मानकर परस्त्रीगामी बन गया। किसी ने हठयोग को शारीरिक बल-प्राप्ति का साधन बना लिया। किसी ने प्राणायाम को शिथिलन प्रतिक्रिया बना दिया। किसी ने ध्यान को 'अनुभवातीत' बना दिया। किसी ने व्यवहार के निर्मलीकरण को दमन का प्रतीक बना दिया। यानी भारतीय प्रयास व उपलब्धियाँ उस स्त्री की तरह हो गईं, जिसके जेवर कोई और ले भागा और साड़ी कोई और।

आज इसी मानसिकता के कारण अनेक दुकानें खुल गई हैं, जो आपको जवान बनाए रखने का दावा करती हैं। कोई आपको सफल बनाने का दावा करता है, कोई बुढ़ापा दूर करने का, कोई परेशानियाँ भगाने का। बाज़ार में खास तरह की दुकानों की भरमार तब होती है, जब मांग थोक में हो। यानी बुढ़ापा अवश्यंभावी होने के बावजूद स्वीकार्य नहीं है। अब ब्यूटी क्लीनिक्स की भरमार होने लगी है।

इसी तरह कुछ लोग जीते ही खाने के लिए हैं। ऐसे लोगों को अच्छी निगाह से नहीं देखा जाता। कुछ जीने के लिए खाते हैं, उनको प्रशंसा की दृष्टि से देखा जाता है। वास्तव में इनका भोजन सात्त्विक अधिक होता है। कुछ सुंदरता के नष्ट हो जाने के भय से, कुछ बुढ़ापे के डर से और कुछ मृत्यु के भय से केवल सात्त्विक भोजन करते हैं। अर्थात् आत्मविकास का थोथा ज्ञान उनके अंदर मात्र भय का ही संचार करता है। अनुभव के स्तर पर सत्य की झलक उनको भयभीत कर गई है। इस भय ने उन्हें इतना आतंकित कर दिया है कि वे शरीर के प्रति, उस शरीर के प्रति जिसमें लगातार उदय-व्यय का क्रम चल रहा है, जो क्षण-प्रतिक्षण समाप्त होता जा रहा है, आसक्ति पाल रहे हैं।

जवान आदमी अवसाद की स्थिति में ज़िंदगी को हथेली पर लिए घूमता है कि

कोई मौका तो मिले जहाँ वह ज़िंदगी को झोंक दे। वही आदमी चालीस के बाद ज़िंदगी से चिपक जाना चाहता है। मज़े की बात यह है कि इस उम्र में शरीर उस नाव की तरह होने लगता है, जिसमें लगातार छेदों की गिनती बढ़ती जाती है। उसे मालूम है कि नाव को डूबना ही है, लेकिन वह नाव से चिपकाव के कारण उसे छोड़ नहीं पाता।

विपश्यना का साधक जब दूसरों को शरीर के प्रति इतनी गहरी आसक्ति में डूबे देखता है, तब वह उनके प्रति करुणा से भर जाता है। वास्तव में शरीर के प्रति आसक्ति रखने वालों के अहंकार का आधार डूबती नाव के समान होता है, फिर भी वे उससे चिपके रहकर अपने कष्टों को बढ़ाते हैं। अनुभूतियों के स्तर पर सत्य का दर्शन, साधक को सही अर्थों में सामाजिक बनाता है, इसलिए जब वह दूसरों को शरीर के प्रति आसक्त होकर अपने कष्ट बढ़ाते हुए देखता है, तब उसका हृदय करुणा से भर जाता है। वह सोचता है कि क्यों ये लोग अनित्यता के सत्य को स्वीकार नहीं कर लेते।

सारांश :

1. स्थानीयकरण (Localization) का मानव-जीवन में महत्त्वपूर्ण स्थान है।

2. दूसरे समाजों में भी आत्मविकास के पथ के साधक हुए हैं जिन्होंने सार्वभौमिक सत्य को अपनी अनुभूतियों के स्तर पर जिया है।

3. जिस प्रकार शरीर के जैव-रसायनों की (हमारी समझ में) कोई भाषा नहीं होती, वैसे ही सार्वभौमिक सत्य की अनुभूतियों के स्तर पर जीने के सिवा कोई भाषा नहीं होती।

4. लेकिन स्वयं को स्थापित करने की लालसा जब अनुभूतियों को सार्वजनिक बनाती है, तब सत्य को मात्र तोड़ा-मरोड़ा ही जाता है। इसका ज्वलंत उदाहरण है–भारतीय योग का पश्चिमीकरण।

5. अनुभव और अनुभूतिजन्य सत्य के बीच जो भेद है वह यह है कि एक का सत्य विकासशील होता है, दूसरे का सत्य प्रत्येक स्थिति में अटल होता है; एक भौतिक जगत का सत्य है, दूसरा जीवन का सत्य है।

6. अनुभूतिजन्य सत्य अर्थात् जीवन के सत्य को मात्र स्वीकार किया जाता है।

7. जो यथास्थितिवादी होते हैं वे बुढ़ापे से बहुत डरते हैं। उनका सारा प्रयास स्वयं को जवान बनाए रखने का होता है।

8. ऐसे में जो आत्मविकास की साधना करते हैं, वे बूढ़े होते शरीर से आसक्ति रखने वालों के प्रति करुणा से भरकर सोचते हैं कि क्षीणप्राय शरीर से मोह कैसा।

9. वास्तव में बढ़ती उम्र के साथ हमारी प्रभावकता घटने का मुख्य कारण हमारा मोह ही है।

अपने मालिक आप बनें

वात, पित्त तथा कफ, ये तीनों शरीर-दोष हैं और रज तथा तम, ये दोनों मानस-दोष हैं, रोग एवं आरोग्य का आश्रय शरीर तथा मन है।

जो पुरुष आहार-विहार संबंधी ऋतुसात्म्य को यथावत जानकर तदनुसार अनुष्ठान करता है, उसी पुरुष के अशित, पीत, लीद तथा खादित आहार से बल, वर्ण आदि (सुख, आयु) की वृद्धि होती है।

रोगों के तीन कारण हैं। एक : विषयों का अतियोग, अयोग और मिथ्या योग। दो : कर्म का अतियोग, अयोग और मिथ्या योग। तीन : काल का अतियोग, अयोग और मिथ्या योग।

तत्त्व के निर्विकार होने से यथार्थ ज्ञान होने पर मोक्ष हो ही जाता है।

–चरक संहिता

अब तक एक बात साफ हो गई है कि विपश्यना का अभ्यास अनुभूतियों के स्तर पर सत्य के दर्शन कराता है। इस दर्शन की प्रक्रिया में बुद्धि प्रज्ञा में परिवर्तित होती है। अभ्यास जितना परिपक्व होता जाता है, प्रज्ञा उतनी ही पुष्ट होती जाती है। प्रज्ञा के पुष्ट होने के साथ ही हमारी बुद्धि सार्वभौमिक (Universal) होने लगती है, क्योंकि अब अचेतन मन सार्वभौमिक चेतना में बदल जाता है और परमसुख की स्थिति हो जाती है। फिर कुछ भी प्राप्त करने को शेष नहीं रहता। न सफलता, न स्वास्थ्य, न आनंद। सब कुछ मिल जाता है।

हो सकता है ऐसा ही होता हो, क्योंकि नाक कटाने के बाद भी ईश्वर न मिले तो कोई बात नहीं लेकिन दूसरों को इस सच्चाई का पता नहीं चलना चाहिए वरना बड़ी हेठी होती है। इसलिए एक संशय का समाधान बड़ा जरूरी है। संशय है कि विपश्यना की पूरी प्रक्रिया में जितना महत्त्व भीतरी जागरूकता पर दिया गया है, उसकी तुलना में हमारे ऊपर पड़ने वाले बाहरी प्रभाव और बाहरी घटनाओं को पूरी तरह से नकार दिया गया है। हालाँकि विपश्यना की स्तुति के दौरान पश्चिम के विज्ञान व लौकिक शिक्षा से प्राप्त ज्ञान की उपेक्षा की गई है, फिर भी उसके अस्तित्व व उसकी उपलब्धियों को किसी भी प्रकार से हेय नहीं समझा जा सकता।

इसी प्रकार हमारे स्वास्थ्य, हमारे आनंद व हमारी सफलता के पीछे छिपे परिस्थितियों के महत्त्व को नकारा नहीं जा सकता। इसके साथ ही आदमी की कल्पना पृथक रूप से नहीं की जा सकती। ऐसे में विपश्यना के प्रभाव पर भरोसा कैसे हो। संभवत: विपश्यना को सही ढंग से प्रस्तुत नहीं किया गया।

कैटेल के व्यक्तित्व-परीक्षणों के आधार पर प्राप्त सूचना के अनुसार असफल अथवा प्रभावहीन प्रबंधक इसके लिए परिस्थितियों को जिम्मेदार ठहराता है। हो सकता है ऐसा ही हो लेकिन परीक्षण तो उसके व्यक्तित्व का किया गया था। जिसके आधार पर उसे असफल या प्रभावहीन समझा गया, न कि परिस्थितियों से जानकारी प्राप्त की गई। अर्थात् परिणामों की व्याख्या में दक्ष मनोवैज्ञानिक, कैटेल के व्यक्तित्व-परीक्षण की मदद से किसी भी व्यक्ति के व्यक्तित्व का अध्ययन करके उसकी परिस्थितियों के बारे में पूरी जानकारी प्राप्त कर सकता है। ये परीक्षण, अचेतन मन के सूक्ष्म व्यवहारों का भी मापन करते हैं। ये बात दूसरी है कि कैटेल ने अचेतन मन के मामले में भारतीय व्याख्या को अपने अध्ययन का आधार नहीं बनाया। लेकिन उसने भी व्यक्तित्व-परीक्षणों के निर्माण के दौरान जैव-रसायनिक प्रक्रियाओं को महत्त्व दिया है। यानी अनजाने में ही कैटेल ने अचेतन मन की भारतीय व्याख्या का अनुसरण किया है।

संभवत: इसीलिए कैटेल के व्यक्तित्व-परीक्षणों की मदद से न केवल हम व्यक्ति की योग्यताओं, क्षमताओं तथा बाह्य एवं भीतरी व्यवहारों का अध्ययन कर पाते हैं, बल्कि उन परिस्थितियों का भी परीक्षण कर पाते हैं, जो उसको प्रभावित करके उसकी सफलता तथा उसके स्वास्थ्य पर असर डालती है। उदाहरण के लिए किसी संस्था के प्रमुख अधिकारी की प्रबंधकीय प्रभावकता (Managerial effectiveness) में प्राकृतिक व राजनीतिक सहयोग का महत्त्वपूर्ण योगदान होता है। कैटेल के व्यक्तित्व-परीक्षणों की मदद से उसके व्यक्तित्व का अध्ययन करके यह मालूम किया जा सकता है कि उसको अपने कार्यकाल में यह सहयोग मिलेगा अथवा नहीं। हालाँकि विज्ञान को स्थूल रूप से समझने वालों को व्यक्तित्व-परीक्षणों की इस क्षमता पर आसानी से विश्वास नहीं होता। लेकिन यह सच है।

इस सबका मंतव्य केवल इतना है कि ऊपर की शंकाएँ निर्मूल है, अन्यथा हमारा अचेतन मन सार्वभौमिक नहीं हो सकता। सार्वभौमिक होने का मतलब यह है कि जो कुछ भी बाहर हो रहा है, वह अचेतन में समाहित है।

विज्ञान की उपलब्धियों को नकारना सूरज की ओर आँख मूँदकर उसके अस्तित्व को नकारना है। ये उपलब्धियाँ हमको सब कुछ देती हैं, लेकिन जीवन जीने की कला हमें खुद ही विकसित करनी होती है। कह सकते हैं कि विज्ञान की

उपलब्धियों ने हमें संसार, जीवन व उसकी परिस्थितियों से संबंधित स्थूल व सूक्ष्म ज्ञान दिया है। इस ज्ञान के आधार पर विकसित तकनीकों की बदौलत जीवन सुविधापूर्ण हो गया है। रोगों को दूर करने के नए-नए साधन मौजूद हैं। लेकिन ज्ञान का अर्थ सफलता नहीं होता, सुविधाओं का अर्थ आनंद नहीं होता और न ही बीमारी न होने का अर्थ स्वास्थ्य होता है। सफलता, स्वास्थ्य व आनंद के लिए विज्ञान के द्वारा दिए गए ज्ञान को अनुभूतियों की आँच में तपाना होता है। वरना ज्ञान की खोज करने वाले वैज्ञानिक संसार के सबसे सफल, स्वस्थ व आनंदमय व्यक्ति होते। ज्ञान की शिक्षा देने वाले शिक्षक भी इसी श्रेणी में आते। लेकिन वास्तविकता यह नहीं है। विपश्यना से प्राप्त सत्य में बाहरी परिस्थितियाँ किस प्रकार समाहित हैं, इसको आयुर्वेद की प्रणाली से आसानी से समझा जा सकता है।

स्वास्थ्य के मामले में आयुर्वेद वात, पित्त व कफ की सम अवस्था तथा सात्त्विक वृत्तियों की प्रमुखता को स्वीकार करता है। रोग की अवस्था में वात, पित्त व कफ की विषम अवस्था के लिए राजसी व तामसी वृत्तियों की प्रमुखता, व्यक्ति की नैसर्गिक प्रकृति, पूर्व कर्म, रोग का इतिहास, भोजन, मौसम, भौगोलिक परिस्थिति आदि का विचार आयुर्वेद में किया जाता है। यानी आयुर्वेद के अनुसार रोग के कारणों में बाहरी प्रभावों का भी महत्त्व है। लेकिन उपचार के लिए आयुर्वेद मुख्य रूप से स्वेदन, वमन, विरेचन, स्नेहन, भोजन, औषध, शल्यक्रिया व सात्त्विक कर्मों को महत्त्व देता है।

इन सबका यदि सूक्ष्म रूप से विवेचन किया जाए तो कह सकते हैं कि स्वेदन, वमन तथा विरेचन के माध्यम से वात, पित्त एवं कफ से उत्पन्न विकारों को शरीर के बाहर निकाला जाता है, अर्थात् शरीर को शुद्ध किया जाता है। औषध के माध्यम से विकारों का शमन किया जाता है। भोजन जहाँ रोग-निवारण में सहायक होता है, वहीं जागरूकता को भी पुष्ट करता है। इसीलिए स्वास्थ्य-प्राप्ति व रोग-निवारण में सात्त्विक भोजन का विशेष महत्त्व है। रोगों की उत्पत्ति व उसके विकास में हमारा मन महत्त्वपूर्ण भूमिका निभाता है। आयुर्वेद मन को मित्र बनाने पर अधिक ज़ोर देता है। सात्त्विक गुणों के विकास व सात्त्विक कर्मों की मदद से मन को मित्र बनाए रखना, स्वास्थ्य की दृष्टि से आयुर्वेद में महत्त्वपूर्ण माना जाता है। इसी महत्त्व के कारण नैतिकता के पालन व योग-अनुशासन के अभाव में आयुर्वेद, स्वास्थ्य की कल्पना नहीं करता।

मोटे शब्दों में आयुर्वेद की चिकित्सा-प्रणाली रोगों की उत्पत्ति में तो शरीर के बाहर के प्रभावों व परिस्थितियों को महत्त्वपूर्ण मानती है, परंतु रोग-निवारण के लिए जैव-रसायन प्रक्रियाओं में छिपे विकारों का शमन करने तथा मन को मित्र

बनाने पर अधिक ज़ोर देती है। यूँ भी अगर सामाजिक परिस्थितियों (इनका निराकरण, मन को मित्र बनाने की प्रक्रिया में हो जाता है) को छोड़ दिया जाए तो अन्य प्रभाव और परिस्थितियाँ सभी के लिए एक समान होती हैं।

विपश्यना की पूरी कार्यप्रणाली आयुर्वेद की चिकित्सा-प्रणाली जैसी ही है। आयुर्वेद विकारों के शमन के लिए औषध व शल्य की मदद लेता है। विपश्यना इस काम के लिए भीतरी जागरूकता को हथियार के रूप में इस्तेमाल करती है। यह तो मात्र शब्दों की बाज़ीगरी है कि आयुर्वेद 'परम स्वास्थ्य' को अपना आदर्श मानता है और विपश्यना 'परम सुख' को अपना आदर्श मानती है। अन्यथा दोनों ही मानव-जीवन की परिस्थिति विशेष को प्रदर्शित करते हैं।

आयुर्वेद का उद्देश्य न केवल रोगों से मुक्ति दिलाकर स्वास्थ्य प्रदान करना है, बल्कि निरोग व्यक्तियों को रोगों से बचाकर रखना भी है। दूसरे उद्देश्य की प्राप्ति में आयुर्वेद स्वेदन, वमन, विरेचन, स्नेहन, भोजन व सात्त्विक गुणों और कर्मों को महत्त्वपूर्ण मानता है। विपश्यना का प्रथम सोपान (बाहरी और भीतरी व्यवहारों का निर्मलीकरण), आयुर्वेद के भोजन और सात्त्विक कर्मों के पालन के समान ही है। स्नेहन अर्थात 'मालिश' को भोजन के अंतर्गत रखा जा सकता है। आनापान सति के अभ्यास के दौरान पसीना आना, उल्टी होना तथा दस्त लगना, वास्तव में आयुर्वेद की स्वेदन, वमन व विरेचन की क्रियाएँ हैं। आयुर्वेद सात्त्विक गुणों के विकास के लिए विकार-शोधन के अभ्यास को महत्त्वपूर्ण मानता है, जिसके अभाव में वह स्वास्थ्य की कल्पना नहीं करता। वास्तव में विपश्यना का अभ्यास, अनुभूतियों के स्तर पर विकार-शोधन का अभ्यास है। अंतर कहीं भी नहीं है।

यह सही है कि आयुर्वेद की शरण या तो रोगी लेता है या फिर वह लेता है, जो स्वास्थ्य की कामना करता है। इसी प्रकार विपश्यना की शरण वह लेता है, जो दुखी होता है अथवा जो ज्ञान के स्तर पर सत्य का अनुभव करके विस्मित हो जाता है। अंतर फिर शब्दों का ही रह गया। अन्यथा तो परम स्वास्थ्य अथवा परम सुख की स्थिति में व्यक्ति जीवन की परिस्थितियों के प्रति अनुक्रिया (Response) ही करता है।

रोग से ग्रस्त अथवा दुख के चक्रव्यूह में फँसा व्यक्ति, प्रत्येक दृष्टि से अपने को हेय समझता है। सैद्धांतिक रूप से हो सकता है कि मानव ईश्वर की सर्वोत्तम कृति हो। पर दुख की स्थिति में जब बेचैनी, तनाव, अवसाद अथवा रोग अपना तांडव शुरू करते हैं, तब परमात्मा की सर्वोत्तम कृति परिस्थितियों के सामने धराशायी हो जाती है। जीवन की वास्तविकताएँ जो मूक रूप से कार्यरत हैं, उसके दुख का कारण बन जाती है। अर्थात् ये वास्तविकताएँ नियंता बन जाती हैं। जबकि

विज्ञानप्रदत्त ज्ञान के अनुसार हमारा प्रत्यक्षीकरण ही हमारे दुख का मूल कारण है। यही हमें परिस्थितियों का दास अथवा मालिक बनाता है।

उदय-व्यय के क्रम में व्यय की स्थिति में हो सकता है कि बाह्य परिस्थितियाँ मारक भी बन जाती हों, जैसा कि प्राकृतिक विनाश की स्थिति में होता है। लेकिन हम मात्र अपने प्रत्यक्षीकरण के कारण दुख क्यों भोगें।

एक हिल-स्टेशन पर जाने के लिए रास्ते में दो-चार घंटे की चढ़ाई के बाद एक जगह आती थी, जहाँ गाड़ी के इंजन को आराम देने के लिए रुकना पड़ता था। एक गरीब अनपढ़ वहाँ पर चाय-पकौड़ी की छोटी-सी दुकान चलाता था। जैसे ही कोई कार या यात्री-बस वहाँ आकर रुकती, वह यात्रियों को आकर्षित करने के लिए आवाज लगाता-'चाय-पकौड़ी!' लोगों को क्योंकि पानी की ज़रूरत भी होती थी, इसलिए उसने एक नौकर रखकर ताज़े पानी का भी इंतज़ाम कर दिया। यात्रियों की संख्या के कारण माल की माँग बढ़ने पर लगभग रोज़ ही उसे नीचे कस्बे से माल मँगाना पड़ता। उसका धंधा चल निकला। स्थिति यहाँ तक बढ़ी कि उसको दम मारने की फुरसत मिलनी बंद हो गई, लेकिन अभी भी वह 'चाय-पकौड़ी' की आवाज़ लगाकर यात्रियों को आकर्षित करता था, और उनकी सुविधाओं का ध्यान रखता था।

इसी बीच मैनेजमेंट का छात्र उसका बेटा राजधानी से वापस लौटा। उसे आश्चर्य हुआ कि कैसे उसका पिता व्यापार में इतना पैसा लगा रहा है जबकि सारे विश्व में मंदी आई हुई है और व्यापार चौपट हो रहे हैं। 'बेटे, तुम तो पढ़े-लिखे हो। मुझे न तो पढ़ना-लिखना आता है, न ही मैं रेडियो सुनता हूँ। तुम्हें इसका ज़्यादा अच्छा ज्ञान है।' -हालात की जानकारी से अनजान पिता ने कहा। इसके बाद विश्व में आई मंदी के बारे में सोचकर उसने यात्रियों को आकर्षित करना बंद कर दिया। धीरे-धीरे यात्रियों की संख्या कम होती गई और वह अपने बेटे के ज्ञान का लोहा मानता गया। जब बिक्री पूरी तरह समाप्त हो गई तो उसने स्वीकार कर लिया कि सचमुच मंदी बड़ी ज़बरदस्त है।

वास्तव में हम अपना माल नहीं, अपनी प्रवृत्ति और रवैया बेचते हैं। परिस्थितियों का महत्त्व अगर कुछ है तो वह केवल प्रवृत्ति के बनाने-बिगाड़ने तक ही सीमित है। यह भी तभी संभव है जब हम पूरी तरह कोरे हों। लेकिन अगर हम सत्यार्थी हैं तो परिस्थितियाँ हमारी प्रवृत्ति को बना अथवा बिगाड़ भी नहीं सकतीं। उस स्थिति में हम उनको उनके अस्तित्व-भर ही महत्त्व देते हैं। विपश्यना का अभ्यास हमें इसी स्थिति के लिए तैयार करता है। इसीलिए कहा जाता है कि जब शुद्ध साँस को देखने के अभ्यास से मन हमारा मित्र बनने लगता है और जब

विपश्यना के अभ्यास से विकारों का शमन होने लगता है, तब हमारा प्रत्यक्षीकरण वस्तुगत होने लगता है। जैसे-जैसे प्रत्यक्षीकरण वस्तुगत होने लगता है, वैसे-वैसे हम अपने मालिक बनते जाते हैं। हमारे इस मालिक बनने में प्रज्ञा या विवेक हमारी मदद करता है।

सारांश :

1. शंका हो सकती है कि जब हमारे भाग्य-नियंता हेरा-फेरी में जुटे हों, ऐसे में हमारी आत्मविकास की साधना उनके स्वार्थपूर्ण निर्णयों को हमारे हित में कैसे बदलेगी।

2. वास्तव में यह शंका उनकी है, जो अपने विकास के इच्छुक हैं।

3. आपका व्यक्तित्व भाव-जगत मात्र ही नहीं है। आपका शरीर (अचेतन) संपूर्ण ब्रह्मांड का प्रतिनिधित्व करता है।

4. आयुर्वेद रोग की उत्पत्ति में देश व काल को भी कारण मानता है। दूसरी ओर वह स्वास्थ्य के लिए सात्त्विक कर्मों को आवश्यक व महत्त्वपूर्ण मानता है।

5. स्वास्थ्य-लाभ के लिए प्रयासरत् रोगी और एक पूर्ण स्वस्थ व्यक्ति में अंतर यही है कि स्वास्थ्य की कामना करने वाला सचेतन प्रयास करता है और स्वस्थ व्यक्ति अनजाने में ही उन चेष्टाओं को अपनाता है, जो उसे स्वस्थ रखती हैं।

6. रोगी के लिए मौसम की तब्दीली कष्टकर होती है। उसे लगता है जैसे उसका स्वास्थ्य मौसम पर निर्भर हो।

7. जो मौसम का आनंद लेता है, वही स्वस्थ व्यक्ति है।

8. वास्तव में आत्मविकास की साधना दूसरों के ऊपर हमारी निर्भरता को समाप्त करके हमें अपना मालिक बनाती है।

आप और आपका परिवार

जो छः इंद्रियों को जीतने का इच्छुक है, वह घर में रहकर उनको पहले से ही वश में कर लेता है। गृहस्थाश्रम रूपी किले का आश्रय लेकर तथा उसकी शक्ति पाकर कामना रूपी शक्ति को क्षीण करने के पश्चात् निर्भय विचरता है।

–भागवत्

शुद्ध साँस को देखने के अभ्यास अथवा विपश्यना के अभ्यास के दौरान जब बैठकर साधना की जाती है, तो आधा घंटे तक सब ठीक रहता है। ठीक इन अर्थों में रहता है कि साधक मन की प्रकृति को जानता हुआ उसे अपने ढंग से साधने का प्रयास करता है। यूँ तो सामान्य नियम के अनुसार मन अधिक से अधिक तीन मिनट तक किसी आलंबन पर टिक पाता है। इसके बाद भटक जाता है। बुद्धिमान साधक मन की प्रकृति को स्वीकार करता हुआ उसे या तो नाक के सुरों पर टिका देता है या फिर जागरूकता के माध्यम से संवेदनाओं को संपूर्ण काया के स्तर पर उदय-व्यय होते देखना प्रारंभ कर देता है। अभ्यास की परिपक्वता के साथ तीन मिनेट की अवधि बढ़नी प्रारंभ हो जाती है।

होता दरअसल यूँ है कि शुद्ध साँस को देखने के अभ्यास के दौरान मन की भटकन अधिक होती है। प्रारंभ में तो एक घंटे के अभ्यास के दौरान मन मुश्किल से एक या दो साँसों को ही बिना राग, बिना द्वेष और बिना मूर्च्छा के देख पाता है। सतत् अभ्यास से यह गिनती बढ़नी शुरू होती है। कितने दिनों में बढ़नी शुरू होती है, यह साधक की लगन व पूर्व कर्मों पर निर्भर करता है। फिर भी अगर कोई अभ्यास करता रहे तो मन मित्र बनना प्रारंभ कर ही देता है।

मनोवैज्ञानिक दृष्टि से विपश्यना की शरण में व्यक्ति तभी आता है जब वह दुख से पीड़ित होता है। इसलिए शुद्ध साँस को देखने के अभ्यास की परिपक्वता के दौरान राग, द्वेष और मूर्च्छा बाधाएँ उपस्थित करते ही हैं। जब तक हम द्रष्टाभाव विकसित नहीं करते, मन अपना नाच नचाता ही रहता है। इस एक घंटे की बैठक के दौरान मन यदि द्रष्टाभाव से देखना प्रारंभ कर भी दे, तो भी टाँगों में होने वाला दर्द सहनशीलता की सीमा लाँघ ही जाता है। यही दर्द हमारे द्वेष-भाव की उपस्थिति

को बताता है। तभी हम अनुभव के धरातल पर जान पाते हैं कि जीवन और उसकी परिस्थितियों के प्रति हमारा दृष्टिकोण कितना दुर्भावनापूर्ण है। किस सीमा तक हम अपने अंदर द्वेष की भावना सँजोए हैं। व्यवहार के द्वारा किसी का नुकसान न करते हुए भी हम मन में कितनी शिकायतें रखते हैं।

इसी प्रकार विपश्यना के अभ्यास के दौरान हम मन की जागरूकता को देखकर विस्मित होने लगते हैं। मन जो साँस के ऊपर ही नहीं टिक पाता था, अब वही काया में होने वाली संवेदनाओं को देख पा रहा है। आँखें तो मात्र तीन आयामों को देख पाती हैं लेकिन मन जागरूक होकर काया के भीतर तक जाने में सक्षम होने लगता है। जिस प्रकार क्वांटम भौतिकी (Quantum Physics) में इलैक्ट्रोन (Electron) बिना छेद किए दीवार को पार कर जाता है, उसी प्रकार मन की जागरूकता बिना त्वचा में छेद किए त्वचा के भीतर शरीर के अंगों में होने वाली जैव-रसायन प्रक्रियाओं को देखने में सक्षम होने लगती है।

क्वांटम यांत्रिकी (Quantum Mechanics) को उच्चस्तरीय गणित (Higher Mathematics) की सहायता से समझा जाता है। आम आदमी की बुद्धि चौथे-पाँचवें आयाम तक पहुँचते-पहुँचते चकरा जाती है। क्वांटम यांत्रिकी तो ग्यारहवें और बारहवें आयामों की मदद से इलैक्ट्रोन क़े व्यवहार का अध्ययन करती है। ऐसी दशा में यह आम आदमी की समझ से परे है। फिर आम आदमी को आम खाने से मतलब है। टी. वी. उसकी ज़िंदगी का अंग बन गया है, फिर भी टी.वी. की कार्य-प्रणाली को समझने में वह अपना दिमाग़ खराब नहीं करता। लेकिन जब वह दुखों से छुटकारा पाने के लिए विपश्यना का अभ्यास करता है तो मन की जागरूकता की सबलता को देखकर विस्मित रह जाता है। ठीक वैसे ही जैसे अर्जुन-कृष्ण का विश्वरूप देखकर विस्मित रह गया था।

यही विस्मय साधक को उस समय भी होता है, जब अभ्यास के दौरान टाँगों में होने वाली स्थूल संवेदनाएँ पर ऐसी महसूस होती हैं, मानो ये जीवन के साथ चलेंगी। संवेदनाओं को सूक्ष्म रूप से देखने पर वह पाता है कि ये अचेतन में दबे द्वेष और अज्ञान के संस्कारों के कारण हैं। यहीं उसे विस्मय होता है कि चेतन स्तर पर अर्जित ज्ञान अहंकार को बढ़ाकर अब तक मात्र विमूढ़ता की स्थिति ही पैदा करता रहा।

विस्मय का यह भाव जितना सशक्त होता है और काया के स्तर पर संवेदनाओं को देखने का अभ्यास जितना परिपक्व होता है, उसी मात्रा में हम सामाजिक रिश्तों के अनुभवों अथवा संस्कारों से उत्पन्न राग, द्वेष और संशय को वस्तुगत रूप में देखना प्रारंभ कर देते हैं। हमें ज्ञान और मूढ़ता के बीच स्पष्ट रूप से अंतर को देखना आने लगता है। जैसे-जैसे यह अंतर स्पष्ट होता जाता है, हम अहंकार और ममत्व के भाव को समझने लगते हैं। अनुभूति के स्तर पर अपने क्लेशों

के मूल में अहंकार और ममत्व को मन की जागरूकता के माध्यम से देखने पर, ये दोनों तो बर्फ़ की तरह गलने ही लगते हैं, हमारे क्लेश भी अस्तित्वविहीन होने लगते हैं।

अब तक जो दर्द, जीवन के साथ चलने वाला लगता था, मन की जागरूकता के माध्यम से देखने पर अनित्य हो जाता है। अनुभूति के स्तर पर दर्द की स्थूल संवेदना जब अनित्य होने लगती है, तब एक नई ही अंतर्दृष्टि जन्म लेती है कि सभी अपने दुखों के चक्रव्यूह में फँसे हैं। उनके पास फ़ुर्सत कहाँ है कि वे दूसरों को दुख दें। वे तो अपने स्वभाव व गुणों को भोगते हैं। दुखों के मूल में अपने अहंकार की प्रतीति और अंतर्दृष्टि से उत्पन्न प्रत्यक्षीकरण की वस्तुगतता से हमारे मन में सकारात्मक भाव जैसे–दया, करुणा, सहानुभूति आदि जागते हैं। इन भावों का लाभ यह होता है कि हम अपने पारिवारिक और सामाजिक संबंधों को न केवल सही परिप्रेक्ष्य में देखना प्रारंभ करते हैं, बल्कि उनको बृहत् रूप में स्वीकार करके हम व्यष्टि से समष्टि की ओर अग्रसर होने लगते हैं।

एक बड़े औद्योगिक संस्थान में एक आदमी, जिसका काम केवल दूसरों को सही निर्णय के बारे में बताना होता था, अपनी नौकरी से रिटायर होने वाला था। एक दूसरे आदमी को उसकी जगह लेने के लिए नामांकित किया गया। वह नया आदमी, जो पहले से ही अपने पूर्ववर्ती की निर्णय-क्षमता का कायल था, जब अपनी नई ज़िम्मेदारी को समझने की कोशिश कर रहा था, तब वह अपने पूर्ववर्ती को दूसरों को निर्णय लेने में मदद करते देखकर घबरा गया। होता यूँ था कि उसके पूर्ववर्ती के पास चपरासी से लेकर मालिक तक, दफ़्तर की तथा निजी समस्याओं से संबंधित निर्णयों को जानने के लिए आते थे, और वह विभिन्न विकल्पों में से किसी एक को सुझाता था। अक्सर सुझाए गए विकल्प कारगर ढंग से काम करते थे। नए आदमी को महसूस हुआ कि उसका पूर्ववर्ती किसी दैवी शक्ति का मालिक है। अन्यथा कोई मनुष्य इतने प्रकार के निर्णय कैसे ले सकता है। बहरहाल अब क्योंकि सिर पर आ पड़ी थी, इसलिए उसे कुछ तो करना ही था। सो झिझकता शरमाता वह अपने पूर्ववर्ती के पास जाकर बोला–'आपको तो दैवी चमत्कार हासिल है। आपके अवकाश लेने के बाद मुझे आपकी कुर्सी पर बैठना होगा। भगवान जाने मेरा क्या होगा।'

'कुछ नहीं होगा। मुझे देखो। मैं हमेशा अपने दोनों हाथ पैंट की जेबों में डाले रहता हूँ। जब भी कोई अपनी समस्या लेकर आता है तो उसको सुलझाने के लिए उसके पास कुछ विकल्प भी होते हैं। मूलरूप से उसे दो में से एक को चुनना होता है। इधर मैं अपनी पैंट की जेब में पड़ी गोलियों को मुट्ठी में लेकर गिनना शुरू कर

देता हूँ। अगर गिनती दो से कट गई तो पहला, वरना दूसरा विकल्प दे देता हूँ।' उसने जेब में से गोलियाँ निकालकर दिखाते हुए समझाया।

'ज़रूरी यह नहीं है कि आप 'क' निर्णय लेते हैं या 'ख'। ज़रूरी यह है कि आप अनिर्णय की स्थिति में तो नहीं हैं। दूसरी बात यह कि उस निर्णय को लागू करने में आप आस्थावान कितने हैं। जो भी लोग मेरे पास आते हैं, मुझमें विश्वास करते हैं। मैं उन्हें अनिर्णय की स्थिति से उबार देता हूँ। यही मेरी सफलता का रहस्य है'–उसने अपने उत्तराधिकारी को समझाया।

ठीक यही स्थिति हमसे जुड़े व्यक्तियों माता-पिता, पत्नी, पुत्र, मित्र, अधिकारी, मातहत आदि की होती है। इनका प्रयास अपना भला करने का तो होता है, पर ये हमें हानि पहुँचाने के लिए भी काम नहीं करते। जैसे-जैसे विपश्यना के अभ्यास से हमारा प्रत्यक्षीकरण, जिसे समाप्त करने में इन्हीं लोगों का हाथ अधिक होता है, वस्तुगत और लचकीला होता जाता है, वैसे-वैसे हम पाते हैं कि ये सभी भौतिक प्रेम से ईश्वर-भक्ति की ओर जाने में हमारी जाने-अनजाने केवल मदद ही करते रहे। सूक्ष्म ब्रह्मांड बृहत् ब्रह्मांड का आकार लेने लगता है। इस अंतर्दृष्टि के विकसित होते ही हमारी निजी चेतना, सार्वभौमिक चेतना में परिवर्तित होने लगती है। ऐसे में हम इन सभी को सार्वभौमिक चेतना का प्रतीक मानकर अपने आत्मविकास के उद्देश्य की प्राप्ति में इन्हें सहायक स्वीकार करके इनके प्रति आभार प्रकट करते हैं। इसीलिए कहा जाता है कि अपने आत्मविकास के लिए गृहस्थ को चाहिए कि वह इन सभी के साथ प्रमाद-रहित होकर संयमपूर्वक व्यवहार करे।

सारांश :

1. प्रारंभ में आत्मविकास की साधना काँटों पर नंगे पाँव चलने जैसी है।

2. जब जागरूकता हमारा स्वभाव बनकर प्रखर होती है, तो साधक विस्मय के सागर में गोते लगाता है।

3. क्वांटम भौतिकी में कण के व्यवहार से संबंधित अध्ययनों के परिणामों को आम आदमी को समझाया नहीं जा सकता। किस प्रकार बंद कमरे में टी.वी. पर तस्वीर बनती है, इससे आम आदमी को कोई मतलब नहीं है। यही आदमी जब साधना के समय अपनी जागरूकता के माध्यम से शरीर के भीतर की प्रक्रियाओं को देखता है, तो विस्मय से भर जाता है।

4. ऐसी अवस्था से गुजरते हुए वह पाता है कि सभी अपने दुखों के चक्रव्यूह में फँसे हैं। उनके पास दूसरों के लिए फुर्सत नहीं है।

5. वास्तव में घर से तो वे भागते हैं, जो स्वयं से डरते हैं। अन्यथा आत्मविकास के पथ के साधक के लिए माता-पिता, पत्नी, पुत्र, आचार्य, मित्र, मातहत, अधिकारी आदि उस किले का काम करते हैं, जो उसके लिए सुरक्षा का कवच बन जाता है।

आप और आपका समाज

समूह अथवा समाज अस्तित्व में तभी आता है, जब लोग इकट्ठे हों और एक-दूसरे के निजी संतोष को संभव बनाएँ।

–रेमेंड बी. कैटेल

नैतिकता, आदमी में समूह की नैसर्गिक प्रक्रिया है।

–फ्रेडरिक नीत्शे

परम् नैतिकता, आचरण का ऐसा उदाहरण है, जिसके रहते रंचमात्र दुख का बिखराव नहीं होता।

–हर्बर्ट स्पेंसर

समाज के अभाव में व्यक्ति की कल्पना नहीं की जा सकती। व्यक्ति अपनी आवश्यकताओं व इच्छाओं की पूर्ति के लिए इकट्ठे होते हैं। जिस प्रकार हर व्यक्ति का अपना व्यक्तित्व होता है, उसी प्रकार समाज का भी व्यक्तित्व होता है। व्यक्तित्व के संरक्षण व विकास के लिए जिस प्रकार जैव-रसायन प्रक्रियाओं के उदय-व्यय के माध्यम से जीवनशक्ति का संचय, पोषण व व्यय होता है, उसी प्रकार अपने संरक्षण व विकास के लिए समाज अपने सदस्यों से शक्ति संचित करता है तथा उनके पोषण व विकास के लिए अर्जित शक्ति को व्यय करता है। समाज का संरक्षण व विकास इस बात पर निर्भर करता है कि वह कितने संतुलित ढंग से अपने सदस्यों से शक्ति संचित करके उनके पोषण के लिए उस अर्जित शक्ति को खर्च करता है।

शक्ति के संचय और व्यय का क्रम यह निर्धारित करता है कि समाज के सदस्य निजी स्तर पर नकारात्मक भावनाओं से भरपूर जीवन जीते हुए कितने हिंसक, असंतुष्ट और ईर्ष्यालु हैं अथवा सकारात्मक भावनाओं के साथ कितने सृजक, संतुष्ट और सहयोगी हैं। उन समाजों में जिनमें शक्ति के संचय और व्यय का क्रम असंबद्ध है, वहाँ सही नेतृत्व का अभाव, हिंसक घटनाओं में बढ़ोतरी, असमानता, अस्वास्थ्य आदि पाए जाते हैं। दूसरी ओर, शक्ति के संचय और व्यय के संतुलित होने की स्थिति में विज्ञान, साहित्य, कला, स्वास्थ्य आदि का समुचित विकास होता है।

व्यक्ति और समाज के पारस्परिक संबंधों को दो दृष्टियों से समझा जा सकता

है। एक के अनुसार व्यक्ति का पोषण समाज की जिम्मेदारी है। यह दृष्टि व्यक्ति को नगण्य मानकर समाज को ही प्रमुख मानती है। इसमें समाज निश्चित करता है कि व्यक्ति के क्या कर्त्तव्य हैं। आज का कानून और व्यवस्था इसी दृष्टि की देन हैं। नतीजे के तौर पर समाज अपने निजी हितों के लिए व्यक्तिगत स्वतंत्रता पर अधिक से अधिक अंकुश लगाता है। कहना चाहिए कि इस दृष्टि के आधार पर विकसित संबंधों में एक प्रकार का अंतर्द्वंद्व समाहित रहता है, जिसके अनुसार बाहरी दिखावा चाहे कुछ भी हो लेकिन भीतर से दोनों एक दूसरे के विरोधी होते हैं। अब क्योंकि समाज के अस्तित्व की कल्पना इसके सदस्यों के अभाव में नहीं की जा सकती और व्यक्ति समाज के अभाव में अस्तित्वविहीन है, इसलिए दोनों एक-दूसरे के विरोधी होते हुए भी परस्पर पूरक हैं। वास्तव में यह (ऐसा समाज) एक ऐसा घर है, जिसमें आपसी विश्वास और भरोसे के अभाव में पति-पत्नी पाखंड का जीवन जीते हुए अपनी-अपनी छुरियों की धार पैनी करते हुए साथ रहते हैं, साथ जीते हैं और बच्चे पैदा करते हैं। अगर संभव होता है तो परस्त्री/परपुरुष गमन में लिप्त रहते हैं।

दूसरी दृष्टि के अनुसार व्यक्ति अपनी आवश्यकताओं की पूर्ति के लिए इकट्ठे होकर समाज का पोषण करते हैं। समाज के पोषण की दृष्टि तब तक विकसित नहीं हो पाती जब तक व्यक्ति का पूरी तरह से समाजीकरण न हो चुका हो। वास्तव में है तो यह जटिल प्रक्रिया फिर भी इसको यूँ समझा जा सकता है कि विकास के चरणों को पार करते हुए मानव की बुद्धि का जब इतना विकास हुआ कि वह सत्य को अनुभूति के स्तर पर देखने में सक्षम हो पाई, तब समाज के मनीषियों ने अनुभव किया कि व्यक्ति का अस्तित्व, उसका संरक्षण व विकास तभी संभव है, जब वह अपने समूह व अपने समाज का भली-भाँति पोषण करे, वातावरण को पूरी तरह समझकर उसके साथ ताल-मेल बैठाए, अपने भीतर के सत्य का साक्षात्कार करे तथा समूह और वातावरण के सत्य के साथ उसे आत्मसात् करे। अपने इसी अनुभूतिजन्य सत्य को मनीषियों ने नैतिकता की संज्ञा दी है।

कमोबेश सभी प्राचीन विकसित समाजों में व्यक्तिगत स्तर पर नैतिकता के पालन ने समाज का पोषण किया है। चाहे वह मैसोपोटामिया की सभ्यता हो अथवा यूनान की, मिस्र की, चीन की या फिर भारत की, जब तक नैतिकता समाज का पोषण करती रही वह समाज तरक्की करता रहा। जहाँ से समाज ने नैतिकता का इस्तेमाल व्यक्ति के पोषक (धर्म) के रूप में किया, व्यक्ति और समाज के संबंधों का ह्रास आरंभ हो गया। अब स्थिति यहाँ तक आ गई है कि नैतिकता की बौद्धिकता विज्ञान के विकास में इस्तेमाल होने लगी है और सांप्रदायिकता आम आदमी के शोषण का हथियार बन गई है। उन समाजों में, जहाँ व्यवस्था आदमी की पोषक है

और जहाँ शक्ति का संचय और व्यय असंबद्ध है, नेतृत्व का चरित्र, विखंडित व्यक्तित्व (Split Personality) वाला होता है। वास्तव में ऐसा नेतृत्व नैतिक मूल्यों का ढकोसला करता है और व्यवहार में नैतिकता को इस्तेमाल करके मात्र शोषण करता है।

सत्य का अर्जन, आत्मविकास की तीव्र इच्छा के अभाव में संभव नहीं है। फिर इसकी भी अपनी शर्तें हैं जैसे सत्य के अर्जन में साधक समाज को शक्ति पुंज मानकर उससे शक्ति अर्जित करना चाहता है। अनुभूतिजन्य सत्य का अर्जक समाज को पोषित करता है। सत्य के अर्जन के लिए व्यक्ति मात्र माध्यम होता है। उदाहरण के लिए हृदय प्रत्यारोपण करने वाले सर्जन के लिए मुख्य बात हृदय का प्रत्यारोपण है, रोगी तो क-ख-ग कोई भी हो सकता है। राजनीतिशास्त्री के लिए मुख्य तो राजनीतिक घटनाएँ हैं, व्यक्ति तो केवल माध्यम का काम करते हैं।

पश्चिम के लगभग सभी विज्ञान, जो सत्य का अध्ययन करते हैं, वास्तव में या तो आदर्श रूप में समाज की कल्याणकारी छवि को बरकरार रखने के लिए उसे और अधिक संपन्न करते हैं या फिर व्यक्तिगत स्वतंत्रता पर अंकुश लगाने के लिए समाज को नए-नए साधन प्रदान करते हैं। हाँ, यह बात दूसरी है कि विज्ञान की उपलब्धियों से निजी स्तर पर कुछ व्यक्ति शक्ति पुंज बन जाते हैं। कभी-कभी चूहा भी बिल्ली से अपनी शर्तें मनवा लेता है। बहरहाल सत्य का अर्जक विज्ञान जब व्यक्ति को माध्यम मान लेता है तो वह स्वयं तो नैतिकता की बौद्धिकता का इस्तेमाल अपने विकास में करता है, लेकिन समाज उसका इस्तेमाल व्यक्ति की स्वतंत्रता पर अंकुश लगाने के लिए करता है।

अन्यथा अनुभूति के स्तर पर सत्य के अर्जन के अभाव में सरलीकरण और अनुरूपता (Conformity) की प्रक्रियाएँ काम करती हैं। अर्थात् समाज की जिन अपेक्षाओं को पूरा करने से हमारा अस्तित्व और विकास सुनिश्चित रहता है, उनको हम पूरा करते हैं। उदाहरण के लिए नैतिक, चरित्र व धर्म-संबंधी मान्यताओं का पालन अनुरूपता-व्यवहार (Conformity Behaviour) के अंतर्गत आता है। पुराने अर्थों में इनका पालन हमें पाप से बचाता है, स्वर्ग में हमारा स्थान सुनिश्चित कराता है। आधुनिक अर्थों में इनका पालन हमारे आत्मविश्वास को बढ़ाकर हमारी समायोजन-शक्ति को बढ़ाता है। अपराधी, मानसिक रूप से विकलांग अथवा हर बात को तर्क की कसौटी पर तोलने वाले इनका पालन नहीं करते हैं। इसलिए इन तीनों के जीवन में अत्यधिक अहंकार (Super Ego) की उपस्थिति पायी जाती है। इसके रहते सफलता और स्वास्थ्य आकाश-कुसुम बने रहते हैं। कहना चाहिए कि अनुरूपता सामाजिक जीवन की अनिवार्यता है। इसी प्रकार जो कुछ भी हमें परिपाटी

अथवा ज्ञान के रूप में समाज से प्राप्त होता है उसे हम अपनी समझ (बुद्धि, अहंकार एवं ममत्व के भाव) के अनुरूप सरलीकृत कर लेते हैं। कई बार सरलीकरण और अनुरूपता आपस में इतने गड्ड-मड्ड हो जाते हैं कि हम तथ्य को छोड़कर शब्दों को पकड़कर बैठ जाते हैं। शब्दों के प्रति हमारा आग्रह जुनून के स्तर तक पहुँचकर हमें हिंसक बना देता है। हमारी इसी हिंसक भावना को समाज का नेतृत्व अपने हित में इस्तेमाल करता है।

नैतिकता की इस दयनीय स्थिति को देखकर कोई भी स्वतंत्र चिंतक करुणा से भर सकता है। अब क्योंकि न तो सामाजिक जीवन से अनुरूपता को दरकिनार किया जा सकता है, न ही सरलीकरण की प्रक्रिया को, इसलिए वह नई बोतल में पुरानी शराब पेश कर देता है। इस शराब की प्रकृति इस बात पर निर्भर करती है कि प्रस्तुतकर्ता ने कौन से सत्य परिमेय (Measurable) या अनुभूतिजन्य को प्रस्तुत किया है। अगर वह परिमेय सत्य के ऊपर आधारित है तो बुद्धिजीवियों तक सीमित रहता है। सामाजिक-दार्शनिक उपलब्धियाँ इसी श्रेणी में आती हैं। अगर वह अनुभूतिजन्य सत्य पर आधारित हैं तो वह अनुरूपता और सरलीकरण की छलनी से छनकर केवल संप्रदाय बनकर रह जाता है। कहना चाहिए कि नैतिकता का संप्रदायीकरण सामाजिक जीवन का अटूट सिलसिला है। क्योंकि इसे रोका नहीं जा सकता, इसलिए व्यक्ति-पोषक समाज का नेतृत्व इसे अपने हित में इस्तेमाल करना चाहता है। इस इस्तेमाल का तरीका है व्यवस्था को धर्मनिरपेक्ष घोषित करने का। यानी जब तक यह संप्रदायीकरण नेतृत्व का हित साधता रहे, तब तक कोई बात नहीं, जहाँ इससे अहित होता दिखाई दे, इसे निषिद्ध कर दो।

उन समाजों की स्थिति भयंकरतम है, जहाँ शक्ति के संचय और व्यय का क्रम असंबद्ध है तथा व्यक्ति-पोषक समाज का नेतृत्व धर्मनिरपेक्षता को अपने हित में इस्तेमाल करता है। वास्तव में इन समाजों का नेतृत्व व बुद्धिजीवी वर्ग, विभक्त जीवन जीता है। शेष रहे समाज के सदस्य, तो या तो वे सांप्रदायिक उन्माद के शिकार होते हैं अथवा अवसाद को ही अपनी नियति मान लेते हैं।

जब कारणों के निदान का प्रश्न उठता है तब साफ तौर पर नैतिकता का संप्रदायीकरण ही सभी समस्याओं की जड़ में दिखाई देता है। लेकिन मौलिक दोष समाज की पोषक मानसिकता में छिपा है। चूँकि यह मानसिकता व्यक्ति की निजी स्वतंत्रता पर अंकुश लगाती है, इसलिए जो भी जोड़-तोड़ कर पाता है वही नैतिकता की सांप्रदायिकता को हथियार बनाकर सत्ता को हथियाने का प्रयास करता है। नतीजा होता है, नकारात्मक भावनाओं जैसे– ईर्ष्या, द्वेष, वैमनस्य, संदेह, हिंसा आदि को प्रदर्शन और विकास के भरपूर अवसर।

प्रोफेसर कैटेल ने अपने 'सिंटेलिटी व सिनर्जी' संबंधी प्रयोगात्मक अध्ययनों के आधार पर पाया कि व्यक्ति और समाज के पारस्परिक संबंध तभी सुधरे रह सकते हैं, जब व्यक्ति की आवश्यकताओं की पूर्ति करने में समाज समर्थ हो। समाज की शक्ति का संचय और व्यय इन आवश्यकताओं से नियंत्रित होता हो। हालाँकि मार्क्स ने भी कमोबेश आर्थिक दृष्टि से यही बात की है, लेकिन जिस प्रकार से मार्क्सवाद का क्रियान्वयन हुआ उससे खुद मार्क्स भी डर गया, क्योंकि तब समाज ही शक्तिपुंज बनकर व्यक्ति का शोषक बन गया। चूँकि प्रोफेसर कैटेल की पद्धति पूरी तरह से व्यक्ति पर आधारित है, इसलिए समाज के शक्तिपुंज बनने के आसार कम हैं। परंतु क्रियान्वयन तो इसका भी समाज ही करेगा, इसलिए यह भी व्यक्ति के शोषण की आधुनिक तकनीक बन सकती है।

लेकिन भारतीय मनीषा ने जिस प्रकार भीतरी जागरूकता से सत्य के दर्शन करके समाज और वातावरण के, सत्य के साथ सामंजस्य को नैतिकता के रूप में स्वीकार किया है, विपश्यना का अभ्यास उसी नैतिकता के पालन का अभ्यास है। कहना चाहिए कि जब तक प्रत्येक व्यक्ति अनुभूतिजन्य सत्य के दर्शन नहीं करता तब तक वह समाज का पोषक नहीं हो सकता। समाज का पोषण किए बिना वह स्वास्थ्य, सफलता और आनंद का जीवन नहीं जी सकता। इसीलिए कहा जाता है कि जो नैतिकता का जीवन अर्थात् समाज के पोषक का जीवन जीता है, वही सुख की नींद सोता है।

सारांश :

1. व्यक्ति और समाज एक-दूसरे के पूरक हैं। जिस समाज के सदस्य उसके विश्वासपात्र रहकर उससे जुड़े रहना चाहते हैं, उसमें विज्ञान, साहित्य, स्वास्थ्य आदि का समुचित विकास होता है।

2. ऐसे समाज अपने अस्तित्व को बनाए रखने के लिए अपने सदस्यों से शक्ति ग्रहण करते हैं। बदले में अपने सदस्यों के मन में अपने प्रति भरोसा पैदा करते हैं।

3. समाज के प्रतिनिधि जब स्वयं को समाज का पर्याय बना लेते हैं, तब वे व्यक्ति के पोषण की जिम्मेदारी समाज के ऊपर डालते हैं। परिणामस्वरूप राज्य-शक्ति, शांति-व्यवस्था बनाए रखने के नाम पर व्यक्तिगत स्वतंत्रता पर अधिक-से-अधिक अंकुश लगाती है।

4. सामान्य/प्राकृत परिस्थितियों में नैतिकता का पालन समाज को पोषित करता है। बदले में शक्तिसंपन्न समाज अपने सदस्यों को सुरक्षा के मामले में आश्वस्त करता है। यही कारण है कि सभ्यता की दृष्टि से पिछड़े समझे जाने वाले आदिवासी कबीलों के बीच जहाँ नैतिकता समूह का पोषण करती है, उसके सदस्य किसी भी कीमत पर अपने समूह से जुड़े रहते हैं। यहाँ आत्महत्या व अपराध की घटनाएँ नहीं पाई जातीं।

5. नैतिकता का पालन हमारे आत्मविश्वास को बढ़ाता है।

6. इसी नैतिकता का इस्तेमाल समाज कई बार धर्म के रूप में करता है। राज्यशक्ति के समान धर्म भी व्यक्तिगत स्वतंत्रता पर अंकुश लगाता है। प्रतिक्रियास्वरूप, व्यक्ति नैतिकता का पालन सहज रूप से नहीं कर पाते, जिसके कारण उनका अपराध-बोध, सुरक्षा की अपेक्षा, धार्मिक कट्टरता को पुष्ट करता है।

7. यही धार्मिक कट्टरता सामाजिक विघटन का कारण बनती है, जो सुरक्षा की तलाश में अपने सदस्यों को धार्मिक आतंकवादी बनाती है।

8. कहना चाहिए कि व्यक्ति पोषण की वर्तमान व्यवस्था के चलते धार्मिक आतंकवाद के गुणात्मक विकास की संभावनाएँ ही अधिक हैं।

9. आत्मविकास के पथ का साधक अपने विवेक के पुष्ट होने के साथ कानून, धर्म और नैतिकता के बीच स्पष्ट अंतर समझने लगता है। नैतिकता का पालन उसे सहज आत्मविश्वास प्रदान करता है। आत्मविश्वास के अर्जन की प्रक्रिया उसे समाज का पोषक बना देती है।

10. वास्तव में कानून और धर्म राज्य को शक्ति प्रदान करते हैं, अन्यथा व्यक्ति और समाज दोनों का काम नैतिकता के पालन से चल जाता है। लेकिन ऐसा तभी संभव है जब सभी अपने दुखों से मुक्ति के लिए प्रयासरत हों।

नैतिकता की ओर कदम बढ़ाएँ

जीवन बंजर है जीवन एकाकी है
मृत्यु हमें विराट से जोड़ती है

–एडवर्ड यंग

नैतिकता के पालन के माध्यम से व्यक्ति के द्वारा समाज का पोषण–यह विचार कई बार ऐसा संदेह पैदा करता है मानो भारतीय चिंतन मात्र व्यक्तिवादी हो। ऐसा कहीं कहा भी गया है कि यदि अपने और परिवार के स्वार्थों में द्वंद्व हो तो अपने स्वार्थों को परिवार के स्वार्थों के लिए न्यौछावर कर दो। यदि परिवार और मुहल्ले के स्वार्थों में द्वंद्व हो तो परिवार के स्वार्थों का त्याग करो। यदि मुहल्ले और शहर के स्वार्थों में द्वंद्व हो तो मुहल्ले के स्वार्थों का त्याग करो। यदि शहर और प्रदेश में द्वंद्व हो तो शहर के स्वार्थों का त्याग करो। यदि प्रदेश और देश के स्वार्थों में द्वंद्व हो तो प्रदेश के स्वार्थों का त्याग करो। यदि देश और विश्व के स्वार्थों में द्वंद्व हो तो देश के स्वार्थों का त्याग करो। यदि विश्व और आत्मा के स्वार्थों में द्वंद्व हो तो विश्व का त्याग करो। अर्थात आत्मा सर्वोपरि है।

अगर आत्मा व्यक्ति की परिचायक है और भौतिक संदर्भों में है तो निश्चित रूप से भारतीय चिंतन व्यक्तिवादी है। लेकिन विपश्यना के साधक जानते हैं कि किस प्रकार निजी चेतना सार्वभौमिक चेतना में परिवर्तित होती है। इस परिवर्तन की प्रक्रिया में बुद्धि, अहंकार और ममत्व की बेड़ियों से मुक्त होकर प्रज्ञा अथवा विवेक बन जाती है। यह परिवर्तन संख्यात्मक न होकर गुणात्मक होता है।

शेक्सपीयर की मान्यता थी कि प्रत्येक व्यक्ति किन्हीं अर्थों में पागल होता है। उसमें और एक पागल में केवल मात्रा का फर्क होता है। इसी प्रकार चिंताएँ मानसिक अस्वास्थ्य को बढ़ाती है। तर्क की दृष्टि से कहा जा सकता है कि जैसे-जैसे चिंताएँ बढ़ेंगी, मानसिक समस्याएँ बढ़ेंगी। लेकिन व्यवहार में देखने में आता है कि चिंताओं के बढ़ने पर हरेक आदमी पागल नहीं हो जाता। क्यों? इसलिए कि व्यक्तित्व की संरचना में गुणात्मकता छिपी हुई है। यदि नेता और उसके अनुयायियों के व्यक्तित्व का अध्ययन किया जाए तो संख्यात्मकता नगण्य हो जाती

है। अकेला नेता अपने अनेक अनुयायियों के मुकाबले कहीं अधिक भारी पड़ता है। यानी व्यक्तियों की संख्या की तुलना में व्यक्तित्व की गुणात्मकता अधिक महत्त्वपूर्ण है।

व्यक्तित्व की यह गुणात्मकता जन्मजात भी हो सकती है और अर्जित भी। विपश्यना का अभ्यास, अर्थात् आचरण की पवित्रता, मन की मित्रता तथा व्यक्तिगत चेतना का सार्वभौमिक चेतना में परिवर्तन, साधक के व्यक्तित्व में गुणात्मक वृद्धि करता है। यह उसको सामाजिक तो बनाता ही है, साथ में दूसरों के लिए भी क्रोध और अवसाद के भँवर से बाहर निकलने में सहायक होता है। ऐसे में भारतीय चिंतन को व्यक्तिवादी मान लेना दिमागी दिवालिएपन के सिवाय और कुछ नहीं है।

यह सच है कि चिंतन के उस दौर में दूरसंचार तथा संप्रेषण की सीमाओं के कारण, यह संभव नहीं हो पाया कि व्यक्तित्व की गुणात्मक वृद्धि संपूर्ण संसार को प्रेरित कर पाती। लेकिन आज परिस्थितियाँ बदली हुई हैं। आज विपश्यना का सुफल समाज के द्वारा नजरअंदाज नहीं किया जा सकता। ज्ञान की तुलना में व्यक्तित्व की गुणात्मकता का प्रभाव हमेशा ही व्यापक और उत्प्रेरक होता है। वह साधक जो समाज-कल्याण की भावना से प्रेरित होता है, उसके व्यक्तित्व की गुणात्मकता अधिकांश के जीवन-स्तर को ऊपर उठाएगी ही, इसमें शक की कहीं गुंजाइश नहीं है।

यूँ तो भारतीय मनीषा ने मृत्यु को आत्मविकास का माध्यम स्वीकार किया है, क्योंकि उसका उद्‌देश्य चेतना को जड़त्व से मुक्त करके सार्वभौमिक चेतना में परिवर्तित करना रहा है। फिर भी उसने आलस्य को नकारा है। वैसे भी समाजीकरण की भारतीय पद्धति, भीतरी जागरूकता को सक्षम व सामर्थ्यवान बनाने पर जोर देती है। इसमें राग-द्वेष, मूर्च्छा, आलस्य व अज्ञान के संस्कारों को दृढ़-निश्चय की सहायता से समाप्त किया जाता है। इसीलिए मृत्यु को आत्मविकास का माध्यम स्वीकार करने के पीछे मूर्च्छा, आलस्य व अज्ञान पर विजय पाने की भावना काम करती है। यानी जो आपके अधिकार में है ही नहीं, यह उसे अपने कल्याण-हेतु स्वीकार करके प्रगति का मार्ग तलाशने की प्रक्रिया है।

राम से उसकी माताओं ने कहा–'बेटा, तू तो अपने सिर बड़े पाप लेता है, जो भी मरता है उसका पाप तेरे सिर चढ़ता है।' राम बोले–'आज आप सब कुएँ पर जाना और फिर देखना कि मेरे सिर पाप लगता है कि नहीं।' शाम को तीनों माताएँ कुएँ पर पहुँचीं। देखा औरतें अपना दुखड़ा एक दूसरे को सुना रही हैं। कोई मरने का कारण किसी बीमारी पर थोपती तो कोई किसी बीमारी पर, लेकिन किसी ने भी मौत की जिम्मेदारी राम पर नहीं डाली।

सच है कि कौन-सी बीमारी मौत का पैगाम लेकर आती है, यह आज तक निश्चित नहीं हो सका है। कभी बीमारी हमारे विकारों की शुद्धि करती है तो कभी मौत का पैगाम होती है। बहरहाल, दोनों ही स्थितियों में यह आत्मविकास का माध्यम है। इस सबके बावजूद अनिश्चितता की स्थिति बनी रहती है। इस अनिश्चितता को चित्त की मूर्च्छा की सहायता से दबाया भी जा सकता है। लेकिन कब तक? मूर्च्छा की स्थिति लगातार तो बनाए नहीं रखी जा सकती। जब भी मूर्च्छा टूटेगी, राग अथवा द्वेष की अवस्था हमारे भय को बढ़ाएगी। नतीजा यह होगा कि क्रोध और अवसाद का भँवर हमें अपने केंद्र की ओर खींचेगा। वही भँवर जो हमारे समस्त दुखों का कारण था, अब और गहरा हो जाएगा। इसलिए जरूरी है कि शीघ्रातिशीघ्र आत्मस्वीकृति द्वारा और अपनी शक्तियों की मदद से आलस्य का त्याग करके आत्मविकास की राह पकड़ी जाए। इसलिए कहा जाता है शुभ कर्म में देरी कैसी। इसे बिना टालमटोल के तुरंत आरंभ कर दें। क्या पता आत्मविकास की जिस इच्छा का उदय आज हुआ है, कल मन:स्थिति में बदलाव के कारण वह क्षीण पड़ जाए अथवा जो पुरुषार्थ आज जागा है, परिस्थितियों में बदलाव के कारण कल अपनी तेजस्विता खो बैठे।

सारांश :

1. मन की गति बड़ी विचित्र है। वह विकासोत्तर गति से सोचता है। जैसे चिंताएँ बढ़ते-बढ़ते एक ऐसी स्थिति भी आ सकती है कि आदमी पागल ही हो जाए जबकि व्यावहारिक दृष्टि से ऐसा प्राय: नहीं होता।

2. वास्तव में व्यक्तियों के बीच अंतर गुणात्मक होता है।

3. नैतिकता का पालन हमारे व्यक्तित्व में गुणात्मक परिवर्तन लाता है।

4. जनसामान्य नैतिकता का पालन करके आत्मविकास अर्जित करता है। नैतिकता का पालन करके नेता न केवल जनसमर्थन प्राप्त करता है, बल्कि सामाजिक मूल्यों को दिशा भी देता है और उससे प्रेरित होकर जनसामान्य भी आत्मविकास को अपना जीवन-दर्शन बना लेता है।

5. भारतीय मनीषा ने मृत्यु को भी आत्मविकास का साधन स्वीकार किया है।

विपश्यना : एक अनूठा अनुभव

आनंद, कष्ट-सहनशीलता से उत्पन्न होता है।

—जान ड्राइडेन

विपश्यना कैंपों के बारे में जब पहली बार सुनते हैं तो विस्मय जागता है और तर्क-बुद्धि के पल्ले कुछ नहीं पड़ता। अनेकानेक संदेह मन में जागते हैं और हम दिमाग को झटका देकर सब कुछ बाहर फेंक देना चाहते हैं। ठीक भी है, जिस प्रकार निष्काम कर्म की कल्पना नहीं की जा सकती उसी प्रकार साँस को देखकर हम क्या कर लेंगे। लेकिन जब दुखों से मुक्ति पाने के लिए एक और प्रयोग हेतु अथवा विस्मय से प्रेरित होकर हम विपश्यना कैंप में पहुँच जाते हैं, तब हम स्वयं को ठगा-सा पाते हैं। शीघ्र ही हमारा परिचय विपश्यना कैंप के उद्देश्यों से होता है। मन में कुछ जिज्ञासा उपजती है। पर्यावरण प्रदूषण से मुक्त वातावरण अच्छा-सा लगता है। कैंप की व्यवस्था हमारी दिनचर्या को तोड़ती है। पिकनिक जैसा माहौल दुखी मन के ऊपर मरहम का काम करता है। खाली पेट नींद तो नहीं आती, लेकिन प्रेरक भाषण का प्रभाव उसके कष्ट से मुक्त रखता है। फिर होता है शुद्ध साँस को देखने का अभ्यास। मौन और अभ्यास आंतरिक चिकित्सा का काम करते हैं। विकार-शोधन प्रारंभ हो जाता है।

पहला दिन उत्सुकता और कल्पनाओं की ऊहापोह में बीत जाता है। दिन-भर के क्रियाकलाप पर गुरुजी अपने विचार प्रकट करते हैं और अगले दिन की योजना स्पष्ट करते हैं। अच्छा लगता है। लेकिन रात में नींद का इंतजार, उसका न आना, पुरानी स्मृतियों का जमावड़ा, क्रोध और अवसाद का पगलाता भँवर मन में अनेक संदेहों को जन्म देता है। अगले दिन की घंटी बज जाती है। शुद्ध साँस को देखने के अभ्यास के दौरान नींद की खुमारी अथवा चित्तवृत्तियों के कारण उपजी मूर्च्छा, मन को विद्रोही बनाती है। जितना हमने सीखा है उस हिसाब से मन का विद्रोह हमारा हौसला पस्त करता है। लगता है ये सब हमसे न हो सकेगा।

पिकनिक का मूड अब उखड़ने लगता है। हम होते हैं, हमारा दुख होता है, शुद्ध साँस को देखने का उखड़ा-उखड़ा अभ्यास होता है और हमारे साथ होता है, गुरुजी का निर्देशन। सहायक आचार्य हमारी जिज्ञासाओं को शांत करते हुए शुद्ध साँस

को देखने की सही प्रक्रिया बताते हैं। सब कुछ होता है, लेकिन दुख अपने चरम पर पहुँचकर हमें सिर्फ अपने में उलझाए रखता है। हमें समझाया जाता है कि दुख को केवल देखना है, लेकिन मन जो तमाम उम्र भोक्ता रहा है, अपनी आदत को तुरंत कैसे छोड़े। कोई साँस राग-द्वेष से मुक्त नहीं होती। कोई भी साँस वर्तमान की जागरूकता में नहीं होती। विपश्यना कैंप की हमसे अपेक्षा होती है कि हम बिना किसी पूर्वाग्रह के साधना की प्रक्रिया को देखें। मगर मन का संशय है कि वह समस्त ज्ञान के भंडार को पूर्वाग्रह का स्रोत बना देता है। तीसरे दिन तो स्थिति अपने चरम पर होती है। गुरु जी की दी हुई व्याख्या में से शब्दों को पकड़कर बैठा मन व्याकुलता पर होता है। बारह-चौदह घंटे काम न करने की आदत के कारण साधना की यह लंबी अवधि मनोवैज्ञानिक रूप से थका डालती है। निद्रा-नाश यूँ तो शारीरिक कष्ट नहीं देता, लेकिन चिकित्सकीय धारणाएँ आतंकित करती हैं। विकार-शोधन की प्रक्रिया, उल्टी, दस्त, डकारें, खुजली, खाँसी, पेट-दर्द, वायु-प्रकोप, मुँह के छाले आदि हमारे आतंक की गुणात्मकता को बढ़ा देते हैं। कैंप के आचार्य जब शिकायतें सुनकर 'इस सबसे तुम्हारा कल्याण हो रहा है। नींद न आना कोई बीमारी नहीं है। बस साँस को देखो। यही कल्याण करेगा' कहते हैं तो मन झुंझला जाता है। यहाँ हालत खराब है, आचार्य कहते हैं कि कल्याण हो रहा है।

सैद्धांतिक दृष्टि से विपश्यना की दीक्षा देने के बाद चौथे दिन विकारों का शमन होना प्रारंभ हो जाता है। मन संवेदनाओं के प्रति जागरूक होने लगता है। दसवें दिन तक काफी लाभ होने लगता है। लेकिन व्यावहारिक रूप से प्रत्यक्ष लाभ सबको हो, कोई जरूरी नहीं है। दरअसल, प्रत्यक्ष लाभ इस बात पर निर्भर करता है कि हम कितनी जल्दी यह स्वीकार कर पाते हैं कि सब कुछ मनोमय संसार के कारण चल रहा है। जो इस स्वीकारोक्ति के साथ आते हैं, वे लाभान्वित होते चले जाते हैं और विपश्यना के अभ्यास में निपुणता प्राप्त करते हैं, अन्यथा मानसिक और शारीरिक विकारों का शोधन ही करते रहते हैं।

जितनी जल्दी यह शोधन-प्रक्रिया उपर्युक्त सत्य को हमारे जीवन में स्थापित होने देती है, उतनी ही जल्दी प्रत्यक्ष लाभ दिखने लगता है। बस इतना समझ लीजिए कि प्रत्यक्षीकरण के विकारों के शोधन की प्रक्रिया, पहाड़ी नदी में धारा के विपरीत तैरने के समान है। जिनमें हिम्मत होती है, वे ही विपश्यना के अभ्यास से लाभान्वित हो पाते हैं। मजे की बात यह है कि इस अभ्यास से होता सबका कल्याण ही है, परंतु अधिकांश मृत्यु-भय से आतंकित रहते हैं। किसमें हिम्मत है जो पहाड़ी नदी के ठंडे पानी में उतरे। कौन बहादुर है जो धारा के विपरीत तैरे।

कैंप की व्यवस्था ऐसी होती है, जो आपको पहाड़ी नदी के ठंडे पानी में धारा

के विपरीत तैरने पर भी मरने नहीं देगी। लेकिन हिम्मत तो आपको ही करनी है। अपने मन के मृत्यु-भय से आपको ही लड़ना है। यह आपकी अपनी लड़ाई है, इसे अन्य कौन लड़ सकता है। कैंप की सारी व्यवस्था आपको इसके लिए तैयार करती है। जिस घड़ी आप इस सत्य को अनुभूति के स्तर पर स्वीकार कर लेते हैं कि महाभारत का युद्ध बाहर नहीं, आपके भीतर चल रहा है, आपका विवेक ही कृष्ण है, आपकी हिम्मत अर्जुन है, आपकी सकारात्मक भावनाएँ पांडव सेना हैं, आपकी नकारात्मक भावनाएँ कौरव सेना हैं, उसी घड़ी से विपश्यना का अभ्यास आपको प्रत्यक्ष लाभ देने लगता है। फिर तो अभ्यास की परिपक्वता आपको परम सुख, परम स्वास्थ्य, परम सफलता के पदों पर आसीन कराने में प्राण-पण से जुट जाती है। ऐसे में पिछले जीवन का सिंहावलोकन महसूस कराता है कि यह सब कुछ कैंप में आने का परिणाम है। अगर गुरुजी ने मार्गदर्शन न दिया होता, अगर आचार्य जी ने सांत्वना न दी होती तो आज जो मैं हूँ वह कदापि न होता। ऐसे में मन उस शुभ घड़ी का हृदय से शुक्रगुजार होता है, जब हमारा संपर्क विपश्यना-संबंधी प्रथम सूचना से हुआ था।

सारांश :

1. यथास्थितिवादियों के लिए आत्मविकास से तात्पर्य घर फूँककर तमाशा देखने जैसा है।

2. जो अपने दुख से उबरना चाहते हैं अथवा जो जिज्ञासावश आत्मविकास की साधना करते हैं, वे जल्दी ही घबरा जाते हैं।

3. वास्तव में यह साधना होम्योपैथिक दवा के समान दुख के कारणों को उत्तेजित करती है।

4. यह स्थिति तब तक चलती है जब तक साधक को अपने प्रत्यक्षीकरण/दृष्टिकोण की वास्तविकता समझ में नहीं आती।

5. यह वास्तविकता जितनी जल्दी साधक स्वीकार करता है, उसके दुखों का निवारण हो जाता है।

नेतृत्व के गुण

कवि महानता और ज्ञान की बात करते हैं, जिनको वे स्वयं नहीं समझते।

–प्लेटो

जनता का अपना कोई आदर्श नहीं होता।

–अज्ञात

नेता समूह का वह सदस्य होता है, ज़िसकी अनुपस्थिति समूह के व्यक्तित्व के जीवन-मूल्यों को बदल देती है।

–रेमंड बी. कैटेल

नेता का चरित्र निष्कलंक होता है। उसका आचरण दैवीय होता है।

–मैथ्यू आर्नोल्ड

नेतृत्व की बहुत-सी खूबियों में से एक होती है करिश्मा। मानव-स्वभाव पर अपनी पकड़ रखने वाले जानते हैं कि अपने करिश्मे के आधार पर वोट बटोरने वाला ही राष्ट्रीय-स्तर पर स्वीकृत होकर सत्ता के सर्वोच्च शिखर पर पहुँचता है। दरअसल राजनीतिक पार्टियाँ ऐसे व्यक्ति की तलाश में रहती हैं, जो अपने करिश्मे के आधार पर उन्हें सत्ता में बनाए रखे।

समाज-वैज्ञानिक अपने ढंग से इस करिश्मे का अध्ययन करते हैं। काफी कमियाँ निकालने के बाद वे इस नतीजे पर पहुँचते हैं कि नेतृत्व की योग्यता काफी जटिल होती है और करिश्मा नेता के व्यक्तित्व का संपूर्ण प्रभाव होता है जिसमें नेता के गुण और परिस्थितियों का बेहतरीन तालमेल समाविष्ट होता है। प्रोफेसर कैटेल के अनुसार नेतृत्व का करिश्मा नेता के व्यक्तित्व की विशेषताओं के आपसी तालमेल के द्वारा उत्पन्न होता है। व्यक्तित्व की इस संरचना का मापन भी किया जा सकता है और इससे होने वाले करिश्मे की भविष्यवाणी भी की जा सकती है, लेकिन यह संरचना करिश्मे को कैसे पैदा करती है इसकी व्याख्या नहीं की जा सकती। वैसे भी मनोवैज्ञानिक का काम मापन और भविष्यवाणी करना है। घटना कैसे घटी इसका उत्तर या तो व्यक्ति/नेता स्वयं दे सकता है या फिर खोजी पत्रकार दे सकते हैं। लेकिन मनोवैज्ञानिक मात्र 'करिश्मे' की भविष्यवाणी कर सकता है। बहरहाल करिश्मा केवल नेताओं की ही बपौती नहीं है। अपने-अपने क्षेत्र के सभी

पारंगत व्यक्ति दूसरों को प्रभावित करते हैं। प्रभावित करने की इस प्रक्रिया को अमौखिक संप्रेषण (Non-Verbal Communication) कहा जाता है।

विचारों में व्यापकता लाने के लिए पढ़ना आवश्यक है। विचारों में गहनता लाने के लिए चिंतन-मनन आवश्यक है। विचारों में स्पष्टता व प्रखरता लाने के लिए लिखना आवश्यक है। लेकिन विचारों में आस्था बनाए रखने के लिए सत्पुरुषों का सत्संग परमावश्यक है। अब यह अनुभव और अनुभूतियों का विषय है कि हम इनकी सब सीमाएँ जान सकें। जैसे पढ़ने से जहाँ हमारा ज्ञान बढ़ता है, वहीं वह नई शंकाओं को जन्म देता है। चिंतन-मनन जहाँ हमारे व्यक्तित्व में गंभीरता लाता है, वहीं, सोचने की आदत भी डालता है। पर किसी घटना को सोच-सोचकर हमारा मन राई का पहाड़ बना देता है, जो अंततः हमारे दुखों का कारण बनता है। यह सही है कि लिखने से विकसित वैचारिक प्रखरता व स्पष्टता हमारी शंकाओं का किसी सीमा तक समाधान कर देती है और हम अपने चातुर्य से दूसरों को प्रभावित भी कर लेते हैं, लेकिन भीतर-ही-भीतर असंतुष्ट भी रहते हैं। हमारा यह असंतोष उस व्यक्ति की तरह होता है, जो खुद न समझकर भी दूसरों को समझा देता है। अपने इसी दोष के कारण लेखकों व पत्रकारों की जमात मात्र वैचारिक प्रदूषण ही फैलाती है। यदि प्रत्येक लेखक अपनी रचना छपवाने से पहले वैचारिक प्रदूषण को संप्रेषण की कसौटी मान ले, तो हमारे देश की कम से कम चालीस प्रतिशत समस्याएँ समाप्त हो जाएँ।

वास्तव में वैचारिक परिपक्वता की कल्पना आस्थाओं के अभाव में नहीं की जा सकती। आस्थाएँ चरित्र में बुनियादी परिवर्तन लाए बिना विकसित नहीं की जा सकतीं। आस्थाओं के बीजारोपण के लिए सकारात्मक भावनाओं की उर्वर भूमि चाहिए, प्रेरणाओं की खाद चाहिए, अभ्यास का पानी चाहिए और जो सबसे जरूरी है, वह है सूर्य की रोशनी, अर्थात् सत्पुरुषों का संग।

एक चित्रकार के मन में आया कि ऐसे व्यक्ति का चित्र बनाया जाए, जिससे मानवता की कुरूपता को प्रदर्शित किया जा सके। काफी सोच-विचार के बाद वह इस नतीजे पर पहुँचा कि ऐसा व्यक्ति अपराधियों के बीच मिलेगा। इसके बाद वह अपराधियों से मिला लेकिन वह अपने मन-माफिक चेहरा न ढूँढ़ सका। काफी लंबी तलाश के बाद एक जेल में फाँसी की सजा पाए एक कैदी से उसकी मुलाकात हुई। कैदी से मिलकर चित्रकार को लगा मानो उसकी तलाश पूरी हो गई हो। उसने कैदी को आधार बनाकर अपना चित्र तैयार किया, जिसमें मानवता खौफनाक ढंग से उभरकर सामने आई थी। चित्रकार ने अपना चित्र कैदी को भी दिखलाया। कैदी अपने चित्र को देखकर रो पड़ा और बोला–'आज से पच्चीस वर्ष पहले भी आपने

एक चित्र बनाया था, जिसमें आपने मानवता का सौम्य रूप दर्शाया था। उस समय मैं बच्चा था, तब भी अपने मुझे ही आधार बनाया था।' चित्रकार को पच्चीस साल पहले की घटना याद आ गई। उसे आश्चर्य हुआ कि कैसे एक भोला-भाला बालक एक खूँखार अपराधी बन गया। 'यह सब बुरी संगत का प्रभाव है'–कैदी ने बताया।

इसीलिए कहा जाता है कि विवेकीजनों के संपर्क में आकर दुर्जन भी सज्जन बन जाते हैं, मूर्ख भी ज्ञान-प्राप्ति के लिए प्रेरित हो जाते हैं।

नास्तिकों के बीच में एक कहावत प्रसिद्ध है कि आदमी अगर घोड़ा होता तो उसके ईश्वर का स्वरूप भी घोड़े जैसा ही होता। भारतीय विकासवाद के अनुसार यह ठीक ही दिखता है। मत्स्यावतार, वाराहावतार, नरसिंहावतार आदि के मिथक इसी सत्य का प्रतिपादन करते हैं। वास्तव में ईश्वर की कल्पना ने नैतिकता के स्वरूप को तितर-बितर करने में अहम भूमिका निभाई है।

जीवन, दो जमा दो बराबर चार का समीकरण तो है नहीं कि प्रत्येक घटना की केवल तर्क के आधार पर व्याख्या की जा सके। इसलिए आदमी की बुद्धि इस व्याख्या में निरस्त हुई नहीं कि उसने ईश्वर की दुहाई देनी प्रारंभ कर दी।

इतिहास साक्षी है कि जिस किसी ने भी अनुभूतिजन्य सत्य के दर्शन करके उसका बाहर के सत्य के साथ तालमेल बैठाकर समाज का पोषण किया, समाज के शेष सदस्यों ने उसे ईश्वर का अवतार स्वीकार कर लिया। इसके लिए उनकी केवल एक शर्त रही कि उस व्यक्ति में नेतृत्व का करिश्मा होना चाहिए। अनुभूतियों के आधार पर बाहरी और भीतरी विकार-शोधन और उसके बीच तालमेल बैठाने की प्रक्रियाओं के दौरान जब व्यक्तित्व का परिमार्जन और संवर्धन होता है तो 'करिश्मा' स्वत: ही पैदा हो जाता है। जब फूल खिलता है तो उसे मधुमक्खियों को निमंत्रित करने की आवश्यकता नहीं होती। उसे कोई निमंत्रण पत्र नहीं छपवाना होता। उसे किसी आयोजन को करने की जरूरत भी नहीं होती। भौंरे स्वयं फूल तक पहुँच जाते हैं। मधुमक्खियाँ पराग की तलाश में स्वयं चली आती हैं।

प्रश्न उठता है कि सत्य का अनुभूतियों के स्तर पर दर्शन तो नेता और सृजक दोनों ही करते हैं, दोनों ही समाज का पोषण करते हैं, परंतु ईश्वर का अवतार केवल नेता को ही स्वीकार किया जाता है। क्यों? राम के साथ वाल्मीकि का भी नाम जुड़ा है, कृष्ण के साथ व्यास का नाम भी जुड़ा है। लेकिन राम और कृष्ण को तो ईश्वर का अवतार स्वीकार किया जाता है, परंतु वाल्मीकि और व्यास को नहीं, क्यों?

सत्य-सर्जन और समाज-पोषण की समानताएँ होने पर भी राम और कृष्ण तथा वाल्मीकि और व्यास के कार्य-क्षेत्र अलग-अलग थे। राम और कृष्ण ने सीधे-सीधे जनजीवन से जुड़कर उसे संगठित करके उसके जीवन-स्तर को ऊपर

उठाया। कहना चाहिए कि उनकी कर्मस्थली जन-जीवन के बीच में केंद्रित थी। दूसरी ओर वाल्मीकि और व्यास अपने विवेक को नए-नए आयाम दे रहे थे। आयाम को देने की प्रक्रिया में उन्होंने अपने सृजन के माध्यम से जितना भी समाज का पोषण किया, वह जन-मानस के समीप तो था, परंतु जन-जीवन को अपने करिश्मे से उद्वेलित कम कर पाया।

मोटे तौर पर समझा जा सकता है कि सत्य का अर्जन करके जब सीधे समाज का पोषण होता है तो नेतृत्व का करिश्मा जन-साधारण को आत्मविकास की दिशा में प्रयास करने की प्रेरणा देता है। ऐसे में प्रत्येक उपलब्धि के पीछे जन-साधारण अपने नेता के करिश्मे को काम करते पाता है। नतीजा होता है जन-साधारण की दृष्टि में नेता का करिश्मा ईश्वर की कल्पना का समानार्थक होकर नेता को ईश्वर का अवतार बना देता है। यूँ भी करिश्मे का सीधा प्रभाव आम आदमी के जीवन में आस्थाओं को पुष्ट करके श्रद्धा को जन्म देता है। यानी नेता के संपर्क में आकर आम आदमी भी समाज पोषक हो जाता है। दूसरी ओर वाल्मीकि और व्यास सदृश्य सृजक भी अपने करिश्मे से प्रभावित करते हैं। उनका सृजन यदि समझ में आ गया तो अनगिनत राम और कृष्ण पैदा कर सकता है, अन्यथा वह समाज की धरोहर बनकर रह जाता है। जहाँ करिश्मे का प्रभाव अनिश्चित हो वहाँ ईश्वर के अवतार की कल्पना कैसे की जा सकती है। यूँ भी अनुभूतियों के स्तर पर सत्य के अर्जन के बाद जिस साहित्य का सृजन होता है, वह तो निजी चेतना को सार्वभौमिक (Universal) चेतना में परिवर्तित करने का माध्यम बनता है। वह सही अर्थों में करिश्मे से मंडित ईश्वर की पोल खोलकर नेता को केवल सत्यार्थी के रूप में स्थापित करता है।

पुरातत्ववादी इतिहासकारों का मानना है कि राम और कृष्ण जैसे व्यक्तियों का कोई अस्तित्व नहीं था। वे तो केवल भारतीय जन-जीवन में रचे-बसे मिथक मात्र हैं। हो सकता है कि ऐसा ही हो। वाल्मीकि और व्यास ने संभवत: अनुभूतियों के स्तर पर अर्जित किए गए सत्य की स्थापना इन मिथक चरित्रों के माध्यम से की हो। लेकिन महावीर स्वामी और गौतमबुद्ध को भी ईश्वर के अवतार के रूप में स्वीकार किया जाता है। पुरातत्ववादी इतिहासकार इनके अस्तित्व से इंकार नहीं कर सकते।

ऐसे में प्रश्न उठता है कि महावीर स्वामी और गौतमबुद्ध के समाज-पोषक प्रयासों को उनके जीते-जी भारतीय जनसामान्य ने स्वीकारोक्ति प्रदान कर दी थी, परंतु ईसा मसीह और मंसूर को अपने समाज पोषक प्रयासों के कारण अपनी जान से हाथ क्यों धोना पड़ा।

अनुभूति के स्तर पर सत्य के दर्शन करने के बाद ही कोई व्यक्ति समाज का पोषण करे, ऐसी कोई शर्त नहीं है। अपने परिवार के रीति-रिवाज को बनाए रखने के लिए कोई आदमी जाने-अनजाने भी समाज का पोषण कर सकता है। किताबी या सुने हुए ज्ञान से प्रेरित होकर भी समाज का पोषण कर सकता है। लेकिन ऐसा करते हुए उसके व्यक्तित्व में चमत्कारी करिश्मा पैदा नहीं होता। हाँ, यह अवश्य है कि वह आत्मविश्वास से भरपूर होता है। इसी प्रकार यदि उसमें नेतृत्व के गुण हैं तो वे एक निश्चित सीमा के भीतर उसे प्रभावशाली बनाए रखते हैं। लेकिन करिश्मे जैसी बात उसके साथ नहीं जुड़ती।

उसके नेतृत्व में करिश्मा तब पैदा होता है, जब वह अनुभव के स्तर पर सत्य के दर्शन करता हुआ अपने नेतृत्व के माध्यम से समाज का पोषण करता है। लेकिन अनुभवजन्य सत्य की अपनी सीमा होती है। साधक को सत्य की झलक तो दिखाई देती है, परंतु बुद्धि अपनी निश्चित सीमाओं के कारण उस सत्य को सहन नहीं कर पाती। नतीजा होता है कि कई बार साधक सत्य की झलक की सही व्याख्या नहीं कर पाता। यही वजह है कि ईसाइयत और इस्लाम, आज दोनों की ही मान्यताएँ विज्ञान की कसौटी पर सही सिद्ध नहीं हो पा रही हैं। यही नहीं, अनुभवजन्य सत्य से जन्मा करिश्मा क्योंकि भीतर के विकारों के रहते होता है, इसलिए विरोधियों के मन में हिंसा को उकसाता है। नतीजा हमारे सामने है। न केवल ईसा मसीह और मंसूर साहब बल्कि आज के युग में गांधी और मार्टिन लूथर किंग भी विरोधियों की हिंसा के शिकार हुए। दरअसल, ये लोग नेता पहले थे। अनुभवजन्य सत्य के दर्शन ने इनके नेतृत्व को करिश्मा प्रदान किया था।

अनुभवजन्य सत्य के दर्शन के बाद जो यात्रा शुरू होती है, वह है अनुभूतियों के स्तर पर सत्य के दर्शन की यात्रा, जैव-रसायनिक स्तर पर विकारों का शमन तथा निजी चेतना का सार्वभौमिक चेतना में परिवर्तन। इसके बाद जब जीवन स्पंदनमय होता है, तब व्यक्तित्व का करिश्मा विरोधियों का हृदय-परिवर्तन कर देता है। अंगुलिमाल का हृदय-परिवर्तन गौतमबुद्ध इसी करिश्मे के कारण कर पाए। या कहिए कि गौतमबुद्ध के व्यक्तित्व के करिश्मे के कारण अंगुलिमाल का हृदय-परिवर्तित हो गया। फिर भी ऐसा कहा जाता है कि जैसे जीभ गुड़ के संपर्क में आकर गुड़ का स्वाद जान जाती है, ऐसे ही समाज पोषक के संपर्क में, चाहे क्षण-भर के लिए ही सही, आने पर आदमी नैतिकता का स्वाद चख कर स्वयं भी समाज-पोषक बन जाता है।

सारांश :

1. नेतृत्व का करिश्मा समाजशास्त्रियों के लिए हमेशा से अजूबा रहा है।

2. व्यक्तित्व-मनोवैज्ञानिक न केवल इस करिश्मे का मापन करते हैं, बल्कि उभरते नेताओं के संबंध में उनकी क्षमताओं के आधार पर भविष्यवाणी भी करते हैं।

3. वास्तव में प्रत्येक सफल व्यक्तित्व अपने आप में एक करिश्मा होता है, जिसका वैचारिक आस्थाओं से गहन संबंध है।

4. आस्थाएँ चरित्र में बुनियादी परिवर्तन के बगैर विकसित नहीं की जा सकतीं।

5. चरित्र में बुनियादी परिवर्तन सत्संग के बिना असंभव है।

6. इसीलिए आत्मविकास की पहली शर्त है, विवेकी जनों से संपर्क।

7. आत्मविकास की साधना व्यक्तित्व में करिश्मा पैदा करती है।

8. नेता और सृजक दोनों ही इससे लाभान्वित होते हैं, परंतु जो स्वीकारोक्ति जनसामान्य से नेता को मिलती है, वह सृजक को नहीं मिलती।

9. प्रत्यक्ष को प्रमाण की आवश्यकता नहीं होती। नेता के द्वारा की गई आत्मविकास की साधना का सीधा लाभ जनसामान्य को मिलता है।

10. सृजन के साथ अनिश्चितताएँ भी जुड़ी हैं लेकिन जब वही आत्मविकास का प्रेरक बन जाता है तो लोग नेता को साहित्य के माध्यम से पहचानते हैं।

11. फिर कोई सृजक जब आत्मविकास की साधना करता है तो उसका सृजन वाल्मीकि के राम और व्यास के कृष्ण को प्रेरणा का स्रोत बना देता है।

आत्मनिरीक्षण करें

सही उत्तर

1. (क), 2. (क), 3. (ख), 4. (ख), 5. (क), 6. (ख), 7. (ख), 8. (ख), 9. (क), 10. (ख), 11. (क), 12. (ख), 13. (ख), 14. (ख), 15. (क), 16. (क), 17. (क), 18. (क), 19. (क), 20. (ख), 21. (ख), 22. (ख), 23. (ख), 24. (ख), 25. (ख), 26. (ख), 27. (क), 28. (क), 29. (ख), 30. (क), 31. (ख), 32. (क), 33. (क), 34. (ख), 35. (क), 36. (क), 37. (ख), 38. (ख), 39. (क), 40. (क)

महत्त्वाकांक्षा और आप

अमरीकी प्रबंधकों में साठ प्रतिशत और भारतीय प्रबंधकों में लगभग सभी 'ए' श्रेणी के व्यक्ति पाए जाते हैं।

–1992 **में संकलित आँकड़ों के आधार पर**

जो लोग बड़े यारबाश मिजाज के होते हैं और दोस्तों के घर खूब आते-जाते हैं, उनकी दयानतदारी की बड़ी तारीफ की जाती है। उनकी यह तारीफ इन अर्थों में की जाती है कि अधिकतर लोग केवल अपने स्वार्थ से प्रेरित होकर दोस्तों के घर जाते हैं, पर ये सिर्फ दोस्ती की खातिर दोस्तों के घर आते-जाते हैं। व्यावहारिक दृष्टि से यह अच्छा लगता है जबकि मनोवैज्ञानिक परीक्षणों के अनुसार ऐसे लोग असुरक्षा की भावना से ग्रस्त होते हैं।

केवल असुरक्षा ही नहीं, महत्त्वाकांक्षा की फाँस आदमी को कितना दौड़ाती है, यह केवल भुक्तभोगी ही बतला सकता है। 'ए' श्रेणी के कार्य-भावना ग्रंथि (Action Emotion Complex) वाले व्यक्तियों को तो आराम से बैठना जुर्म महसूस होता है। वे केवल घड़ी की सुइयों के साथ भागते रहते हैं। हर काम इतनी जल्दी में करते हैं कि देखते ही बनता है। खाने को चबाने की गलती ये बिल्कुल नहीं करते, क्योंकि खाना चबाने में समय खराब होता है। बस का इंतजार करते हुए ये बेसब्रे हो जाते हैं। लाइन में चाहे गिनती के चार ही आदमी क्यों न हों, लेकिन ये पहले नंबर पर टिकट खरीदना चाहते हैं। बहरहाल इत्मीनान जैसी चीज का इनके जीवन में कहीं नामोनिशान नहीं होता। महत्त्वाकांक्षा के भी अपने फायदे हैं। आज के परिणामोन्मुखी (Result Orientded) समय में ऐसे लोगों की बड़ी माँग है।

मानव-स्वभाव की नब्ज पहचानने वाले रेस में जिस घोड़े पर दाँव लगाते हैं वही जीतता है। अगली रेस में वे अगला घोड़ा तलाश करते हैं। बुरा हो व्यक्ति-पोषक व्यवस्था का कि आदमी घोड़ा नहीं होता, वरना संस्थान व्यक्तियों को भी घोड़ों की तरह बदल-बदलकर इस्तेमाल करते। महत्त्वाकांक्षा आदमी को सब कुछ देती है, बस उसे समाज-पोषक नहीं बना सकती। आज व्यापारिक जगत में अमरीका को पीछे छोड़कर जापान आगे आ रहा है, तो इसके पीछे जहाँ और बहुत से कारण हैं, वहीं

एक यह भी है। अमरीकन व्यवस्था अपने कर्मचारी की कार्य-भावना ग्रंथि से उत्पन्न महत्त्वाकांक्षा को 'रखो और निकालो' (Hire & Fire) के माध्यम से अपने लाभ के लिए इस्तेमाल करती है। दूसरी ओर जापानी व्यवस्था अपने कर्मचारी की संतुष्टि से शक्ति प्राप्त करके स्वयं महत्त्वाकांक्षी हो गई है।

कहना चाहिए कि सामरिक दृष्टि से नंबर एक होने के कारण अमरीकन व्यवस्था अपनी श्रेष्ठता को लेकर संतुष्ट है और इसके नागरिक कानूनी तौर पर सुरक्षित होते हुए भी काम के मामले में 'रखो और निकालो' प्रणाली के कारण कार्य-भावना ग्रंथि से ग्रस्त बने रहते हैं। दूसरी ओर जापान ने अपने कर्मचारियों को सुरक्षित करके इससे प्राप्त शक्ति से स्वयं को महत्त्वाकांक्षी बनाया है। मोटे तौर पर औद्योगिक दृष्टि से जापान के नंबर एक होने का कारण कर्मचारी और औद्योगिक व्यवस्था के बीच के मधुर संबंध हैं। यहाँ कर्मचारी निजी स्तर पर आश्वस्त रहकर व्यवस्था को आक्रामक और महत्त्वाकांक्षी बना रहे हैं। व्यवस्था का यह आक्रामक एवं महत्त्वाकांक्षी रूप विश्व-बाजार में छाने के लिए अधिक है, न कि अपने सदस्यों के शोषण के लिए।

कुछ भी कहिए, चाहे व्यक्ति महत्त्वाकांक्षी हो अथवा व्यवस्था, दोनों ही स्थितियों में महत्त्वाकांक्षा दौड़ाती खूब है। फिर स्पर्धा और ईर्ष्या के बीच विभाजन रेखा नहीं खींची जा सकती। कब औद्योगिक स्पर्धा ईर्ष्या में बदलकर शोषण का माध्यम बन जाए, कब पूरे समाज को क्रोध और अवसाद के भँवर में धकेल दे, यह इस बात के ऊपर निर्भर करता है कि समाज के सदस्य कब तक आत्मविश्वास और आत्मसंयम का दामन थामे रखते हैं। जापानी व्यवस्था की समृद्धि भी इसी पर निर्भर करती है।

असुरक्षा और महत्त्वाकांक्षा के समान चिंता भी आदमी को खूब दौड़ाती है। हम भारतवासियों के हिस्से में जो दौड़ आई है, वह मुख्य रूप से चिंता के कारण आई है। इस चिंता ने सांप्रदायिकता का जो काँटा पैर में चुभोया है, वह प्रत्येक स्तर पर सभी को बौखलाए हुए है। इस बौखलाहट ने हमारे सामने सिर्फ समस्याएँ खड़ी की हैं। विखंडित राष्ट्रीयता ने, न तो कोई ऐसा विकल्प प्रस्तुत किया है कि नागरिक जिस पर चलकर आत्मविश्वास अर्जित कर लें और न ही ऐसा नेतृत्व दिया है जिसके करिश्मों के प्रकाश में आत्मसंयम अर्जित किया जा सके। व्यवस्था केवल अपने सदस्यों को निजी स्तर पर शक्तिशाली बनने के लिए उकसा रही है। यानी हर आदमी अपनी छुरियाँ तेज करने के लिए भाग-दौड़ कर रहा है।

विपश्यना का अभ्यास आपके आत्मविश्वास और आत्मसंयम को दृढ़ करके, आपकी असुरक्षा व आपकी चिंता का समूल नाश करके तथा आपकी महत्त्वाकांक्षा

को व्यवस्था की महत्त्वाकांक्षा में परिवर्तित करके आपको संतुष्ट करता है। जैसे-जैसे असुरक्षा, चिंता व महत्त्वाकांक्षा का काँटा मन से निकलना आरंभ होता है, आत्मविश्वास और आत्मसंयम जीवन में अपना स्थान बनाते जाते हैं। हमारी निजी भटकन कम होती जाती है और हम स्थिर-भाव से समाज के पोषक बन जाते हैं।

सारांश :

1. महत्त्वाकांक्षी नेता जब अपनी सुरक्षा के लिए खेमेबाजी करते हैं, तो इसे उनकी मिलनसारिता की संज्ञा दी जाती है।

2. महत्त्वाकांक्षा के भी अपने फायदे हैं।

3. अमरीकन व्यवस्था अपने कर्मचारियों की कार्य-भावना ग्रंथि से उत्पन्न महत्त्वाकांक्षा को 'रखो और निकालो' (Hire & Fire) के माध्यम से अपने लाभ के लिए इस्तेमाल करती है।

4. जापानी व्यवस्था अपने कर्मचारियों के भरोसे को इस्तेमाल करके स्वयं महत्त्वाकांक्षी हो गई है।

5. स्पर्धा और ईर्ष्या के बीच विभाजन रेखा नहीं खींची जा सकती।

6. हमारे देश की व्यवस्था अपने सदस्यों को निजी स्तर पर शक्तिशाली बनने के लिए उकसा रही है। परिणामस्वरूप चिंता और महत्त्वाकांक्षा सभी को दौड़ा रही है।

7. आत्मविकास के पथ का साधक अनुभूतियों के स्तर पर जानता है कि महत्त्वाकांक्षा की उपयोगिता व्यवस्था के स्तर पर लिए गए निर्णयों के क्रियान्वयन तक सीमित है। व्यापक प्रभाव वाले निर्णयों के लिए विवेक-दृष्टि की आवश्यकता होती है।

सामाजिक व्यवस्था में कैसे जिएँ?

यूँ तो व्यक्ति-पोषक कल्याणकारी व्यवस्था के उद्देश्य चुनावों से पहले किए गए वायदों से भी अधिक आकर्षक है, लेकिन वास्तविकता मन में कसैलापन ही पैदा करती है। उदाहरण के लिए अपने देश की व्यवस्था पिछड़ों को नौकरियों में आरक्षण की गारंटी देती है, अल्पसंख्यकों को सुरक्षा के आश्वासन देती है, महिलाओं को समान स्तर देने का वायदा करती है, बच्चों को सुनहरे भविष्य के सपने देती है, बेरोजगारों को संविधान के माध्यम से रोजगार उपलब्ध कराने की जिम्मेदारी लेती है और शारीरिक विकलांगों को शरीर के अंग मिलने के सपने दिखाती है, लेकिन जो इस व्यवस्था को चलाते हैं, उनको केवल बंधुआ मजदूर बनाती है।

इस देश में सारी स्वतंत्रताएँ हैं, परंतु जो नौकरी से जुड़े हैं, वे तनिक मुँह खोलकर तो देखें। इतने सारे अनुशासनात्मक नियम हैं, जो उनका बाजा बजाने के लिए काफी हैं। कोई आदमी कैसे जीता है, कैसे पढ़ता है, कैसे नौकरी प्राप्त करता है, यह जानने की इस व्यक्ति-पोषक व्यवस्था के पास फुर्सत नहीं है। यह फुर्सत हो भी नहीं सकती, क्योंकि व्यक्ति-पोषक व्यवस्था केवल भीड़ के प्रति संवेदनशील होती है।

आप जब रिक्शेवाले को चार रुपए देते हैं तो यह सोचकर देते हैं कि उसने चार रुपए की मजदूरी के बराबर काम किया है और आपने चार रुपए खर्च करके लाभ ज्यादा उठाया है। हो सकता है कि एकाध मामले में आप रिक्शेवाले की धोखाधड़ी में फँस जाएँ अन्यथा आप उसके श्रम के बदले में पैसे देते हैं।

हमारी व्यक्ति-पोषक कल्याणकारी व्यवस्था जो तनख्वाह हमें देती हैं, वह भी यही सोचकर देती है कि वह हमसे लाभ अधिक उठा रही है। यह बात दूसरी है कि कुछ लोग मुफ्त की तनख्वाह भी लेते हैं, और उनके हिस्से का काम दूसरों को करना पड़ता है। मोटे तौर पर मान लीजिए कि आपसे अपेक्षा दो लाख रुपए सालाना लाभ की है और आपको तनख्वाह मिलती है एक लाख रुपए सालाना। इस एक लाख में से प्रत्यक्ष-कर जैसे रोड टैक्स, हाउस टैक्स, सेल्स टैक्स आदि

निकालकर आपके हिस्से में क्या आता है? कभी सोचकर देखिए तो मात्र नफरत के और कुछ आपको हासिल नहीं होगा। अगर आप नियोजित परिवार रखते हैं, तो आपके घर में चार प्राणी होंगे, यानी दो या तीन बच्चे, जिनके ऊपर आपकी असली मेहनत का कुल पंद्रह बीस प्रतिशत खर्च होता है। अब आप सोचिए कि जो व्यक्ति-पोषक कल्याणकारी व्यवस्था आपकी मेहनत का डेढ़ सौ प्रतिशत ले जाती है उसके विश्वासपात्र बने रहकर आप उसे उसके वास्तविक स्वरूप से परिचित नहीं कराते। दूसरी ओर अपने बुढ़ापे में सहारा केवल लड़कों से चाहते हैं।

जो भी इस तथ्य को सीधे-सीधे अथवा घुमा-फिराकर जान जाता है वह या तो सेंधमारी शुरू कर देता है या फिर भीड़ को इकट्ठा करके राजनीतिक डाकेजनी शुरू कर देता है। मजे की बात यह है कि दोनों ही स्वयं को लाभ पहुँचाते हुए व्यवस्था की नाकेबंदी को मजबूत करते हैं। जो कुछ नहीं कर पाते, वे परिवार के सदस्यों की नाराजगी मोल लेते हुए पूरे साल चुपचाप बचत करते रहते हैं।

यह ऐसी वास्तविकता है जो व्यक्ति और समाज के संबंधों को चूहे-बिल्ली के रिश्तों में बदल देती है। ऐसे में नैतिकता का स्वरूप, निश्चित है कि हिंसक सांप्रदायिकता में बदल जाता है। यह हिंसक सांप्रदायिकता निजी स्तर पर क्रोध और अवसाद के भँवर पैदा करती है। हमारा दुख और बढ़ जाता है लौकिक दृष्टि से हम मनोरंजन के साधनों को और अधिक व्यग्रता के साथ खोजने लगते हैं। सामाजिक स्तर पर व्यवस्था को बदलना चाहते हैं। व्यवस्था तो नहीं बदलती मगर व्यवस्था का प्रतिनिधित्व करने वाले चेहरे बदल जाते हैं। ये चेहरे व्यवस्था को और मजबूत करने में जुट जाते हैं। दूसरी ओर व्यक्ति निजी स्वतंत्रता के लिए चाँदमारी का खेल प्रारंभ कर देते हैं। व्यवस्था की नाकेबंदी और स्वतंत्रता की चाँदमारी हमें चक्रव्यूह में उलझाती चली जाती है। ऐसे में न व्यक्ति का पोषण हो पाता है और न समाज का। कई बार तो हमारा अहम, हमारा ममत्व का भाव कठोर हो जाता है। हम सोचते हैं कि जो समाज हमारा शोषण कर रहा है उसके प्रति हमारी जिम्मेदारी कैसी। हम अपनी भौतिक किलेबंदी में जुट जाते हैं। हमारा शारीरिक सुख प्रमुख हो जाता है। हमारे अपनों के हित महत्त्वपूर्ण हो जाते हैं। बुद्धि स्वार्थपरता के किले की सुरक्षा की जिम्मेदारी ले लेती है।

विपश्यना का अभ्यास करते समय हमें अपने और समाज के व्यापक संबंधों की सच्चाई की अनुभूति होती है। संबंधों में आए दुराव की वास्तविकता से परिचय होता है। वास्तव में समाज हमारी योग्यता का दोहन नहीं करता, बल्कि वह तो अपने कल्याणकारी स्वरूप को बरकरार रखकर हमारी मदद से शेष सदस्यों को पुष्ट करके आगे बढ़ना चाहता है, ताकि हमारी योग्यता बाँझ न रह जाए। जैसे-जैसे इस

सामाजिक सत्य को हम अनुभूतियों के स्तर पर जीना प्रारंभ करते हैं, वैसे-वैसे नैतिकता का वास्तविक रूप हमारा आत्मविकास करता हुआ समाज का पोषण करने लगता है।

जैव-रसायनिक प्रक्रियाओं को जागरूकता की सहायता से देखते हुए हमारा अहम और ममत्व तो तिरोहित होता ही है, साथ में शरीर की वास्तविकता भी स्पष्ट हो जाती है। विपश्यना ही हमें इस सत्य की अनुभूति कराती है कि चेतना के अभाव में हमारा शरीर हड्डियों, मांस और लहू का पिंड मात्र है, जो केवल दुख के कारणों का ठिकाना-भर है। यह तो सार्वभौमिक चेतना का कमाल है कि हमारा हाड़-मांस का पिंड योग्यता का आलंबन बनकर हमें 'हम' बनाता है। वास्तव में चेतना हमें व्यक्ति बनाती है। और नैतिकता का पालन करके हम सार्वभौमिक चेतना का पोषण करते हैं। यानी समाज का पोषण करके हम समाज के ऊपर मेहरबानी न करके स्वयं को मनोवैज्ञानिक अर्थ प्रदान करते हैं। उसी प्रकार जैसे समाज हमें नौकरी देकर न केवल पैसा कमाने के अवसर प्रदान करता है, बल्कि सामाजिक प्रतिष्ठा भी प्रदान करता है, जो हमारी सामाजिक और मानसिक आवश्यकताओं को पूरा करती है।

सारांश :

1. व्यक्ति-पोषक कल्याणकारी व्यवस्था की पोल उसकी कर-प्रणाली खोलती है।

2. व्यक्ति और राज्यसत्ता के बीच के संबंध प्रेम और घृणा के समान द्वंद्वात्मक हैं।

3. राजनीतिक स्वतंत्रता से तात्पर्य मात्र इतना होता है कि राज्यसत्ता को नियंत्रित करने वाले व्यक्ति अपने हितों की रक्षा करते हुए, शेष सभी को कानून के शिकंजे में जकड़ते हैं।

4. व्यवस्था का यह द्वंद्व एक ओर व्यक्ति को चूहे-बिल्ली का खेल खेलने के लिए मजबूर करता है तथा दूसरी ओर उसे अपनी संतान (खास तौर से बेटों) से भविष्य की गारंटी माँगने के लिए उकसाता है।

5. इस सबका नतीजा होता है कि व्यक्ति स्वयं को सुरक्षा के किले में बंद करके राजनीतिक डाकेजनी में सक्रिय हो जाता है।

6. आत्मविकास के पथ का साधक अनुभूतियों के स्तर पर जान जाता है कि सब कुछ सापेक्ष है। बिना चेतना के यह शरीर एक पिंड है, जिसे मात्र अग्नि के सुपुर्द किया जा सकता है। यह चेतन शरीर भी तभी सार्थक बनता है, जब समाज इसे व्यक्तित्व प्रदान करता है। यह हमारा व्यक्तित्व ही है, जो हमें मनोवैज्ञानिक सार्थकता देता है। अपनी इसी सार्थकता के लिए हमें भी समाज का पोषण करना है।

गृहस्थ जीवन कैसा हो?

चिकित्सकीय और व्यावहारिक विज्ञानों के अध्ययन बतलाते हैं कि व्यक्तित्व की संरचना के अनुरूप सभी व्यक्ति तनाव की स्थिति में एक खास तरीके से टूटते हैं। उनके जीवन में इस टूटन की पहले से ही उनके व्यक्तित्व की संरचना के आधार पर भविष्यवाणी की जा सकती है।

–जोन अरहार्ट -ट्राइकल

किस प्रकार नैतिकता व्यक्तित्व में समाविष्ट होती है, इसका अध्ययन करते समय माता-पिता की भूमिका का संतान के व्यक्तित्व-निर्माण और विकास में महत्त्व दिखाई देता है। मोटे तौर पर पिता जितने प्रभावशाली ढंग से चरित्र-संबंधी संस्कारों को अपनी संतान में संप्रेषित करके अपनी संतान से सामाजिक मान्यताओं को पालन करवा पाता है, उतनी ही संतान के जीवन में आत्मविश्वास की वृद्धि होती है। लेकिन माता की भूमिका भी पिता से कम नहीं होती। वास्तव में माँ वास्तविक अर्थों में संतान के अंदर आत्मसंयम के संस्कार बोती है।

यदि हम मानसिक रूप से स्वस्थ और अस्वस्थ माताओं की संतानों का अध्ययन करें, तो पाएँगे कि स्वस्थ माताओं की संतानों में जीवन के प्रति स्वीकृति का भाव होता है तथा उनमें आत्मसंयम कूट-कूटकर भरा होता है। आत्मकेंद्रित तथा मानसिक रूप से संकुचित माताओं की संतान सामाजिक रूप से दरिद्र होती हैं। सही अर्थों में माता की सदाशयता ही संतान को सामाजिक बना पाती है। व्यक्तित्व-संबंधी अध्ययनों से यह बात पूरी तरह स्पष्ट हो जाती है कि माता यदि पूर्ण स्वस्थ एवं विशाल-हृदया है और उसने संतान का पोषण पूरी तन्मयता के साथ किया है, तो निश्चित तौर पर उसने संतान के जीवन में सफलता, स्वास्थ्य और सामाजिकता के बीज बो दिए हैं। पिता ने यदि अपनी जिम्मेदारी पूरी तरह से निभाई है तो उसने उन बीजों को पौधा बना दिया है। पौधा जब तक पेड़ नहीं बनता, तब तक उसकी पूरी चौकसी करनी होती है। शिक्षा का काम इसी चौकसी को करना है। इस पूरी प्रक्रिया से गुजरकर बच्चा जब व्यक्ति बनता है तो उसमें निजी चेतना जागरूक होती है। उसकी निजी चेतना, सार्वभौमिक चेतना का आकार लेना तभी प्रारंभ करती है, जब

वह गृहस्थ जीवन में पदार्पण करता है।

एक विद्वान संत का आश्रम नगर के समीप था। उनके विवेक और बुद्धि के चमत्कार में बँधकर बहुत से नागरिक आश्रम में आया करते थे। उन नागरिकों में अनीस नाम का मुसलमान युवक भी हुआ करता था। अनीस अपनी पूरी श्रद्धा के साथ विद्वान संत की सेवा करता था। एक बार काफी दिन तक अनीस आश्रम में नहीं आ पाया। एक दिन वह मिठाई का डिब्बा लेकर आश्रम पहुँचा। संत के चरण-स्पर्श करके उसने डिब्बा उनके चरणों में रख दिया और बोला–'कल मेरा रिश्ता हो गया।' 'अब तुम हम से गए' संत ने उसे आशीर्वाद देते हुए कहा। बात आई-गई हो गई। अनीस की श्रद्धा तो बनी रही लेकिन उसकी आश्रम में उपस्थिति कम होने लगी। फिर कुछ दिन तक अनीस अनुपस्थित रहा और एक दिन मिठाई के डिब्बों के साथ विद्वान संत के चरणों में उपस्थित होकर बोला–'कल मेरी शादी हो गई।' 'अब तुम अपने माता-पिता से भी गए'–विद्वान संत ने आशीर्वाद देते हुए अपनी राय व्यक्त की। शादी के बाद अनीस कुछ खास मुद्दों पर विद्वान संत से दिशा-निर्देश के लिए ही आता था। अन्यथा उसका आना लगभग बंद ही था। एक दिन अनीस मिठाई के डिब्बे के साथ विद्वान संत के चरणों में उपस्थित होकर बोला–'कल मेरे बेटा पैदा हुआ है।' 'अब तुम अपने आप से भी गए'–विद्वान संत ने आशीर्वाद देते हुए प्रसन्नतापूर्वक कहा।

आप इस कहानी से चाहें तो यह अर्थ भी निकाल सकते हैं कि कैसे संबंध-विच्छेद किया जाता है। यदि आपने यह अर्थ निकाला तो स्वत्वात्मक स्वभाव (Possessive Nature) के व्यक्तियों के दर्द का कारण भी आपको समझ में आएगा।

शिक्षक यदि स्वत्वात्मक स्वभाव का है तो वह शिष्य की चेतना की ज़ागरूकता को कुंठित करेगा। माता-पिता यदि ऐसे स्वभाव के हैं तो न तो वे संतान के आत्मसंयम, आत्मविश्वास और सामाजिकता को पल्लवित करेंगे और न ही उन्हें विकसित होने देंगे। व्यक्ति यदि अपने अहम के मामले में स्वत्वात्मक स्वभाव का है तो वह दांपत्य जीवन में भरोसा बनाकर नहीं चल सकता। पति-पत्नी यदि दोनों ही इस स्वभाव के हैं तो उनकी निजी चेतना को सार्वभौमिक चेतना के अस्तित्व पर यकीन ही नहीं आएगा। यानी विकास का प्रत्येक अवसर केवल दुख को ही जन्म देगा। वास्तव में यह कहानी निजी चेतना के विकास और उसके सार्वभौमिक चेतना में परिवर्तन के सोपानों की कहानी है। तनिक उन युगलों की मानसिक-दशा को देखिए जो संतान-सुख से वंचित हैं। वे तो आत्म-संकुचन के चरम को जीते हैं। यदि नैतिकता ने उन पर अपना वरद्-हस्त नहीं रखा है तो वे भय के भँवर में ही डूबते-उतराते हैं। समाज-कल्याण के भावों का तो उनके जीवन में नामोनिशान तक

नहीं होता।

गृहस्थ जीवन की उपर्युक्त प्रशंसा से भ्रांत न हों। सामाजिक जीवन में पाई जाने वाली असंबद्धता के मूल में विकार-शोधन के अभाव के अलावा गृहस्थी की भ्रांतियाँ ही है। व्यावसायिक जीवन में कार्य असंतोष को जन्म देता है। निजी अवसाद और इसके शोलों को भड़काने का काम असंतुष्ट पत्नी ही करती है। भ्रष्टाचार की जनक है हमारी कार्य-अकुशलता, लेकिन यह परवान तभी चढ़ता है जब संतान/माता-पिता के मोह का चश्मा हमारे प्रत्यक्षीकरण को दूषित कर देता है। रोगों को निमंत्रित करती हैं हमारी वासनाएँ, लेकिन हमारे यौन-जीवन में रोग यदि पीड़ा के कारण बनते हैं, तो हमारे जीवन-साथी, यानी पति अथवा पत्नी के सहयोग से ही।

वास्तव में गृहस्थ जीवन का प्रत्येक क्षण हमसे विकार-शोधन व विभिन्न सत्यों के बीच तालमेल की अपेक्षा करता है। गृहस्थ जीवन वह तलवार है, जिसकी धार पर सहजता से चलते हुए हमें निरंतर सत्य का अर्जन करना है। अहंकारी और तेरे-मेरे की भावना में लिप्त तो सत्यार्थी हो ही नहीं सकता। तलवार की धार पर चलते हुए न आप दाएँ (राग की ओर) झुक सकते हैं, न बाएँ (द्वेष की ओर)। झुकने का अर्थ केवल गिरना होता है। किसी एक स्थान पर आप रुक भी नहीं सकते (यानी इस चलने में मोह के लिए कोई स्थान नहीं है)। किसी नट को अगर आपने रस्सी के ऊपर चलते हुए देखा हो तो ध्यान दिया होगा कि नट हाथों में पकड़े बाँस की मदद से संतुलन बनाता हुआ, एक छोर से दूसरे छोर तक पहुँच जाता है। उसकी तमाम बाजीगरी रोजी के लिए होती है यानी वह इच्छाओं के मामले में फिर भी स्वतंत्र है। लेकिन गृहस्थ अगर वासनाओं में फँसा तो केवल रोगों को दावत देगा। जिन परिवारों के मुखिया रोग-शैया की शोभा बढ़ाते हैं, वे परिवार टूटने के कगार पर खड़े होते हैं। आम भारतीय परिवारों में पत्नी की एक दिन की बीमारी पूरे घर को अस्त-व्यस्त कर देती है।

गृहस्थ जीवन में सामाजिकता, आत्मसंयम और आत्मविश्वास (माता-पिता की संतान को देन) तथा चेतना की जागरूकता (शिक्षा का परिणाम) हमें विकार-शोधक बनाकर विभिन्न सत्यों (अनुभूतिजन्य आंतरिक सत्य, सामाजिक जीवन का सत्य तथा प्राकृतिक सत्य) के बीच तालमेल बैठाने में सहायता देते हैं। राग, द्वेष, मोह और तृष्णा के रहते कोई जरूरी तो नहीं कि हमें सभी सत्यों की अनुभूतियाँ उनके वस्तुगत रूप में ही हो सकें। हम ऐसे ही परिवार में जन्म लें जहाँ पति-पत्नी पूरी तरह से आदर्श हों। ऐसी हम इच्छा तो कर सकते हैं लेकिन इससे आगे हमारे हाथ में कुछ नहीं है। इसी प्रकार शिक्षा से अपेक्षा तो की जा सकती है

कि वह हमारे मन में जागरूकता के संस्कार भरे, लेकिन ऐसी शिक्षा-पद्धति भी आकाश-कुसुम के समान है। तो फिर क्या करें। अपने क्रोध और अवसाद के भँवर तथा सामाजिक असंबद्धता को अपनी नियति मानकर दुखों को भोगते रहें?

भारतीय मनीषा का एक वर्ग गृहस्थ जीवन को ही सारे दुखों की जड़ मानकर सामाजिक जीवन से भाग गया। उसके लिए संन्यास सर्वोपरि हो गया। वह हिमालय की कंदराओं में सत्य को खोजता रहा। स्वयं गौतम बुद्ध प्रारंभ में इसी मानसिकता के शिकार रहे, लेकिन क्योंकि वे विकार-शोधक थे, इसलिए उन्होंने अपनी भूल को सुधार भी लिया। वरना आसमानी ईश्वर के साधक आज भी हिमालय की कंदराओं में सिर पटकने को सत्य का अर्जन मानते हैं। या भगवा कपड़े पहनकर संन्यास के नाम पर वे भी अपनी महत्त्वाकांक्षाओं को ही पूरा करते हैं।

मनोवैज्ञानिक रूप से यह सही है कि जब दुख अपने चरम पर हो तो ज्यादा बेहतर है कि हम तटस्थ होकर उसको देखें। यह तटस्थता कुछ अवधि वाले संन्यास-वैराग्य में काफी प्रभावशाली ढंग से काम करती है। इसका सुफल होता है हमारे प्रत्यक्षीकरण में लचकीलापन व वस्तुगतता। यही दोनों आगे चलकर हमारी चेतना को जागरूक बनाते हैं। इस जागरूकता के साथ जब हम लौटकर फिर गृहस्थ जीवन का निष्पादन करने लगते हैं, तो आत्मसंयम हमारे जीवन का आलंबन बनता है।

विपश्यना का अभ्यास, हमारे गृहस्थ जीवन को, निजी चेतना के सार्वभौमिक चेतना में परिवर्तन का माध्यम बना देता है। जब हम इस सत्य का दर्शन करते हैं, तब हमारे स्वयं के विकार अपने वास्तविक रूप में दिखाई देने लगते हैं। माता-पिता, संतान, पति-पत्नी आदि हमारे गृहस्थ जीवन के वास्तविक बंधन नहीं हैं, ये तो व्यष्टि से समष्टि में परिवर्तन के माध्यम हैं। हमारे असली बंधन तो हमारे विकार हैं। इसी अनुभूति के बाद हमें 'राग' आग की भट्टी के समान अनुभव होते हैं (कामाग्नि से शरीर का तापमान बढ़ जाता है), द्वेष के भाव हमारे बंधन का कारण दिखाई देते हैं (बदले की आग में जलनेवाला अपने प्रतिद्वंद्वी को समाप्त किए बगैर मरना भी नहीं चाहता), मोह हमें जाल जैसा दिखाई देता है (आदमी सड़ रहा होता है परंतु पोते की चाह में उस सड़न के साथ भी जीना चाहता है) और हमें पता चलता है कि तृष्णा जिंदगी का वह अटूट सिलसिला है, जो समाप्त ही नहीं होता—

आग के दरिया में फँसी जिंदगी
कई बार दिलासाओं से भी बहल जाती है
लेकिन मृगतृष्णा का भरम टूटने पर

मन में अंदर ही अंदर कहीं कुछ टूट जाता है
फिर भी एक सपना टूट नहीं पाता
दूसरा खुद-ब-खुद जुड़ जाता है।

इसलिए तृष्णा से बड़ी कोई नदी हो ही नहीं सकती। वास्तव में गृहस्थ जीवन को अभिशाप बनाने में हमारी तृष्णा की ही अहम भूमिका है। इसलिए कहा जाता है कि सत्यार्थी के लिए राग के समान कोई आग नहीं है, द्वेष के समान कोई बंधन नहीं है, मोह के समान कोई जाल नहीं है और तृष्णा के समान कोई नदी नहीं है। जब तक इनमें से किसी एक का अस्तित्व बरकरार रहता है, तब तक न तो विकारों का शोधन हो सकता है और न ही गृहस्थ जीवन निजी चेतना के सार्वभौमिक चेतना में परिवर्तन का माध्यम बन सकता है।

सारांश :

1. नैतिकता का संप्रेषण बच्चों में माता-पिता के द्वारा किया जाता है।

2. माँ अपनी संतान में आत्मसंयम संप्रेषित करती है। उसको सदाशयता ही संतान को सामाजिक बनाती है।

3. पिता उन बीजों को पौधे का रूप देता है, जिन्हें माँ ने रोपा था।

4. शिक्षा अपनी चौकसी से पौधे को पेड़ बनने में मदद देती है।

5. इनमें से जिसने भी अपनी जिम्मेदारी नहीं निभाई, वही विकास की प्रक्रिया को रोक देता है।

6. गृहस्थ जीवन सिर्फ फूलों की सेज नहीं है, वह मृत्यु का द्वार भी है।

7. सब कुछ आदर्श मिले, इसकी मात्र कल्पना की जा सकती है, परंतु ऐसा होता नहीं है।

8. साधारण जन इस न होने के डर से संन्यासी बन जाते हैं, लेकिन वे अन्य प्रकार के द्वंद्व को जीते हैं।

9. आत्मविकास के पथ का साधक, अनुभूतियों के स्तर पर जान जाता है कि गृहस्थ जीवन हमें सार्वभौमिक बनाता है, लेकिन शर्त यही है कि हमने अपनी तृष्णाओं की वास्तविकता को समझ लिया हो।

10. वास्तव में गृहस्थ व्यक्ति ही समाज पोषक होता है।

करुणा को समझें

धारणा, ध्यान, समाधि इन तीनों को एक साथ संयम कहते हैं।

–पतंजलि

एक सज्जन गंगा की धारा में स्नान कर रहे थे। स्नान करते-करते उनकी निगाह गंगा की लहरों में बहते बिच्छू पर पड़ी। उन्होंने उसको हथेली पर उठा लिया। बिच्छू तो बिच्छू ही था, सो उसने अपने स्वभाव के अनुसार हथेली पर डंक मारा। डंक मारने से पीड़ा तो होनी ही थी, इसलिए पीड़ा से बिलबिलाकर उनकी हथेली का संतुलन बिगड़ गया। बिच्छू नीचे गिर गया। उन्होंने बिच्छू को फिर हथेली पर उठा लिया। बिच्छू ने फिर डंक मारा। हथेली का संतुलन फिर बिगड़ा। बिच्छू फिर गंगा की धारा में बहा। बिच्छू को फिर-फिर हथेली पर उठाने और बिच्छू के फिर-फिर डंक मारने के क्रम में उनका प्रयास बिच्छू को सुरक्षित स्थान पर पहुँचाने का था।

एक प्रत्यक्षदर्शी जो इस सारी कार्यवाही को देख रहा था, बोला–'यह अपनी आदत नहीं छोड़ेगा। आप क्यों परेशान होते हैं?' जब बिच्छू, बिच्छू होकर अपने स्वभाव को नहीं छोड़ सकता तो फिर मैं मानव होकर इसको असुरक्षित कैसे छोड़ दूँ।'–उन्होंने करुणा से भीगकर उत्तर दिया।

सचमुच जिसे स्वयं की पीड़ा की चिंता होगी, वह करुणा को क्या समझेगा। मानवीय करुणा के रहस्य को समझने के लिए हमें इसकी पूरी भूमिका को समझना होगा। इस कहानी का नायक जब बिच्छू की असहाय अवस्था को देखकर करुणा से द्रवित हुआ, तब वह निश्चित ही जानता होगा कि बिच्छू डंक भी मारता है। इस ज्ञान के बावजूद वह बिच्छू को सुरक्षित स्थान पर पहुँचाना चाहता था। तब यह भी निश्चित था कि वह अपनी हानि के प्रति अनासक्त भी था। बिच्छू बार-बार डंक मार रहा था और वह उसे बार-बार हथेली पर उठा रहा था। इससे न केवल करुणा की वास्तविकता पता चलती है, बल्कि उसकी अपने मानवीय गुणों के प्रति आस्था और पीड़ा के प्रति उसका आत्मसंयम भी स्थापित होता है।

प्रोफेसर कैटेल ने व्यक्तित्व की संरचना की व्याख्या करते समय इतिहास-प्रसिद्ध

व्यक्तियों का उदाहरण दिया है। उन्होंने गौतमबुद्ध के व्यक्तित्व की तीन विशेषताओं, विनयशीलता (Submissiveness), बोध (Apprehension) तथा तनावमुक्तता (Relaxedness) का वर्णन किया है। इन तीनों के आधार पर कहा जा सकता है कि धार्मिक व्यक्ति दूसरों की भावनाओं का ख्याल रखते हैं, वे चरित्र-संबंधी मान्यताओं के प्रति सचेत रहते हैं तथा उनकी सभी आवश्यकताएँ पूरी तरह तृप्त रहती हैं। इस प्रकार का व्यक्तित्व-मूल्यांकन, जीवन-वृत्तांतों के आधार पर किया जाता है। यदि गौतमबुद्ध के व्यक्तित्व का यह मूल्यांकन उनके आत्मदर्शन के पहले के जीवन-वृत्तांत पर आधारित है तो पूरी तरह सही है क्योंकि धार्मिक प्रवृत्ति के व्यक्ति दूसरे के दुखों से प्रेरित होकर काम करते हैं। लेकिन गौतम बुद्ध तो विकार-शोधक होने के साथ-साथ सत्यधर्मा भी थे। ये दोनों विशेषताएँ अनासक्ति, विवेक और आत्मसंयम के अभाव में संभव नहीं हैं। यानी कैटेल की भाषा में ही बुद्धि का निरंतर प्रयोग (फैक्टर-B) तथा अपने क्रियाकलापों के सामाजिक प्रतिफल के प्रति जागरूकता (फैक्टर-N) भी गौतमबुद्ध के व्यक्तित्व में शामिल थी। कहना चाहिए कि इच्छा-शक्ति व्यक्ति के भीतरी और बाहरी सत्य की परस्पर क्रिया-प्रक्रिया का परिणाम है। इच्छाएँ वस्तुगत अथवा कल्पना या फिर दोनों पर आधारित होती हैं। धार्मिक व्यक्तियों में ये इच्छाएँ निजी स्तर पर संतुष्ट होती हुई समाज-कल्याण का माध्यम बनती हैं। ऐसा संभवत: उनके जींस (Genes) की संरचना के कारण होता है।

लेकिन समायोजन सभी के जीवन की आवश्यकता होती है। कुछ इसके मामले में भाग्यशाली होते हैं, कुछ को इसके लिए प्रयास करना पड़ता है। धार्मिक व्यक्ति भी इस मामले में निर्द्वंद नहीं होते। ऐसे में जब तृष्णाएँ जागती हैं तब उन्हें अनासक्त भाव से देखकर, बुद्धि और आत्मसंयम की मदद से अपने नियंत्रण में करना होता है। आम आदमी तो इच्छाओं को उदय होते देख ही नहीं पाता। दरअसल बुद्धि के निरंतर इस्तेमाल के बिना इच्छाओं के उदय की प्रक्रिया को न तो देखा जा सकता है और न ही समझा जा सकता है। मन की जागरूकता (अनासक्ति भाव) के अभाव में इच्छाओं की प्रकृति को नहीं समझा जा सकता। जब तक ये दोनों संभव न हों, आत्मसंयम की कल्पना नहीं की जा सकती। आत्मसंयम के अभाव में इच्छाओं का दमन ही संभव है, जो अक्सर धार्मिक प्रवृत्ति के व्यक्तियों में देखा जा सकता है। दमन, व्यक्ति अथवा समाज को कहाँ तक ले जा सकता है, यह हिस्टीरिया के रोगी को देखकर समझा जा सकता है। यह मध्ययुगीन धार्मिक दमन का ही प्रभाव था कि मार्क्स ने आर्थिक धरातल पर तथा फ्रायड ने मनोवैज्ञानिक धरातल पर धर्म के खिलाफ युद्ध छेड़ दिया था।

क्रोध और अवसाद के भँवर में डूबता-उतराता व्यक्ति न तो बुद्धि का निरंतर

इस्तेमाल कर पाता है, न ही वह अपनी इच्छाओं को अनासक्त भाव से देख पाता है। नतीजा होता है वह असमायोजन के कारण कभी चिंताओं से, कभी तनाव से, तो कभी अवसाद से बौखलाया फिरता है। चिंताओं, तनाव अथवा अवसाद का काँटा उसे चैन से बैठने नहीं देता।

वही बेचैन व्यक्ति जब विपश्यना का अभ्यास करता है तो अभ्यास और लगन की मदद से धीरे-धीरे अपने व्यवहार में शुद्धि लाता है। साँस को देखने का अभ्यास अनासक्त भाव को पुष्ट करता है। कहना चाहिए कि विपश्यना हमारे भीतर और बाहर होने वाले घटनाचक्र को विवेक तथा बुद्धि से देखने में सहायता करती है।

प्रश्न उठता है कि वस्तुगत प्रत्यक्षीकरण तथा विवेक-बुद्धि के रहते क्या इच्छाएँ (तृष्णा) उदय ही नहीं होतीं या उनका उदय के साथ ही दमन कर दिया जाता है। यदि दमन किया जाता है तब विपश्यना और दूसरी विधियों में अंतर ही क्या रह गया? धर्म भी तो अपने सांप्रदायिक अर्थों में तृष्णा का दमन ही करता है।

भौतिक विज्ञान की शास्त्रगत अध्ययन-विधियों के आधार पर विपश्यना के सुफल को समझा ही नहीं जा सकता। सौभाग्य से हमारे पास रसायन विज्ञान के जीवंत तथ्य मौजूद हैं। विभिन्न गुणों वाली दो वस्तुएँ किसी विशेष परिस्थिति में मिलकर एक तीसरी ही वस्तु को जन्म देती हैं, जिसके गुण दोनों के ही गुणों से भिन्न होते हैं। उदाहरण के लिए ऑक्सीजन, हाइड्रोजन और पानी को लिया जा सकता है। ऑक्सीजन जलने में मदद करती है, हाइड्रोजन ज्वलनशील है जबकि पानी आग को बुझाता है। प्रोफेसर कैटेल के सिद्धांत में इसी पर अधिक बल दिया गया है। मानव-व्यक्तित्व के लक्षणों (Personality Traits) की व्याख्या न करने के पीछे यह नहीं है कि व्याख्या नहीं की जा सकती, बल्कि यह अधिक महत्त्वपूर्ण है कि व्यक्ति के जीवन में अनगिनत परिस्थितियाँ होती हैं, जिनके बारे में कल्पना तो नहीं की जा सकती लेकिन जिनकी उपस्थिति में व्यक्तित्व के गुण आपस में व्यवहार करते हैं। प्रोफेसर कैटेल का मनोविज्ञान में महत्त्व इसलिए नहीं है कि उन्होंने रसायन विज्ञान की उस वास्तविकता को स्वीकारा। कैटेल यदि यह नहीं करते तो कोई और करता क्योंकि रसायन विज्ञान कोई रहस्यमय विज्ञान तो है नहीं। लेकिन प्रोफेसर कैटेल का महत्त्व इस कारण है कि उन्होंने ऐसी मापन विधियों का विकास किया, जिनकी सहायता से बतलाया जा सकता है कि विशेष व्यक्तित्व की संरचना वाला व्यक्ति, दी गई परिस्थिति में किस प्रकार का व्यवहार करेगा।

इच्छा का उद्‌गम आवश्यकता है और तृष्णा का स्रोत विकार है। योग के समान ही विपश्यना हमें स्वायत्त (Autonomous) बनाती है। जैव-रसायन स्तर पर

विकारों का शमन होने से हम स्वायत्त बन जाते हैं। गीता की मान्यता है कि स्थितप्रज्ञ होने पर हम कर्म करना बंद नहीं करते, बल्कि कर्म हमें बंधनों में नहीं बाँधते। यानी स्वायत्त बनकर हम प्रत्युत्तर देते हैं। इस प्रक्रिया में जब हम सार्वभौमिक चेतना के संसर्ग में होते हैं तो हमारे जीवन से नकारात्मक भाव तिरोहित होकर सकारात्मक भाव स्थापित हो जाते हैं। ऐसे में न निजी आवश्यकता होती है और न ही तृष्णा का कहीं नामोनिशान। फिर दमन की आवश्यकता ही नहीं रहती। त्रिपश्यना का यही रसायनिक सुफल है।

हाँ, जो विपश्यना के अभ्यास से होकर गुजर रहे होते हैं, वे अनासक्ति भाव, विवेक-बुद्धि तथा आत्मसंयम को श्रेय देते हैं कि वे इनकी मदद से तृष्णा को देख भी पा रहे हैं और उसको संयमित भी कर पा रहे हैं। दरअसल यह विपश्यना के अभ्यास की परिपक्वता की दिशा में आने वाला एक पड़ाव है, जब साधक को यह अनुभूति होती है कि आत्मसंयम के अभाव में व्यावहारिक स्तर पर तृष्णाएँ उदित होकर अमरबेल (परजीवी लता) के समान जीवन के सत्व का शोषण करके फलती-फूलती रहती है। कहना चाहिए कि इस पड़ाव पर साधक का अनुभूतिजन्य सत्य है, 'हमारे संयम के अभाव में तृष्णाएँ ही दुखों का मूल कारण हैं।' इसलिए साधक आत्मसंयम को हथियार बनाकर तृष्णाओं का समूल नाश करना चाहता है। अपनी इस अनुभूति का सामान्यीकरण करके वह पाता है कि संसार के समस्त दुखों के मूल में केवल तृष्णाएँ ही कार्यरत् हैं।

प्रयासजनित आत्मसंयम के माध्यम से विपश्यना के इस पड़ाव पर साधक संसार के सभी दुखों का उपचार आत्मसंयम में खोजता है। संभवत: गौतम बुद्ध ने जनसामान्य की सीमाओं को ध्यान में रखकर ही 'मध्यम मार्ग' की देशना दी।

यहाँ सत्य की अनुभूति और उसके संप्रेषण में स्पष्ट अंतर दिखाई देता है। व्यवहार के स्तर पर दुखों से छुटकारा पाने के लिए आत्मसंयम का इस्तेमाल विपश्यना के अभ्यास में आने वाला एक पड़ाव है। दुख के अभाव को निर्वाण की संज्ञा नहीं दी जा सकती। यह तो आधुनिक चिकित्सा-पद्धति और आयुर्वेद के बीच का अंतर्द्वंद्व हो गया। आधुनिक चिकित्सा-पद्धति रोग के अभाव को स्वास्थ्य मानती है और आयुर्वेद इसके साथ विकार-शोधन और सत्य-धारण को भी स्वास्थ्य का अंग मानता है।

संभवत: गौतमबुद्ध के तत्कालीन व परवर्ती दार्शनिकों ने उनके सत्य के उद्घाटन-संबंधी शब्दों को पकड़कर 'मध्यम मार्ग' का जन-साधारण को उपदेश दिया होगा। अन्यथा सत्य का अर्जक और उसको धारण करने वाला केवल अनुभूतियों के स्तर पर ही जीने की प्रेरणा दे सकता है।

बहरहाल, यह स्थिति केवल उन दशाओं में आ सकती है, जब विकारों का पूर्ण शमन तो न हुआ हो परंतु अनुभूतियों के स्तर पर सत्य की चमक दिखनी प्रारंभ हो जाए। ऐसे में साधक को आत्मसंयम ही ऐसा हथियार दिखाई देता है, जिससे वह अपनी तृष्णाओं का समूल नाश कर सके।

सारांश :

1. जिनका जीवन मोह से संचालित होता है, वे करुणा की वास्तविकता नहीं समझ सकते।

2. अपनी बुद्धि को इस्तेमाल किए बिना इच्छा अथवा तृष्णा को नहीं समझा जा सकता।

3. धार्मिक व्यक्ति अपनी इच्छाओं का केवल दमन ही करते हैं।

4. इच्छा का उद्गम आवश्यकता है और तृष्णा का स्रोत विकार है।

5. आत्मविकास की साधना करने वाले अपने अनासक्ति-भाव, विवेक-बुद्धि और आत्मसंयम की सहायता से न केवल तृष्णा को देख पाते हैं, बल्कि उसको संयमित भी कर पाते हैं।

कुशल प्रबंधक कैसे बनें?

कर्मचारी जगत् में अपने अधिकारियों के संबंध में दो प्रकार की मान्यताएँ प्रसिद्ध हैं। एक के अनुसार–'जो अधिकारी नीचे से ऊपर नहीं जाता, वह अपने मातहतों के दर्द व पीड़ा को नहीं समझ पाता। दूसरी के अनुसार–'जो अधिकारी नीचे से ऊपर जाता है, वह अपने मातहतों के प्रति संवेदनशील नहीं होता।'

वस्तुत: अपने मातहतों की समस्याओं के प्रति संवेदनशील होना अधिकारी की निजी विशेषता होती है। इस संबंध में हुए व्यक्तित्व-संबंधी अध्ययन बताते हैं कि व्यक्तित्व की संरचना के आधार पर अधिकारी, मैनेजर, सीनियर मैनेजर और चीफ ऐग्जीक्यूटिव में विशेष अंतर नहीं होता। उदाहरण के लिए नेतृत्व की योग्यता की आवश्यकता सभी को होती है, लेकिन प्रत्येक स्तर पर इसका इस्तेमाल अलग-अलग ढंग से होता है।

अधिकारी अपनी नेतृत्व की विशेषता का इस्तेमाल अपनी व्यावसायिक दक्षता व निजी प्रभावकता के विकास के लिए करता है। प्रबंधक अपनी नेतृत्व की विशेषता का इस्तेमाल दल-निर्माण तथा मनोबल-निर्माण की दिशा में करता है। इस स्थिति में प्रबंधक का अपने मातहतों की मनोवैज्ञानिक आवश्यकताओं के प्रति संवेदनशील होना, मानव-स्वभाव के प्रति जागरुक होना तथा अपने मातहतों को परामर्श देना लाभ पहुँचाता है। वरिष्ठ प्रबंधक को सफलता के लिए अपनी नेतृत्व की योग्यता को इस्तेमाल करना होता है। चीफ ऐग्जीक्यूटिव के लिए अपनी नेतृत्व की योग्यता का इस्तेमाल, अपने संस्थान के आंतरिक और बाहरी वातावरण की समस्याओं को समझने, उनका विश्लेषण करने, उनसे संबंधित नीतियों का निर्धारण करने और उन नीतियों को व्यावहारिक दक्षता के साथ लागू करने की दिशा में करना होता है।

यह सही है कि आज का अधिकारी, यदि उसका चयन सही ढंग से किया गया हो, भविष्य का प्रमुख कार्यसंचालक (Chief Executive) होता है। व्यक्तित्व की संरचना के समान होने पर भी दोनों के बीच में जमीन-आसमान का अंतर होता है। इसका मुख्य कारण है, विकास के प्रत्येक सोपान पर दक्षता प्राप्त करना, अगले सोपान पर पहुँचकर पिछले सोपान पर प्राप्त दक्षता का जो भाग अनुपयोगी है, उसे छोड़कर उस सोपान के अनुरूप दक्षता प्राप्त करना। यानी विकासशील अधिकारी के

लिए आवश्यक है कि वह वस्तुगत रूप से सबसे पहले तो यह सीखने का प्रयत्न करे कि उसके लिए अपेक्षित क्या है। फिर वह यह जानने का प्रयत्न करे कि अब तक प्राप्त की गई दक्षताओं में से कितना कुछ आज की परिस्थितियों में अनुपयोगी है। उस अनुपयोगी को छोड़कर वह नई दिशा में दक्षता प्राप्त करे। उसके लिए दक्षता का अर्थ होगा, वस्तुगत रूप से सीखना, पूरी तन्मयता के साथ सीखे गए को आत्मसात् करना तथा उस आत्मसात् किए गए को संयम के साथ व्यावहारिक रूप देना।

यह पूरी प्रक्रिया उतनी सरल नहीं है, जितने सरल ढंग से इसको शब्दों में लिख दिया गया है। इसके सरल न होने के पीछे जो कारण हैं, वे हैं।

1. व्यक्तित्व की संरचना के अनुसार अधिकारी का जीवन भावनाओं से संचालित होता है। भावनाओं से संचालित होने वाला व्यक्ति अहंकार से ग्रस्त हो सकता है।

2. अधिकार पाकर कोई भी श्रेष्ठ होने की मन:स्थिति बना लेता है।

3. यह सही है कि उम्र बढ़ने के साथ संवेगात्मक परिपक्वता का विकास होता है लेकिन शारीरिक एवं मानसिक क्षमताओं में ह्रास भी होता है।

4. संगठन की आवश्यकताओं के रहते यह संभव नहीं होता कि विकास के अवसर हमेशा ही उपलब्ध हों। ऐसे में कुंठाग्रस्त अधिकारी आत्मविकास के मामले में यथास्थिति में भी यकीन कर सकता है अथवा मानसिक दृष्टि से वह पीछे भी लौट सकता है।

5. पति-पत्नी के मतभेद अधिकारी को क्रोध और अवसाद के भँवर में भी धकेल सकते हैं।

6. संतान को सुरक्षित भविष्य देने की इच्छा और उससे संबंधित प्रयास, अधिकारी की आत्मविकास की प्रेरणा को कुंठित भी कर सकते हैं।

7. विवाहेतर संबंधों के प्रति ललक, आत्मविकास की भावना को लील भी सकती हैं।

8. उपलब्धियों से उत्पन्न अहंकार अपने प्रदर्शन के लिए उसे सुविधाभोगी भी बना सकता है।

9. मन के साथ यदि वह मित्रता नहीं कर पाता तो वह स्वयं में 'चुक' भी सकता है।

उपर्युक्त कारणों के रहते किसी अधिकारी का सहज रूप से चीफ ऐग्जीक्यूटिव के पद के लिए स्वयं को तैयार करना, चाहे असंभव न हो लेकिन कठिन अवश्य है। यह कठिनाई उस समय और भी बढ़ जाती है, जब उसे प्रभावशाली एवं सफल

चीफ ऐग्जीक्यूटिव के रूप में स्वयं को स्थापित करना होता है।

ऐसे में ही विपश्यना का सुफल दिखाई देता है। किसी प्रभावशाली एवं सफल चीफ ऐग्जीक्यूटिव जो नीचे से ऊपर आया हो के क्रमिक विकास का अध्ययन किया जाए तो साफ दिखाई देगा कि उसने अनजाने में विपश्यना का ही अभ्यास किया है। हाँ यह बात दूसरी है कि उसने किसी क्रम का पालन उस रूप में न किया हो जिस रूप में विपश्यना की दीक्षा दी जाती है। आज कर्मचारी विकास के कार्यक्रमों की श्रृंखला में संघर्ष-निवारण (Conflict Resolution), सीखे हुए से असंपृक्त होना (De-Learning), तनाव-प्रबंधन (Stress-Management) आदि को काफी महत्त्व दिया जाता है। आजकल क्योंकि शोशेबाजी प्रबंधन-विज्ञान का अंग बन गई है, इसलिए लुभावने शब्दजाल में लपेटकर विपश्यना का ही संदेश दिया जाता है, परंतु विपश्यना का नाम कहीं नहीं होता।

चेखव की एक कहानी है 'डार्लिंग'। इसकी नायिका कई शादियाँ करती है। हर बार वैधव्य के बाद जब वह शादी करती है तो उसके पति का व्यवसाय पूर्व पति के व्यवसाय से अलग होता है। चेखव ने अपनी नायिका का चरित्र जिस ढंग से स्थापित किया है, उसके अनुसार नायिका पूर्ण समर्पित पत्नी तथा अपने पूर्व पतियों की संतानों के प्रति वफादार दिखाई देती है। कहानी में नायिका जब भी अपनी व्यस्तताओं का वर्णन करती है, उसमें उसके वर्तमान पति की व्यावसायिक कठिनाइयों का ही समावेश होता है। यानी कहानी में वैधव्य के कारण पति बदलने के साथ ही उसकी चिंताओं का स्वरूप भी बदल जाता है।

चेखव की नायिका की तरह ही विकास के प्रत्येक स्तर पर हमारा प्रत्यक्षीकरण भी बदल जाता है। गीता, अभ्यास और वैराग्य की सहायता से तृष्णा का समूल नाश करने की सलाह देती है। विपश्यना का साधक अभ्यास के दौरान अनुभूतियों के स्तर पर पहले आत्मसंयम के माध्यम से, फिर विवेक (प्रज्ञा) की सहायता से, अपनी तृष्णाओं का समूल नाश करता है।

आइंस्टीन से एक खूबसूरत नवयौवना पत्रकार ने उनके सापेक्षता के सिद्धांत के बारे में पूछा। 'तुमसे बातें करने में गुजारा गया समय मुझे लगेगा, मानो पलक झपकते ही बीत गया और तुम्हें लगेगा कि पता नहीं कितना समय बीत गया। यही सापेक्षतावाद है'–आइंस्टीन ने समझाया। संभवत: गौतमबुद्ध ने भी जब अपने अनुभूतिजन्य सत्य को जनसामान्य के लिए सुलभ कराया होगा तो उनकी क्षमताओं को ध्यान में रखा होगा। कबीर के दोहे प्राइमरी कक्षा से प्रारंभ होकर शोध विषयों में भी सम्मिलित होते हैं। लेकिन जो अर्थ उन दोहों से शोध के स्तर पर निकाला जाता है, उसी अर्थ को प्राइमरी कक्षा के छात्र को तो नहीं समझाया जा सकता। कई बार सरलीकरण के

चक्कर में अनुभूतिजन्य सत्य का कचूमर निकल जाता है।

वास्तव में तृष्णा उस पीपल के पेड़ के समान है, जो किसी कट्टर हिंदू के मकान की दरार अथवा छत पर उग आए। शास्त्रों में पीपल के पेड़ को नष्ट करना ब्रह्महत्या के भयंकर पाप से बढ़कर माना जाता है। इसलिए हिंदू उसको उखाड़ता नहीं है और पीपल का पेड़ है कि वह अपनी जड़ें नीचे तक पहुँचाकर मकान का ही नाश कर देता है। बच्चे अगर इसके पत्ते तोड़ें भी तो पेड़ की वृद्धि पर कोई अंतर नहीं पड़ता। यानी अगर मकान बचाना है तो पेड़ को जड़ से उखाड़ना होगा। और यदि जीवन बचाना है तो विवेक अथवा वैराग्य के अभ्यास से तृष्णा को अनुभूतियों के स्तर पर वस्तुगत रूप से समाज के व्यापक फलक पर गहरे और गहरे विश्लेषित करना ही होगा। तभी तृष्णा का समूल नाश होगा। अन्यथा दमन की मदद लेना पीपल के पत्ते नोचने के समान है। आत्मसंयम की मदद से तृष्णा को नियंत्रित करने का अर्थ है पीपल के तने को काटना। लेकिन हमें तो मकान बचाना है इसके लिए वैराग्य अथवा विवेक की मदद से तृष्णा को जड़ से उखाड़कर समाप्त करना ही होगा।

सारांश :

1. व्यक्तित्व की संरचना के आधार पर अधिकारी, मैनेजर, सीनियर मैनेजर और चीफ ऐग्जीक्यूटिव में विशेष अंतर नहीं होता।

2. उनके नेतृत्व की दिशा एवं उनकी सक्रियता ही उन्हें आपस में एक-दूसरे से अलग करती है।

3. विकास के प्रत्येक सोपान पर दक्षता प्राप्त करना, अगले सोपान पर पहुँचकर पिछले सोपान पर अर्जित दक्षता का जो कुछ भी अनुपयोगी है उसके प्रति अनासक्ति-भाव विकसित करना, सफलता के लिए आवश्यक है।

4. दक्षता का अर्थ है, वस्तुगत रूप से सीखना, पूरी तन्मयता से उसे आत्मसात् करना तथा अपेक्षित परिस्थितियों में संयम के साथ उसका इस्तेमाल करना।

5. वास्तव में प्रबंधन के प्रत्येक सोपान पर हमारे प्रत्यक्षीकरण में परिवर्तन आवश्यक है।

6. आत्मविकास के पथ का साधक अति सरलीकरण के चक्कर में न पड़कर इस परिवर्तन को व्यावहारिक स्तर पर स्वीकार भी करता है, परंतु समाज कल्याण की दृष्टि से स्वयं को अनासक्त भी बनाए रखता है। इसलिए पद की सीमाएँ उसे आगे बढ़ने की प्रेरणा देती हैं।

आप और आपके वरिष्ठ अधिकारी

मन के पूर्ण होने पर सारा संसार अमृत से भरपूर दिखाई पड़ता है, जैसे कि जूता पहने हुए पुरुष के लिए समस्त पृथ्वी चमड़े से ढकी हुई सी प्रतीत होती है।
–वशिष्ठ

अपने देश में सरकारी नौकरियों में कर्मचारियों अथवा अधिकारियों की तकदीर के फैसले में गोपनीय रपट (Confidential Report) का बड़ा महत्त्व होता है। एक वरिष्ठ प्रबंधक ने बतलाया–'हम न तो किसी की निजी समस्या को हल कर पाते हैं, न ही उसे पदोन्नत कर सकते हैं। हम अपने अधिकारी को उसकी जरूरत के मुताबिक या तो छुट्टियाँ दे सकते हैं या फिर उसे अच्छी ए.सी.आर. श्रेणी दे सकते हैं। मैं तो अपने किसी भी अधिकारी को A- से कम श्रेणी देता ही नहीं।' एक अन्य प्रबंधक ने बतलाया–'श्रेणी देने के मामले में मैं वस्तुगत होकर चलता हूँ।' वास्तव में वे श्रेणी देने के मामले में निहायत ही कंजूस समझे जाते थे। ऐसे ही एक अन्य प्रबंधक ए.सी.आर. भेजने में बड़े लेट-लतीफ समझे जाते थे। अक्सर उनके अधिकारियों की पदोन्नति उनकी ए.सी.आर. के चक्कर में लटक जाती थी। उन्होंने बतलाया–'किसी की ए.सी.आर. श्रेणी उसकी तकदीर का फैसला करती है। मैं नहीं चाहता कि मेरे द्वारा उत्तेजित अवस्था में लिया गया निर्णय किसी को नुकसान पहुँचाए। मैं कोशिश करता हूँ कि मैं अपने अधिकारी की गोपनीय रपट मन की शांत अवस्था में लिखूँ।'

एक अन्य वरिष्ठ प्रबंधक ने तो एक प्रतिभावान इंजीनियर का कैरियर ही तबाह कर दिया। हुआ यूँ कि वह प्रतिभावान इंजीनियर, आई.आई.टी. मद्रास का इंजीनियरिंग स्नातक तथा ऐम.बी.ए. था। उसने प्रथम श्रेणी अधिकारी के रूप में एक सरकारी उद्यम में अपना कैरियर शुरू किया। हमारे हिंदुस्तानी प्रशासक योग्यता के कितने ही गीत क्यों न गाएँ, लेकिन नियंत्रित अपने पूर्वाग्रहों से ही होते हैं। जो अधीनस्थ अपनी वाचालता से इन्हें प्रभावित कर लेते हैं, वे ही योग्य समझे जाते हैं। वह इंजीनियर मेहनती तो खूब था, लेकिन अपनी बातों से प्रभावित कम ही कर पाता था। नतीजा हुआ कि वह अपने वरिष्ठ अधिकारी को प्रभावित कम, नाराज अधिक कर गया। अधिकारी खुश होकर केवल निजी फायदे ही कर पाता है, लेकिन नाराज

हांकर कैरियर तबाह अवश्य कर सकता है। यही इन अधिकारी महोदय ने किया। मध्यकालीन युग में एक होती थी 'राजहठ'। मुहम्मद तुग़लक की सनक तो इतिहास-प्रसिद्ध है ही, लेकिन राजपूत राजे-महाराजे भी मूँछ के बालों के चक्कर में तलवारें भाँजते ही रहते थे। अब शेष विश्व में हुई प्रगति के साथ लोगों का तौर-तरीका तो बदल गया है, लेकिन सत्ता की होड़ और सत्ता के मद ने हमारे आधुनिक प्रशासकों को सनकी भी खूब बना दिया है।

दरअसल हमारे प्रशासक सामंतवादी मन:स्थिति में जीते हैं, लेकिन वाचालता के मामले में आधुनिकता के चरम को छूते हैं। यही वजह है कि गोपनीय रपट के दुरुपयोग को दहेज की तरह जीवन का अभिशाप मानते हुए भी इसे बरकरार रखे हुए हैं। यानी जब आदमी बेटी का ब्याह करता है तो दहेज को गालियाँ देता है, लेकिन वही आदमी बेटे के विवाह में मिले दहेज से बेटियाँ ब्याहना चाहता है। यही स्थिति हमारे प्रशासकों की है। उनकी सनक के कारण गोपनीय रपट का दुरुपयोग जारी है। यों भी कर्मचारी तानाशाही प्रशासक को पसंद करते हैं, बशर्ते वह काम तर्क-संगत ढंग से करता हो। शब्दों को बेचने वाले पत्रकार जानते हैं कि बेढंगे कामों को भी तर्क-संगत कैसे प्रमाणित किया जा सकता है।

राजहठ के समान त्रियाहठ होती है। गाँव में स्थिति थोड़ी भिन्न है। भिन्न इन अर्थों में कि वहाँ स्त्री भोग्या बनकर परिवार को नियंत्रित करती है। लेकिन शहर में जहाँ साझा परिवार नहीं है, वहाँ पत्नी अपनी शर्तों को मनवाती है। हाँ, औरतें मिलकर औरत को मार भी लेती हैं। पति जब केवल पुरुष होता है तो वह मात्र शोषक के कुछ नहीं होता। संभवत: सामाजिक व आर्थिक रूप से जागरूक महिलाएँ, पुरुष की इस मानसिकता से आतंकित भी रहती हैं, अन्यथा प्रेमिका के रूप में उनकी त्रियाहठ प्रेमी को तिगनी का नाच भी नचाती है।

इन दोनों हठों से बढ़कर एक हठ और होती है, बालहठ। बच्चा जब चाँद को पाने के लिए मचलता है, तो किसी के मनाए नहीं मानता। राजहठ को चापलूसी से पुचकारा जा सकता है। त्रियाहठ को संयमित प्यार से बहलाया जा सकता है। लेकिन बालहठ को थप्पड़ से सहमाया तो जा सकता है परंतु पूरा नहीं किया जा सकता।

क्रोध और अवसाद के भँवर में घिरे व्यक्तियों का मन बालहठी होता है। उनका दिल तो आवारा होता है। उन्हें खुद पता नहीं होता कि वह किस पर आएगा। मन क्योंकि बालहठी है इसलिए कहीं भी मचल जाता है। ऐसे में ही चित्त की वृत्तियाँ उसे चलायमान रखती हैं। उसकी गति वायु के समान होती है। कभी शांत तो कभी प्रलयंकारी तूफान की तरह। जिस प्रकार हम अपनी मुटठी में वायु को नहीं

बाँध सकते, उसी प्रकार क्रोध और अवसाद से घिरा व्यक्ति अपने मन को नियंत्रित नहीं कर सकता।

लेकिन जब वही व्यक्ति विपश्यना के अभ्यास में परिपक्व होकर द्रष्टाभाव विकसित कर लेता है, तो तीनों हठें–राजहठ, त्रियाहठ व बालहठ उसके जीवन से तिरोहित होने लगती हैं। वह अपने विकसित विवेक की सहायता से अपने चित्त को साध लेता है। चित्त जो पहले जंगली हाथी की तरह स्वतंत्र विचरता था, अब विवेक का अंकुश उसे पालतू बना देता है। यानी जब क्रोध और अवसाद से घिरे व्यक्ति का विवेक उसका अंकुश बन जाता है, तब वह इन पर विजय पाकर अपने चित्त को निरोधित कर लेता है। वह पतंजलि के योग के आदर्श को पा लेता है। कहना चाहिए कि अष्टांग योग तो एक बार को साधक को उपलब्धियों के आकर्षण में फँसा भी सकता है, लेकिन विपश्यना के अभ्यास में विवेक को पुष्ट करने के अलावा फँसने का कोई अवसर ही नहीं है। और यदि विवेक पुष्ट हो गया तो फँसने का सिलसिला ही खत्म हो जाता है।

सारांश :

1. सन् 1857 के बाद भारतीयों की वफादारी की परख के लिए अँग्रेजों ने जिस प्रक्रिया को शुरू किया था उसी का संशोधित रूप है–गोपनीय रपट।

2. यह हमारी राज्यशक्ति का ऐसा हथियार है, जो राजहठ को बरकरार रखे हुए है।

3. जनता भी ऐसे ही वाचाल और राजहठी प्रशासक को पसंद करती है, जो तर्कपूर्ण ढंग से काम करता है।

4. गाँवों में स्त्रियाँ भोग्या बनकर परिवार को नियंत्रित करती हैं। शहरों में स्त्रियाँ बातें मनवाती है। यह बात दूसरी है कि औरतें मिलकर औरत को मार भी लेती हैं।

5. पति जब पुरुष होता है तो वह मात्र शोषक के कुछ नहीं होता।

6. क्रोध और अवसाद में घिरे व्यक्ति का मन चंचल होता है। वह राजहठ, त्रियाहठ और बालहठ को अपने रौद्र रूप में चरितार्थ करता है।

7. आत्मविकास का साधक अपने विवेक को अंकुश बनाकर क्रोध और अवसाद से चंचल मन को अपने साथ लेकर चलता है।

विवेक का महत्त्व

बुद्धि और भावना का समन्वय, माने 'विवेक'।

–विनोबा

एक कहानी है कि एक राजा था। एक मित्र राजा के निमंत्रण पर वह उसके देश गया। जैसी कि प्रथा थी, चलते समय मित्र राजा ने उसे बड़ा ही शानदार अरबी नस्ल का घोड़ा तोहफे में दिया। अपने देश लौटकर राजा ने अपने अश्वपालक को आदेश दिया कि तोहफे में मिले घोड़े को सवारी के लिए ले जाया जाए। क्योंकि राजा था इसलिए सनक में आकर अश्वपालक को आदेश दिया कि घोड़े की सवारी करके दिखाओ। अश्वपालक ने आदेश का पालन करने का प्रयास किया पर घोड़े ने उसको जमीन पर पटक दिया।

अश्वपालक ने हजार कोशिशें कीं, मगर सब नाकाम। इसके बाद तो राजा सहित राजदरबार के सभी वीरों ने अपने-अपने करतब दिखाए और सभी घोड़े की पीठ पर सवारी करने में नाकाम रहे। अब प्रश्न देश के सम्मान का था। इसलिए पूरे देश में घोषणा करवा दी गई कि जो भी घोड़े को साध लेगा उसे घोड़े के साथ इनाम में जागीर भी दी जाएगी।

इनाम के लालच में और घोड़े को साधने के कौतूहल में देश के बड़े-बड़े धुरंधरों ने घुड़सवारी के अपने कौशल को आजमाया। घोड़ा भी अपने मिजाज का पूरा 'कड़क' था, सो सभी को नाकाम कर दिया। राजा भी थोड़ा हताश हुआ मगर घोड़े का कद्दावर शरीर उसे अपने आकर्षण में बाँधे ही रहा। एक दिन एक सीधा-सादा सा दिखने वाला आदमी घोड़े के कौतूहल में आया। आज के जमाने की तरह ही राजा की सुरक्षा-व्यवस्था काफी मजबूत थी। इसलिए राजा से मिलने के लिए उसे कई सुरक्षा-जाँचों से गुजरना पड़ा। हर जगह उसे अपना मंतव्य समझाना पड़ा। हर जगह उसकी क्षमताओं पर संदेह किया गया, लेकिन उसके कथन की गंभीरता से प्रभावित होकर उसे अगली जाँच के लिए भेज दिया गया। अंततः उसे राजा के सम्मुख प्रस्तुत किया गया।

राजा क्योंकि बड़े-बड़े धुरंधरों को नाकाम होते देख चुका था, इसलिए उसने उस आदमी को बड़े हल्के ढंग से लिया और व्यंग्य के तौर पर पूछा–'घोड़े की

सवारी करोगे?' उस आदमी ने जिस आत्मविश्वास से उत्तर दिया, उससे राजा को कुछ आशा तो बँधी लेकिन उसकी कद-काठी राजा को शंकालु भी बना रही थी। राजा ने स्वयं को संतुष्ट करने के लिए फिर प्रश्न किया। आखिरकार उस आदमी के उत्तरों से संतुष्ट होकर राजा ने घोड़े को दरबार में लाने का आदेश दिया। घोड़ा दरबार में लाया गया। उस आदमी ने अश्वपालक से कहा–'इसकी पीठ से काठी उतार दो।' यह सुनते ही राजा को लगा, मानो वह आदमी घुड़सवारी न करके, आत्महत्या करना चाहता हो। इसलिए उसने तुरंत ही अपनी शंका का समाधान चाहा। उस आदमी के आत्मविश्वास से भरे उत्तर की गंभीरता ने जब तक राजा को आश्वस्त किया, तब तक वह आदमी घोड़े की पीठ पर बैठ चुका था। बैठने के साथ ही उसने दोनों पैरों से गजब की फुर्ती के साथ घोड़े की कमर कस ली और अपने दोनों हाथों को घोड़े की गर्दन के दोनों ओर लपेट लिया। घोड़े ने अपने स्वभाव के अनुसार पूरी कोशिश की कि वह अपने सवार को जमीन चटा सके, मगर असफल रहा। असफल रहने पर झुँझलाहट में घोड़ा सरपट दौड़ा।

घंटा हुआ, दो घंटे हुए, पूरा दिन निकल गया। एक दिन गया, दो दिन गए, पूरा हफ्ता निकल गया। इंतजार करते-करते लोग थक गए। न घोड़ा लौटा, न आदमी। अंत में सभी सोचने लगे कि हो सकता है घोड़े ने कहीं ऐसी जगह पटका हो, जहाँ दोनों मर गए हों। जब सब लोग इस तरह की बातें कर रहे थे तभी उन्होंने देखा कि वह आदमी घोड़े की नंगी पीठ पर बैठा हुआ आ रहा है और घोड़ा उसकी आँख के इशारे पर चल रहा है। राजा के लिए अजूबा हो गया। वह अपने अचंभे को न दबा सका और हैरत से बोला–'तुमने घोड़े को साधा कैसे?'

'मैंने इसे साधा-वाधा कुछ नहीं है। जब यह दौड़ता था, मैं इसकी पीठ से चिपक जाता था। जब यह थक जाता था तो मैं इसकी पीठ सहलाता था। मैंने तो इससे दोस्ती की है'–उस आदमी ने राजा के कौतूहल को शांत किया। विपश्यना के साधक जानते हैं कि अपने आचरण में निर्मलता लाकर वे मन-रूपी घोड़े की पीठ से काठी उतारते हैं। शुद्ध साँस को देखने के अभ्यास की सहायता से वे मन से मित्रता स्थापित करते हैं। लेकिन विपश्यना के अभाव में मन की मित्रता जैमिनी की साधना जैसी है।

महाभारत के रचनाकाल का एक मिथक है। जैमिनी, व्यास जी के शिष्य भी थे और मित्र भी। व्यास जी अपने लिखे हुए को अंतिम रूप देने से पहले जैमिनी से भी विचार-विमर्श करते थे। एक दिन व्यास जी ने जो कुछ लिखा, उसका सारांश था कि मन बड़ा चंचल है। जो स्थितप्रज्ञ है उन्हें भी मन को नियंत्रित करने में बड़ी साधना करनी पड़ती है। जैमिनी का तर्क था कि आदमी स्थितप्रज्ञ बनता ही तब है

जब वह मन को नियंत्रित कर लेता है। इसलिए उसे आगे से मन को नियंत्रित करने की आवश्यकता नहीं रहती। दोनों अपने-अपने दृष्टिकोण पर जमे बहस करते रहे, लेकिन निष्कर्ष कोई न निकला। साँझ आती देखकर व्यास जी बोले–'अभी हमारे पास पूरी रात पड़ी है। दोनों सोचते हैं। कल फिर मिलेंगे। अगर तुम्हारी बात सही है तो मैं इसे नहीं लिखूँगा। अगर मैं सही हुआ तो इसे ही लिख दूँगा। फिलहाल मैं चलता हूँ।'

व्यास जी के जाते ही आकाश बादलों से घिर गया। देखते ही देखते तेज बौछारें पड़ने लगीं। जैमिनी क्योंकि व्यास जी को आश्रम के द्वार तक छोड़ने आए थे, इसलिए वहीं खड़े बारिश को देख रहे थे। अचानक उन्हें झटका-सा लगा। देखते क्या हैं कि एक नवयौवना सुंदरी बारिश में भीगती आश्रम की ओर दौड़ी चली आ रही है। स्त्री और वह भी ऋषि के आश्रम की ओर! जैमिनी को कुछ अच्छा-सा न लगा। तब तक वह सुंदरी आश्रम के द्वार पर पहुँचकर हाँफती-सी बोली–'मैं अपनी सहेलियों के साथ वन विहार को आई थी। जंगल में भटककर उनसे बिछुड़ गई हूँ। बारिश-भरी साँझ में इस जंगल में मुझे आपका ही आश्रम दिखा। कृपा होगी यदि मैं रात आश्रम में गुजार सकूँ। दिन में सेवक ढूँढते हुए यहाँ आ ही जाएँगे।'

जैमिनी को अपने आश्रम में उसका रात में रुकना अच्छा न लगा। सो उन्होंने टके-सा जवाब दे दिया। उसने जैमिनी से मनुहार की और बोली–'यदि आप ऋषि होकर भी आश्रय नहीं देंगे, तो मैं असहाय कहाँ जाऊँगी?' ऋषि को दया आ गई और उन्होंने आश्रम की एक कोठरी की ओर इशारा किया कि वह उसमें रात गुजार सकती है। सुंदरी कोठरी में चली गई और जैमिनी अपनी संध्या-वंदन की तैयारी करने लगे। अन्य दिनों के समान जैमिनी का मन संध्या-वंदन की तैयारी में रम नहीं रहा था। वह कोठरी के बाहर जाकर बोले–'अंदर से दरवाजा बंद कर लो।' साँकल लगने की आवाज सुनकर जैमिनी आकर संध्या-वंदन करने लगे। मन खूँटे से बँधे बंदर की तरह रस्सी तुड़ाने की कोशिश कर रहा था। जैमिनी साधना के बीच उठे और कोठरी से बाहर लड़की को संबोधित करके बोले–'सुनो! यहाँ एक ब्रह्मराक्षस रहता है। कभी-कभी यहाँ आकर मेरी आवाज में बोलता है। रात में अगर वह आए और मेरी आवाज में बोले तब भी दरवाजा मत खोलना।'

जैमिनी ने अपने ढंग से मन के रास्ते बंद कर दिए। लेकिन मन था कि बगावत पर उतारू था। सो साधना न जैमिनी से होनी थी, न हुई। अंत में मन जीता। जैमिनी ने कोठरी के द्वार थपथपाए और बोले–'दरवाजा खोलो।' लड़की बोली–'दरवाजा नहीं खुलेगा। स्वामी जी ने मना किया है।' जैमिनी बोले–'मैं जैमिनी हूँ। दरवाजा खोलो।' लड़की बोली–'अच्छा तो तुम ब्रह्मराक्षस हो। स्वामी जी की आवाज में बोल

रहे हो। जाओ, चले जाओ स्वामी जी उठेंगे तो दंड देंगे।'

जैमिनी अपनी योजना के जाल में फँस गए थे। लड़की थी कि दरवाजा खोलकर ही नहीं दे रही थी। मन था कि उस पर काम का भूत सवार था। काफी सोच-विचार के बाद जैमिनी ने तय किया कि कोठरी की छत तोड़कर लड़की तक पहुँचा जाए। योजना कार्यान्वित की गई। छत को तोड़कर इतना बड़ा छेद कर लिया कि जैमिनी उसमें से नीचे उतर सकते थे। भोर का तारा डूब चुका था। सूरज की पहली किरण धरती को चूम चुकी थी। काम की उत्तेजना और योजना की सफलता से मदांध जैमिनी ने देखा कि नवयौवना सुंदरी पूर्ण नग्नावस्था में अपने केशों को कंधों पर बिखराए पद्मासन की मुद्रा में बैठी थी। कामांध जैमिनी लड़की को लक्ष्य बनाकर कूदे। सोचा था कि तुरंत ही सुंदरी को अपनी बाहों में ले लेंगे। लेकिन यह क्या? जैमिनी के गाल पर भरपूर तमाचा पड़ा। काम का सारा मद हवा हो गया। वहाँ सुंदरी कहीं नहीं थी। वहाँ तो व्यास जी बैठे थे। 'कहो जैमिनी, स्थितप्रज्ञ को भी मन को नियंत्रित करने के लिए सश्रम प्रयास करना पड़ता है न।'—मुस्कराकर व्यास जी बोले।

वास्तव में मन को मित्र बनाने का अर्थ यह नहीं होता कि हमारी मूल प्रवृत्तियाँ ही समाप्त हो जाएँ अथवा बाहर का घटनाक्रम ही समाप्त हो जाए। यह सही है कि शुद्ध साँस को देखने से हमारा प्रत्यक्षीकरण वस्तुगत हो जाता है, परंतु जो आकर्षक है वह आकर्षित तो करेगा ही। यानी हमारे फँसने की संभावनाएँ पूरी हैं।

इसलिए विपश्यना का अभ्यास आवश्यक है, ताकि हम जागरूकता को अपना स्थाई संरक्षक बनाकर विवेक को पुष्ट कर सकें। यही गौतम बुद्ध की मानवता को वास्तविक देन है।

बहरहाल, जब विपश्यना के अभ्यास की परिपक्वता से उत्पन्न जागरूकता हमारी चिरसंरक्षक बन जाती है, तो विवेक हमारे मन के ऊपर अंकुश रखता है। मन जब भी बाहर की घटनाओं से उद्वेलित होता है तो जागरूकता विवेक को, मन को, संयमित करने के लिए प्रेरित करती है। नतीजा यह होता है कि हम स्वायत्त होकर जागरूकता का जीवन जीते हैं। मन, जो हमारे और वातावरण के बीच में मध्यस्थ का काम करता है, विवेक के अंकुश के कारण कैसी भी स्थिति में विचलित नहीं होता। इसलिए साधक अनुभूतियों के स्तर पर देखता है कि मन कहीं भी जाने की स्थिति में नहीं है।

सारांश :

1. नैतिकता गतिवान है। मन की मित्रता के लिए नैतिकता के जड़त्व से पीछा

छुड़ाना होगा।

2. वास्तविकता को स्वीकार किए बिना, नैतिकता की गतिशीलता को नहीं समझा जा सकता।

3. हमारे आचरण की निर्मलता से ही हमें स्थिति की गंभीरता को समझने में मदद मिलती है।

4. सांस को देखने के अभ्यास से उपजी जागरूकता, हमारी संकल्प-शक्ति को वस्तुपरक बनाती है।

5. मन जब वस्तुपरक होकर संकल्प करता है, तभी वह मित्र होता है।

6. जागरूकता के अभाव में मन की मित्रता का अर्थ यह नहीं है कि मन ने ललचाना छोड़ दिया है। बस वह ललचा नहीं रहा है।

7. लेकिन जो अपने आत्मविकास के लिए दृढ़प्रतिज्ञ हैं, वे अपनी जागरूकता को लगातार बनाए रखते हैं। जो जागरूक हैं वे जीवन की वास्तविकताओं को स्वीकारते हैं। उनकी यह स्वीकारोक्ति सामाजिक जीवन में नैतिकता को गति प्रदान करती है।

विवेक द्वारा समस्याओं का समाधान

विवेक के जागरण पर मूढ़ता उसी प्रकार प्रभावहीन हो जाती है, जैसे प्रकाश की उपस्थिति में अंधकार।

—बाइबिल

नैसर्गिक गुण, लक्षण अथवा अवस्था पर चित्त को संयमित करने से किसी के भी विषय में भूत तथा भविष्य का ज्ञान हो जाता है। —गीता

भरोसे के बिना विवेक पुष्ट नहीं होता। —बाइबिल

अमरीका के एक सज्जन हैं, जोस सिल्वा। आत्मविकास की उत्कट इच्छा ने उन्हें सड़क से उठाकर 'सिल्वा माइंड कंट्रोल' के अंतर्राष्ट्रीय कार्यक्रमों के संस्थापक के रूप में स्थापित किया है। 'सिल्वा माइंड कंट्रोल' उनकी स्वयं अनुभूत आत्मविकसित तकनीक है। इसमें उन्होंने वैज्ञानिकता बनाए रखते हुए मस्तिष्क तरंगों व प्रमस्तिष्क के दाएँ-बाएँ गोलार्द्धों की कार्य-प्रणाली को सम्मिलित किया है।

मस्तिष्क का बायाँ गोलार्द्ध, जिसमें भूरापन अधिक होता है, तर्क से संबंधित कार्यों के लिए जिम्मेदार होता है तथा दायाँ गोलार्द्ध जिसमें सफेद भाग अधिक होता है, पूर्व ज्ञान, सृजनशीलता आदि के लिए जिम्मेदार होता है। वैज्ञानिकों ने पता लगाया है कि स्त्रियों के मस्तिष्क में भूरा पदार्थ अधिक होता है, यानी वे तर्क-संबंधी मामलों में अधिक सफल होती हैं। पुरुषों के मस्तिष्क के दाएँ गोलार्द्ध में सफेद पदार्थ अधिक होता है।

सांगठनिक-व्यवहार की दृष्टि से उच्च पदस्थों को छोड़कर तर्कपूर्ण ढंग से काम करने को अधिक महत्त्वपूर्ण माना जाता है यूँ भी लंबे-चौड़े संस्थानों को बिना सुचारु व्यवस्था के संचालित नहीं किया जा सकता। मस्तिष्क की संरचना के अनुसार महिलाएँ तथा 'ए' श्रेणी के व्यक्ति महत्त्वाकांक्षी, प्रतिस्पर्धात्मक तथा आक्रामक व्यवस्था को सुचारु रूप से चलाते रहने में अधिक सफल होते हैं। दरअसल, व्यवस्था को सुचारु रूप से चलाने का अर्थ होता है, दिनचर्या को क्रमबद्ध ढंग से बनाए रखना और ये इस काम को बढ़िया तथा प्रभावशाली ढंग से करते हैं। लेकिन उच्चाधिकारियों को पूर्व-ज्ञान और परिवर्तनशीलता जैसे गुणों की भी

आवश्यकता होती है, अन्यथा व्यापारिक संस्थान कचहरियों के ढंग पर चलने लगते हैं, जिनमें एक-एक मुकदमा बीसियों बरस लटका रहता है।

सफलता के लिए योजना, उसके क्रियान्वयन तथा परिस्थितियों के सहयोग की आवश्यकता होती है। परिस्थितियों का सहयोग बहुत-सी बातों पर निर्भर करता है, लेकिन पूर्व-ज्ञान की मदद से सहयोग की संभावनाओं का पता लग सकता है। उन संभावनाओं के आधार पर योजना में फेर-बदल भी की जा सकती है ताकि परिस्थितियों का सहयोग प्राप्त किया जा सके। पूर्व ज्ञान की शर्त यह है कि हमारे मस्तिष्क में एल्फा तरंगें प्रवाहित हो रही हों, यानी जो मस्तिष्क पहले प्रति सैकेंड बीस बार विद्युत करंट छोड़ रहा था, अब वह ऐसा दस बार करे। यह तभी हो सकता है, जब मन और शरीर पर हमारा अपना नियंत्रण हो। जोस सिल्वा ने अपने अनुभवों के आधार पर जिस तकनीक को विकसित किया, उसे अमरीकी सरकार से पेटेंट करा लिया।

हमारी नाक न केवल साँस लेने का उपकरण है, बल्कि हमारे संपूर्ण स्नायुतंत्र की कार्य-प्रणाली को भी संचालित करती है। भारत में तो 'शिव स्वरोदय' नामक, स्वर विज्ञान के ऊपर शिवजी द्वारा रचित पूरा महाशास्त्र है। जब हम नाक के बाएँ सुर से साँस लेते हैं, तब हम संवेगों से संचालित होते हैं। दाएँ सुर से साँस लेते हुए हम तर्कप्रधान होते हैं। इसी प्रकार हमारी नाक की जो छत है वह मस्तिष्क का फर्श है। नाक और मस्तिष्क का सीधा संपर्क होने के कारण हमारे विचारों और साँस के प्रवाह में भी सीधा संबंध है। बीटा तरंगों की स्थिति में साँस की दर और उसका प्रवाह दोनों अधिक होते हैं। ऐसे व्यक्ति स्वीकार करते हैं कि जिस गति से उनके पास विचार आते हैं, उस गति से वे लिख नहीं पाते। इसलिए उन्हें आशुलिपिक दिया जाए।

जब हम नाक पर अपना ध्यान केंद्रित करते हैं, तो धीरे-धीरे साँस की दर व उसका प्रवाह कम होता जाता है। इस कमी के कारण मस्तिष्क को नाक से उत्तेजना कम मिलती है। नतीजा होता है कि मस्तिष्क की प्रति सैकेंड विद्युत करंट छोड़ने की गति कम होती जाती है। जब मस्तिष्क में एल्फा तरंगों का प्रवाह प्रारंभ होता है तो मस्तिष्क का दायाँ गोलार्द्ध क्रियाशील हो उठता है। ऐसे समय में जोस सिल्वा सलाह देते हैं कि समस्या पर कार्य किया जाए। ऐसा करने पर हमें परिस्थितियों के सहयोग का पूर्वाभास हो जाता है। जोस सिल्वा इसको Dynamic Use of Brain Functions की संज्ञा देते हुए बतलाते हैं कि उनकी पद्धति भारतीय ध्यान की पद्धतियों से काफी भिन्न है।

भारतीय ध्यान-पद्धतियाँ जहाँ हमारे मस्तिष्क को निष्क्रिय बनाती हैं, वहीं

उनकी पद्धति मस्तिष्क को सक्रिय बनाती है। जोस सिल्वा अपनी इस पद्धति में आत्मनिर्देशन व कल्पनाशीलता के सक्रिय इस्तेमाल को जोड़कर लगभग सभी समस्याओं को सुलझाने का दावा करते हैं उनके कार्यक्रमों में भाग लेने वाले प्रशिक्षार्थी बतलाते हैं कि कैसे उन्हें दुर्घटना का पूर्वाभास हुआ, कैसे उन्हें आर्थिक तंगी के दौर में स्वप्नावस्था में लाटरी का नंबर दिखाई दिया, कैसे वे अपने विवाहित जीवन की समस्याओं को सुलझा पाए, कैसे उन्हें लाइलाज रोगों से छुटकारा मिला, कैसे वे नशे की आदत से निजात पा सके आदि।

जोस सिल्वा के समान ही प्रसिद्ध शरीर मनोवैज्ञानिक तथा Lateral Thinking Movement के प्रणेता डी बोनो ने भी प्रमस्तिष्क के दाएँ गोलार्द्ध की कार्य-प्र""ाली को सचेतन रूप से इस्तेमाल करने के लिए नवीन तकनीकों को स्थापित किया है। मात्र डी बोनो ही क्यों, पश्चिमी जगत में संपूर्ण मस्तिष्क को सचेतन रूप से इस्तेमाल करने के प्रशिक्षण कार्यक्रमों की लहर-सी आ गई है।

पश्चिम के सभी प्रयास आम आदमी को क्षणिक उत्तेजनाओं को नियंत्रित करने की शिक्षा देते हुए निजी उद्देश्यों की पूर्ति में मदद देते हैं। विपश्यना की भाषा में यदि इनका मूल्यांकन किया जाए तो कहना होगा कि ये सभी प्रयास मन को मित्र बनाकर बुद्धि को सक्रिय रूप से इस्तेमाल करने के प्रयास हैं। इन प्रयासों की सफलता इस बात पर निर्भर करती है कि हमारा मस्तिष्क प्रति सैकेंड दस बार विद्युत करंट छोड़ता रहे और शरीर बीस बार। जब तक ऐसा होता रहेगा, हमारे शरीर में सुख और चरणों में लक्ष्मी निवास करती रहेगी। इस प्रक्रिया में हम सुखी रहकर दूसरों को दुखी नहीं करेंगे।

व्यापक रूप में यह आशा की जाती है कि अगर हम सुखी होंगे तो समाज भी सुखी रहेगा, अन्यथा ये प्रयास नितांत व्यक्तिपरक हैं। इसमें समाज के सुख की तो कल्पना की जा सकती है, लेकिन सामाजिक कल्याण की आशा नहीं की जा सकती।

दूसरे, जिस प्रकार स्वास्थ्य की परिकल्पना रोग के अभाव में की जाती है, उसी प्रकार ये प्रयास भी नकारात्मक भावनाओं के अभाव को सुख की गारंटी मानते हैं। तीसरे, तकनीकी दृष्टि से आत्मनिर्देशन का अर्थ होता है—स्वयं के द्वारा स्वयं को सलाह जो किसी विचारधारा अथवा मन:स्थिति से प्रभावित होकर दी जाती है। यदि ऐसा है तो ये सभी प्रयास हमारे दृष्टिकोण को लचकीला तो बनाते हैं लेकिन वस्तुगत नहीं। अंतत: भारतीय वाममार्गी तंत्र की उपलब्धियाँ हमारे सामने हैं। उद्देश्य के कल्याणमूलक होने का अर्थ यह कहाँ हो गया कि सब कुछ कल्याण जनक है। भारतीय मिथकों के राक्षस उद्देश्य की प्राप्ति के लिए कितने कष्ट सहते थे, लेकिन

वरदान-प्राप्ति के बाद उनका व्यवहार हम सभी जानते हैं। वास्तव में इन सभी प्रशिक्षण कार्यक्रमों को व्यापारिक दृष्टि से उपयोगी तो समझा जा सकता है, लेकिन इनकी सामाजिक उपयोगिता संदेहजनक है।

जिस प्रकार विपश्यना के अभ्यास के दौरान हम सब कुछ प्रकृति के ऊपर छोड़कर केवल द्रष्टाभाव विकसित करके अपने विवेक तथा जागरूकता को पुष्ट करते हैं, पश्चिम के उपर्युक्त सभी प्रयास प्रकृति के भरोसे रहने को निष्क्रियता मानते हैं। हम अहंकार को सभी अर्थों में अपने कष्टों के मूल में पाते हैं, पश्चिम के उपर्युक्त प्रयास अहंकार की सकारात्मकता को पुष्ट करने के प्रयास हैं। वास्तव में यह अंतर व्यक्ति और समाज के संबंधों को भी स्पष्ट करता है। ये प्रयास समाज को व्यक्ति का पोषक स्वीकार करके व्यक्ति के द्वारा निजी स्तर पर समाज को राहत पहुँचाने के प्रयास हैं, जबकि विपश्यना का अभ्यास व्यक्ति को समाज का पोषक बनाता है।

व्यक्ति के समाज का पोषक बनने की प्रक्रिया है, जागरूकता का निरंतर अभ्यास। प्रारंभ में साधक अपने आचरण में स्वाभाविक निर्मलता लाने के लिए अपने मस्तिष्क को जागरूक बनाए रखने का अभ्यास करता है। बुद्धि जब जागरूक रहने की आदत डाल लेती है तब प्रारंभ होता है शुद्ध साँस को देखने का अभ्यास। इस अभ्यास के दौरान चेतन मन को राग, द्वेष और मूर्च्छा की अवस्थाओं के रहते हुए जागरूक रखने का प्रयास किया जाता है। शुद्ध साँस को देखने के अभ्यास की परिपक्वता चेतन मन को जागरूक बनाती है। चेतन मन जब स्वाभाविक रूप में जागरूक रहने लगता है, तब प्रारंभ होता है विपश्यना का अभ्यास। अर्थात्, शरीर के समस्त अणुओं को जागरूक बनाने का प्रयास। विपश्यना का यही सुफल है कि शरीर का प्रत्येक परमाणु अपनी स्वाभाविक जागरूकता को जीने लगे। मनोविज्ञान की भाषा में अचेतन, अवचेतन व चेतन मन एकाकार होकर चेतनमय हो जाएँ।

जैसे-जैसे जीवन में जागरूकता का समावेश होता जाता है, हमारी बुद्धि विवेकमयी होती जाती है। विवेक जैसे-जैसे पुष्ट होता जाता है, जीवन में दिखाई देने वाली विषमताएँ कम होने लगती हैं। वास्तव में हम जितने अपने दायरे में सीमित होते हैं, दृष्टिकोण की क्षुद्रता के कारण जीवन उतना ही विषम होता है। विवेक की पुष्टता के कारण दृष्टिकोण जितना व्यापक होता है, जीवन उतना ही सम होता है। यद्यपि अंधकार का विरोधी प्रकाश होता है, लेकिन जागरूकता निविड़ अंधकार में भी देख सकती है। जहाँ देखे जाने की प्रक्रिया संभव हो, वहाँ अँधेरा अस्तित्वविहीन होता है। यह सब विवेक पुष्टि (बुद्धि+समाज कल्याण की भावना) का सुफल है। प्रोफेसर कैटेल ने जीवन की शक्तियों के अध्ययनों में आत्मविकास के लिए

समाज-कल्याण की भावना के सहयोग तथा सच्ची सफलता के लिए उन साधनों को जिन्हें समाज मान्यता देता हो, आवश्यक पाया है। कहना चाहिए कि व्यक्तित्व की गत्यात्मक शक्तियों से संबंधित वैज्ञानिक अध्ययनों के परिणाम भी विवेक की जागरूकता पर विशेष बल देते हैं। विपश्यना का अभ्यास विवेक की इस जागरूकता को पुष्ट करता है। जब जीवन जागरूकता का पर्याय बन जाता है तब विषमता और अंधकार अपना अस्तित्व खो देते हैं।

सारांश :

1. 'ए' श्रेणी के व्यक्ति महत्त्वाकांक्षी, प्रतिस्पर्धात्मक तथा आक्रामक व्यवस्था को अपनी तर्कप्रधान शैली की मदद से सुचारु रूप से चलाने में सफल रहते हैं।

2. संगठन-प्रमुख के रूप में पूर्वज्ञान और परिवर्तनशीलता की आवश्यकता होती है।

3. हमारे देश के पिछड़ेपन का मुख्य कारण, प्रमुख अधिकारियों में विवेक-दृष्टि और दूरदर्शिता का अभाव है।

4. हमारी नाक साँस लेने का उपकरण मात्र नहीं है।

5. साँस के प्रति हमारी जागरूकता एल्फा तरंगों के प्रवाह में मदद करती है। हम भविष्य में होने वाली घटनाओं का पूर्वाभास पाकर अपनी योजनाओं व प्रयासों को आवश्यकतानुसार परिवर्तित करके सफलता प्राप्त कर सकते हैं।

6. जागरूकता का निरंतर अभ्यास करके हम दूरदर्शी, परिवर्तनशील तथा पूर्वाभासी बन सकते हैं।

7. आत्मविकास की साधना करने वालों की बुद्धि, समाज-कल्याण की भावना से संचालित होती है। ऐसे व्यक्ति ही अपनी दूरदर्शिता, सृजनात्मकता और भविष्य-दृष्टि की मदद से निर्णय लेते हैं।

8. जब तक 'ए' श्रेणी के व्यक्ति इनके नेतृत्व को स्वीकार नहीं करते, हमें कैसी भी प्रगति की आशा नहीं करनी चाहिए।

9. वास्तव में सामाजिक-स्तर पर जीवन-मूल्यों का यही उपयोग होता है कि समाज जब सही नेतृत्व को स्वीकारोक्ति देता है तब सामाजिक जीवन जागरूकता का पर्याय बन जाता है और तब विषमता और अंधकार अपना अस्तित्व खोने लगते हैं।

तटस्थता की भावना का महत्त्व

घड़ी का महत्त्व इस बात पर निर्भर करता है कि वह समय बताने के मामले में विश्वसनीय कितनी है। दूसरे वह अत्याधुनिक घड़ियों की तुलना में समय बताने के मामले में कितनी शुद्धता के साथ काम करती है। इसे तकनीकी शब्दों में घड़ी की विश्वसनीयता कहते हैं। इसको जाँचने के लिए हम अपनी घड़ी के द्वारा बताए गए समय का मिलान टेलीविजन की घड़ी से तो करते हैं, लेकिन धूप-घड़ी से नहीं करते। इसी परिप्रेक्ष्य में प्रश्न उठता है कि विपश्यना की विधिवत रूप से पच्चीस सौ वर्ष पहले स्थापना की गई। दूसरी ओर प्रोफेसर कैटेल का सिद्धांत व्यक्तित्व-मापन की आज की अत्याधुनिक मनोवैज्ञानिक विधि है। इस पूरी पुस्तक में दोनों को एक-दूसरे का समर्थन करते हुए स्थापित किया गया है। क्या यह धूप-घड़ी और इलैक्ट्रॉनिक क्वॉर्ट्ज घड़ी के मिलान का बेमेल प्रयास नहीं है? निजी स्तर पर कोई भी कैसी भी मान्यता रख सकता है, लेकिन उस मान्यता को सर्वसम्मत बनाने के लिए वैज्ञानिक छल-प्रपंच की जरूरत क्यों?

जो मन की मूर्च्छित अवस्था में जीते हैं उनके सिर के ऊपर सींग नहीं उगते, लेकिन वे ऐसे संशय उत्पन्न करते हैं, जो बेसिर-पैर के होते हैं। विपश्यना, जीवन व उसकी घटनाओं के सत्य का, अनुभूतियों के स्तर पर दर्शन करके व्यक्ति के समाजीकरण की प्रक्रिया है। अनुभूतिजन्य सत्य अपने स्वरूप में सार्वभौमिक होता है। अनुभूति-दर्शन एवं उसका धारण, हमारे व्यक्तित्व के आयामों में परिवर्तन व संशोधन करके हमें समाज की उपयोगी तथा समाजपोषक इकाई बनाता है।

प्रोफेसर कैटेल के समस्त प्रयास, उन आयामों के परिवर्तन व संशोधन का वस्तुगत तरीके से मापन करते हैं। यह सही है कि आज से पच्चीस सौ वर्ष पूर्व गौतम बुद्ध ने मानवजाति को निजी स्तर पर समाजीकरण की जो तकनीक दी, वह विपश्यना थी, लेकिन आज विपश्यना का अभ्यास कौन कर रहा है। आज के मानव को सभी विज्ञान अपनी-अपनी अध्ययन की विषयवस्तु बनाए हुए हैं। व्यक्ति अपने आप में संपूर्ण इकाई है। इस इकाई को सभी विज्ञान खंडों में विभाजित करके अपने-अपने अनुसंधानों में व्यस्त हैं। केवल मनोविज्ञान ही व्यक्ति को संपूर्ण इकाई के रूप में स्वीकार करता है।

संभवत: प्रोफेसर कैटेल को ही ऐसे मनोवैज्ञानिक के रूप में देखा जा सकता है, जिसने व्यवहार के मापन के लिए जैव-रसायनों की प्रक्रियाओं को अपने अध्ययन में सम्मिलित किया है। विपश्यना के अभ्यास में भी तो जैव-रसायन प्रक्रियाओं के स्तर पर जागरूकता के माध्यम से सत्य के दर्शन किए जाते हैं। इस दर्शन का सुफल ही तो हमारे व्यवहार में संशोधन-परिमार्जन करके साधक को समाज-पोषक बनाता है। कैसा साम्य है? कैसी संपूरकता है? एक का अभ्यास व्यवहार में संशोधन व परिमार्जन करके साधक को समाज-पोषक बनाता है, दूसरे की मापन तकनीकें इस परिवर्तन को रेखांकित करके विकास को पुष्ट करती हैं।

पूरे दिन सोचने के बाद भी अगर कुछ हाथ न आए तो पहाड़ नहीं टूटता। ज्यादा-से-ज्यादा सोचने वाले को लगेगा कि उसने अपना दिन खराब कर लिया। यदि उसने निरर्थक सोचने की आदत डाल ली है तो उसके परिवार के सदस्यों को उससे शिकायत हो सकती है, उसके संपर्क में आने वाले व्यक्तियों को भी शिकायत हो सकती है, लेकिन निरर्थक सोचना तब तक चिंता का विषय नहीं बनता, जब तक वह व्यवहार में परिवर्तित होकर अशांति उत्पन्न न करे। दूसरी ओर सार्थक विचार, जो मन के सोचने का परिणाम भी हो सकता है और विकार-शोधन के द्वारा अनुभूतिजन्य सत्य के दर्शनों का सुफल भी, समाज की धरोहर होता है। जो सार्वभौमिक है, वह निजी कहाँ रह गया? वह तो सबका हो गया। जो सबका है, उसे कोई स्वयं तक सीमित कैसे रख सकता है।

विकारों का शोधन करके सत्य के दर्शन किए जाते हैं, परंतु उसे पैदा नहीं किया जाता। दर्शनों से पहले सत्य तो था, मगर विकारों के कारण ओझल था। विकार शोधन की इच्छा तो व्यक्तिगत हो सकती है, लेकिन सत्य नहीं। जब सत्य है ही सबका तो फिर देखने वालों का काम तो इतना ही रह गया कि वह सत्य को संप्रेषित करें। यदि संसार के सभी विकार-शोधकों ने ऐसा न किया होता तो सभ्यता विकसित न होती। हाँ, मानवता के कष्ट उस समय अधिक हो जाते हैं जब कोई अपनी सोच के शब्दों को, बेचने की कला के माध्यम से व्यापक स्तर पर संप्रेषित करता है। हमारी पत्रकारिता कमोबेश यही करती है। गनीमत यही है कि समाचार-पत्र अगले दिन, साप्ताहिक पत्रिकाएँ अगले सप्ताह तक और मासिक पत्रिकाएँ कुछ महीनों में अर्थहीन हो जाती हैं। केवल वही विचार जीवित रहता है, जो शाश्वत सत्य में योगदान करता है। वास्तव में शाश्वत सत्य को अनुभूतियों के स्तर पर जीना होता है।

एक अन्य शंका। जब सूरज है तो फिर सूरज को देखने की आवश्यकता क्या है? क्या सत्य का दर्शन करना मानसिक प्रवंचना नहीं है?

जिन्हें सूरज नहीं दिखता वे अपनी अंधता को स्वीकार कर लेते हैं, लेकिन

सत्य को देखने के लिए जागरूकता आवश्यक है। जिनकी बुद्धि पर भावनाओं का लेप चढ़ा है, वे उसके चश्मे से सत्य को देखते हैं। यह हमारी स्वाभाविक विशेषता है कि जो हम देखते हैं, उसी को सत्य समझते हैं। हमें जो व्यक्तिगत भिन्नताएँ दिखाई देती हैं, उनके पीछे यही वास्तविकता काम करती है।

सत्य के दर्शनों का अर्थ यूँ तो मोटे तौर पर सत्य को अपने ढंग से निरूपित करना होता है, जो सही भी है। लेकिन प्रस्तुत संदर्भ में उसे इस प्रकार समझना चाहिए कि गहरे पानी के टब में पड़ा सिक्का पानी की सतह से वहाँ दिखाई नहीं देता जहाँ वह वास्तव में है। हमें मालूम है कि सिक्का जहाँ दिख रहा है वह उससे कहीं ज्यादा गहरे में है, फिर भी वह दिखता तो ऊपर ही है। यह तो तब की स्थिति है, जब हमें टब की गहराई मालूम है, पानी की प्रकृति मालूम है, सिक्के के प्रतिबिंब बनने की प्रक्रिया मालूम है आदि। इतने पर भी हमें सिक्के का प्रतिबिंब दिखाई देता है, सिक्का नहीं।

मानव केवल बौद्धिक ही नहीं, संवेगात्मक भी है। हो सकता है सिक्के की वास्तविकता के समान ही सैद्धांतिक स्तर पर वह सत्य को जानता भी हो। लेकिन संवेगों के रहते वह अपनी बुद्धि से सत्य को देख सकता हो, यह संदेहजनक अवश्य है। हाँ, वह सत्य को देखने का दावा अवश्य कर सकता है। वास्तव में सत्य के दर्शनों के स्थान पर विकार-शोधन का इस्तेमाल होना चाहिए। विकार-शोधन का इस्तेमाल करते ही यहाँ एक मनोवैज्ञानिक समस्या पैदा हो जाती है। विपश्यना के अभ्यास में हम जागरूकता के माध्यम से सत्य को देखकर अपने विवेक को पुष्ट करते हैं। इस पुष्टीकरण में अहंकार कहीं नहीं होता, लेकिन विकार-शोधन में व्यक्ति प्रमुख होता है। जहाँ यह शोधन किया जाता है, वहीं उसकी उपलब्धि अहंकार को जन्म देती है। कहना चाहिए कि शब्दों के माध्यम से प्रकट किया गया अनुभूतिजन्य सत्य, मानसिक (वैचारिक) प्रवंचना ही है। अन्यथा सभी को निजी-स्तर पर अपने-अपने ढंग से विकारों का शोधन करके शाश्वत सत्य के दर्शन करने होते हैं।

जैसे-जैसे साधक के जीवन में विकार-शोधन होता जाता है, बुद्धि विभिन्नताओं के भीतर छिपी समानता को देखने में सक्षम होती जाती है। जैसे-जैसे साधक के जीवन में विवेक की पुष्टि होती जाती है, वैसे-वैसे वह अभावों में भी संतुलित रहने का ढंग सीखता जाता है। यूँ भी परिस्थितियाँ एक-सी तो नहीं रहतीं। क्रोध और अवसाद में घिरा व्यक्ति तनिक-सी विषमता की स्थिति में हाय-हाय करने लगता है। सामान्य व्यक्ति अपनी आवश्यकताओं में कटौती करने लगता है। जिनका विवेक पुष्ट होता है, वे परिस्थितियों के उतार-चढ़ाव में भी स्थिर बने रहते हैं। कुछ मिल गया तो ठीक, न मिला तो भी ठीक। वे तो उस सागर के समान होते हैं, जो नदियों के पानी

से न तो अपनी सीमाएँ फैलाता है और न वाष्पीकरण से अपनी सीमाएँ सिकोड़ता है।

एक मानसिक व्याधि होती है, तान प्रतिष्टंभी-मनोविदलता (Catatonic Schizophrenia)। इसमें रोगी कैसी भी परिस्थितियों से अप्रभावित रहकर, अपनी विशेष मन:स्थिति में पेड़ की तरह स्थिर रहता है। गरीबी, पिछड़ेपन, मानसिक जड़ता आदि के कारण भी, व्यक्ति संवेदनाशून्य होकर निर्जीव पेड़ का जीवन जीता है। निर्जीव पेड़ जो ठूँठ के समान है, का इस्तेमाल ईंधन के रूप में किया जाता है। विपश्यना के सुफल को ईंधन के रूप में इस्तेमाल होने वाला निर्जीव पेड़ मत समझिए। वरना मनोविदलता के शिकार हो जाएँगे। विपश्यना का सुफल तो छायादार फलों से लदा आम का वृक्ष है। उसकी छाया में पथिक आएँ, आम खाएँ और विश्राम करें तो भी ठीक। कोई न आए तो आम का पेड़ किसी को निमंत्रित नहीं करता। वह तो पथिकों के आवागमन से अप्रभावित अपने स्थान पर स्थिर रहता है। उसका तो स्वभाव ही फल देना है। उसका तो अस्तित्व ही छाया देने के लिए है।

विपश्यना का साधक भी अपने विवेक की पुष्टि के साथ कल्याण मित्र बनकर आम के वृक्ष के समान स्थिर स्वभाव का हो जाता है। उसे अभाव की परिस्थितियों में किसी प्रकार के समायोजन की आवश्यकता नहीं होती। यूँ भी मीठे रसदार फलों वाले आम को काटा नहीं जाता। उसका रख-रखाव भी नहीं होता। वह तो अपनी शक्ति प्रकृति से अर्जित करके मनुष्यों का पोषण ही करता है। इस पोषण में उसका तटस्थ भाव ही प्रमुख है।

सारांश :

1. विज्ञान की सभी शाखाएँ, प्रशाखाएँ आदमी को टुकड़ों में बाँटकर विशेषज्ञता का दावा करती हैं, परंतु इनके बीच ताल-मेल का अभाव है।

2. मनोविज्ञान आदमी को व्यवहार की संपूर्ण इकाई मानकर अध्ययन व मापन करता है।

3. निजी स्तर पर साधक आत्मविकास की साधना के दौरान अपनी चेतना के प्रति जागरूकता विकसित करता है। इन अर्थों में यह साधना सर्वश्रेष्ठ है, क्योंकि शेष सभी चेतना को अध्ययन का आधार नहीं मानते।

4. क्रोध और अवसाद से घिरा व्यक्ति जरा-जरा सी बात पर हाय-हाय करने लगता है। सामान्य व्यक्ति भी मुसीबत आने पर अपनी आवश्यकताओं में कटौती करने लगता है, लेकिन जिनका विवेक पुष्ट होता है वे सागर के समान तटस्थ रहते हैं।

5. उनकी तटस्थता पागलों की जड़ता से भिन्न होती है।

आंतरिक समृद्धि का रास्ता

जैसी कि देशना की गई है–विपश्यना के अभ्यास में हम अपनी ज्ञानेंद्रियों को स्थिर करके अपने भीतर होने वाली प्रक्रियाओं को द्रष्टाभाव से देखते हैं। चलो मान लिया कि हम अपने द्रष्टाभाव को पुष्ट करते हैं, जो कि विपश्यना की व्यावहारिक कठिनाइयों को देखते हुए असंभव-सा ही है, फिर भी हो सकता है कि कुछ साधक अभ्यास और वैराग्य की मदद से द्रष्टा-भाव विकसित कर पाते हों। अब प्रश्न है कि साधना तो हमने द्रष्टाभाव विकसित करने की, की है और साधना का सुफल बताया जाता है समाज-पोषण।

यानी संसार के आकर्षणों को छोड़कर ऊबड़-खाबड़ रास्ते पर चलकर ऐसे खजाने को पाना जिसे केवल बाँटा ही जाता है। ऐसा लगता है मानो पूरी प्रक्रिया ही अंतर्विरोधपूर्ण है। क्योंकि समाज की मान्यताओं का यदि पालन न किया जाए, तो मनोविश्लेषण के अनुसार हमारे भीतर अपराध भावना का विकास होता है, जो अंतत: हमारे दुखों को जन्म देती है। जबकि विपश्यना के अभ्यास में हम समाज से अलग ढंग से जीते हैं। जहाँ भोक्ता का दर्शन चलता है, वहाँ द्रष्टाभाव से जीना भी तो समाज के विपरीत आचरण है और हमें मिलता है वह खजाना जिसे हम बाँटते हैं। क्या यह विरोधाभास नहीं है?

इस प्रश्न को दो हिस्सों में बाँटा जा सकता है। एक, अभ्यास के प्रारंभिक सोपानों पर हम अपनी निजी जागरूकता के प्रति शंकालु होते हैं और हमारी मूढ़ता इस शंका को और भी ज्यादा भड़काती है। दो, जागरूकता का जब विकास ही नहीं हुआ तो फिर उसके सुफल के प्रति शंकाएँ ही रहेंगी। शंकाओं के रहते हमारी दृष्टि केवल अंतर्विरोधों पर ही पड़ती है।

हम मुख्यत: तीन विधियों से सीखते हैं। भूल एवं प्रयास विधि से हम उस समय अधिक सीखते हैं, जब या तो हम बौद्धिक रूप से विकासशील होते हैं, जैसे बच्चा या फिर जब परिस्थितियाँ हमारे सामने पूरी तरह से साफ नहीं होतीं, जैसे अँधेरे में ताला खोलना। पुरस्कार अथवा दंड की प्रक्रिया में हम गलतियाँ कम करते हैं और सही प्रयास को सीख लेते हैं। अंतर्दृष्टि विधि से सीखने में परिस्थिति हमारे सामने स्पष्ट होती है और हम अपनी बुद्धि को इस्तेमाल करने की स्थिति में होते हैं, जैसे वर्ग-पहेली

को भरना। अनुकूलन विधि से सीखने में हम अनजाने में अधिक सीखते हैं, जैसे भोजन चबाते समय लार भी उसमें मिलती है। उस समय लार-ग्रंथियों से लार निकलना स्वाभाविक है, लेकिन रसगुल्ला देखते ही मुँह में पानी आ जाना अनुकूलन विधि से सीखे गए का ही परिणाम है। हमारे अचेतन में अथवा हमारी जैव-रसायनिक प्रक्रियाओं में पाए जाने वाले विकार इसी सीखने के कारण उत्पन्न होते हैं। जैसे हमारी यौन-तुष्टि की अक्षमता प्रमुख रूप से इसी का परिणाम होती है।

लेकिन व्यक्तित्व के विकास में समन्वय विधि (Integration Method) से सीखना काम करता है। इसके अनुसार हमारे जीवन में जो सबसे अधिक तुष्टि प्रदान करता है उसे पाने के लिए हम सीखते हैं। जैसे प्रबंधक के लिए संप्रेषण कला सबसे अधिक लाभदायक होती है, वह इसे पाने के लिए प्रबंधन के विभिन्न आयामों को सीखता है। यदि व्यापारिक संस्थान प्रत्येक कर्मचारी के स्तर पर यह पता लगा सके कि कर्मचारी सबसे अधिक लाभदायक किसे मानता है, फिर वे उसे पाने में यदि कर्मचारी की मदद करें, तो उसके व्यवहार में जरूरत के मुताबिक परिवर्तन ला सकते हैं।

विपश्यना का अभ्यास मन और शरीर के स्तर पर अननुकूलन की मदद से विकारों का शमन करता है। जिस प्रकार तितली के पीछे भागने से तितली हमसे दूर-दूर रहती है, लेकिन जब हम स्थिर होकर तल्लीनता से अपने काम में व्यस्त हो जाते हैं, तो तितली हमारे हाथ पर आकर बैठ भी जाती है।

इसी प्रकार जब हम केवल देख रहे होते हैं तो हमारे साथ हमारी जागरूकता भी होती है। वास्तव में जागरूकता हमारे द्रष्टाभाव का सुफल होती है। इसलिए यदि हम जागरूकता के पीछे भाग रहे हैं तो भागते ही रहेंगे। जागरूकता हमसे दूर-दूर ही रहेगी। हमें तो बस साँस को देखना है, बाकी मन के घटनाचक्र में कोई विघ्न नहीं डालना है। इस देखने-भर से ही इंद्रियों की विषयवस्तु से आसक्ति अपना आकर्षण खो देती है। इस देखने-भर से ही मन सोचना छोड़ देता है। यह देखना-भर ही हमारे प्रत्यक्षीकरण को लचीला व वस्तुगत बनाता है। जहाँ देखने का भाव पुष्ट हुआ, हमारा अहंकार, हमारा ममत्व तिरोहित हो जाता है। हमारी बुद्धि पर पड़ा भावनाओं का आवरण झीना होकर तार-तार हो जाता है। बुद्धि अपने वास्तविक स्वरूप में आकर प्रभावी रूप में काम करने लगती है।

अनुसंधान शब्द सुनने में बड़ा आकर्षक है। किसी पी-एच.डी. डाक्टर के बारे में जब हम कल्पना करते हैं तो मौलिक शोधक की छवि हमारे मन में उभरती है। लेकिन जिन्हें पी-एच.डी. की असलियत मालूम है, वे जानते हैं कि शोध का मौलिकता से दूर-दूर तक वास्ता नहीं होता। मौलिकता व्यक्तित्व का एक गुण है और शोध-अनुसंधानों की परंपराओं में एक मील का पत्थर है। जो परंपरावादी है,

वह मौलिक कैसे होगा? पी-एच.डी. डिग्री तो ड्राइविंग लाइसेंस की तरह है। लाइसेंस का अर्थ यह कहाँ हो गया कि धारक गाड़ी भी बेहतरीन चलाता हो? हाँ, यह सही है कि बिना लाइसेंस गाड़ी चलाने से चालान अवश्यंभावी है।

अनुसंधानों की परंपरा को ज्ञानी और मूढ़ दोनों ही आगे बढ़ाते हैं। मूढ़ तो आप जानते हैं न, कौन होते हैं? वे, जिनका ज्ञान भावनाओं से संचालित होता है। वास्तव में हमें पश्चिमी देशों की व्यवस्था को नमन करना चाहिए कि मुक्त यौन के रहते उन्होंने ज्ञान की उस परिपाटी को, यानी परिमेय सत्य को विकसित किया और मशीनों को इस प्रकार निर्मित किया कि उन्हें मानवीय संपर्क की कम-से-कम जरूरत पड़े, अन्यथा मूढ़ों के संपर्क में आकर वे विनाशकारी भी हो सकती थीं। ऐतिहासिकता की दृष्टि से पश्चिमी मनोविज्ञान की एक अध्ययन-विधि होती थी–आत्मनिरीक्षण-विधि। इसको नकारते समय मनोवैज्ञानिकों ने तर्क दिया कि यह कैसे संभव है कि एक ही समय में मन कर्त्ता भी हो और द्रष्टा भी। सचमुच ज्ञानी तो मौन ही रहता है लेकिन मूढ़ तर्क के मामले में हमेशा तत्पर रहता है।

शिक्षा इस तथ्य पर आधारित है कि आंतरिक क्षमताओं को विकसित करके बाह्य परिस्थितियों पर नियंत्रण प्राप्त किया जाए। उदाहरण के लिए यदि किसी को मोटर साइकिल चलानी सीखनी है, तो उसके पास दो तरीके हैं। एक तो यह कि वह सीधे-सीधे मोटर साइकिल उठाए और खुली सड़क पर चलाना शुरू कर दे। अभ्यास और त्रुटिपूर्ण विधि से वह अपने हाथ-पैर तोड़ते हुए एक-न-एक दिन उसे चलाना सीख ही जाएगा। लेकिन इस सीखने में जान जाने का भी खतरा है। दूसरा तरीका यह है कि मोटर साइकिल पर पुस्तकें पढ़े, अपनी कल्पना में मोटर साइकिल चलाने का अभ्यास करे। कल्पना जितनी वास्तविकता के समीप होगी, यह अभ्यास उतना ही गुणकारी होगा। अभ्यास इतना परिपक्व हो जाए कि वह कल्पना में भी सफलतापूर्वक मोटर साइकिल चला सके। इतनी मानसिक दक्षता के साथ यदि वह पहली बार मोटर साइकिल पकड़ेगा तो भी सफलतापूर्वक चला पाएगा। इस प्रकार की मानसिक दक्षता के लिए अब अनुरूपी अभ्यास (Simulation exercises) की मदद ली जाती है। यह मदद उस समय तो और भी आवश्यक है, जब सीखने में जोखिम अधिक हो।

अनुरूपी अभ्यास का सुफल एक वास्तविकता है। हो सकता है कि प्रारंभ में हमें इसकी वास्तविकता समझ में न आए, लेकिन इसको हमने स्वीकार किया है। विपश्यना भी आंतरिक संवर्धन का स्वनिर्मित अनुरूपी अभ्यास है। जैसे-जैसे अभ्यास में परिपक्वता आती जाती है, हमारा ज्ञान पहले भावनात्मकता के आवरण को फाड़ता है, फिर हमें आंतरिक रूप से समृद्ध करना शुरू करता है। जैसे-जैसे

ज्ञान हमें समृद्ध करता जाता है, हमारा द्रष्टाभाव पुष्ट होता जाता है। जैसे-जैसे द्रष्टाभाव पुष्ट होता जाता है, हम भीतर से स्वायत्त (autonomous) होते जाते हैं। हमारा स्वायत्त होना ही निजी चेतना का सार्वभौमिक चेतना में एकाकार होना है।

आदमी जब तक मूढ़ता की स्थिति में रहता है, तभी तक वह तर्क देने के लिए तत्पर रहता है। जहाँ भावनात्मकता का आवरण हटा और ज्ञान ने आंतरिक रूप से समृद्ध करना शुरू किया, वहीं वह बड़ी-से-बड़ी बात को शांति से स्वीकार करने लगता है। ऐसी स्थिति में उसे ज्ञान का महत्त्व समझ में आता है। तभी वह समझ पाता है कि बाहर के शोर का भीतर के खालीपन से बड़ा संबंध है। जहाँ अनुभूतियों के स्तर पर सत्य का दर्शन शुरू हुआ, बाहर का शोर समाप्त हो जाता है। यह भी विपश्यना का ही सुफल है।

भारतीय संविधान सबको समान अवसर प्रदान करने की गारंटी देता है। हमारे नीति-नियोजक सबको साथ लेकर चलने के दावे करते हैं। जरा सोचिए कि आप सौ परिवारों वाले ऐसे समूह के मुखिया हैं, जो सही अर्थों में हमारे देश का प्रतिनिधित्व करता है। आपको चुनावों में इसलिए अधिक मत मिले हैं, ताकि आप समूह के जीवनस्तर को ऊपर उठा सकें। आपकी साख से प्रभावित होकर बाहर का व्यक्ति आता है और आपको एक अरब रुपए सौंपकर कहता है कि इससे आप अपने समूह का जीवनस्तर ऊपर उठाइए।

आप अगर व्यावहारिक हैं तो सबसे पहले अपनी पार्टी के कोष को सुदृढ़ करेंगे। मान लीजिए, आप पूरी तरह से निश्छल, आदर्शवादी और वास्तव में समूह का जीवनस्तर ऊपर उठाना चाहते हैं। ऐसे में आप क्या करेंगे? ऐसी योजनाओं का निर्माण करेंगे, जिनसे सभी को लाभ मिल सके। योजनाओं के क्रियान्वयन में कुछ सरकारी अफसर होंगे, कुछ ठेकेदार होंगे, कुछ कर्मचारी होंगे। यही लाभान्वित भी होंगे, लेकिन सब नहीं होंगे।

आप क्योंकि सबका जीवन-स्तर ऊपर उठाना चाहते हैं, इसलिए भारी उद्योग स्थापित कर देते हैं। जैसे हमारे देश के सार्वजनिक क्षेत्र के उपक्रम (Public Sector Enterprises) हैं, जो स्पर्धा के अभाव में एकाधिकार बनाए हुए सरकारी शोषण के साधन हैं। आपको यह भी नहीं जँचेगा। इसलिए आप कुछ धन आवश्यक वस्तुओं एवं सेवाओं, जो सीधे-सीधे जीवन-स्तर को ऊपर उठाने के काम आती हैं, में लगाकर शेष धन सौ परिवारों में बराबर-बराबर बाँट देते हैं। आपको याद है न आपका समूह हिंदुस्तान को दर्शाता है। यानी जाति, आर्थिक, शैक्षिक, सामाजिक आदि सभी दृष्टियों से असमानताओं का प्रतीक है। जानते हैं, जो अगड़ों की गिनती में हैं, वे तो इस बाँटने से लाभान्वित होंगे, परंतु जो पिछड़े हैं, वे कर्जदार और हो जाएँगे। आपकी आदर्शवादिता

टाँय-टाँय फिस्स हो जाएगी। लेकिन आप जीवट के पक्के हैं। आपने साम्यवादी व्यवस्था लागू कर दी, पर पता चला कि सरकारी नियंत्रण में व्यक्ति का बहुमुखी विकास रुक गया।

तमाम प्रयोग करने के बाद आप इस नतीजे पर पहुँचेंगे कि समूह के प्रत्येक व्यक्ति को तुष्टि प्रदान करने वाले कारणों को जानकर, उसे उन्हें प्राप्त करने के समान अवसर प्रदान किए जाएँ, तभी जीवन-स्तर को ऊपर उठाया जा सकेगा। व्यवस्था कैसी भी हो, कोई फर्क नहीं पड़ता। जब तक वह अपने नागरिकों को संतुष्ट करने वाले कारणों को जानने में सक्षम नहीं होती, उससे कैसी भी उम्मीद निरर्थक है। पहले तो इस सच को समझेगा कौन। अगर किसी ने समझ भी लिया तो क्रियान्वयन के स्तर पर इसे स्वीकारेगा कौन। मान लीजिए अगर स्वीकार भी लिया तो इसे अमल में कौन लाएगा। अभी तक तो व्यवस्था को अर्थशास्त्री और कानूनविद ही नियंत्रित करते हैं। उनके लिए व्यक्ति वस्तु से ज्यादा कुछ होता ही नहीं। जहाँ व्यक्ति वस्तु होता है, वहाँ चूहे-बिल्ली का खेल होता है, इसलिए अगर इस खेल में देश का जीवन-स्तर ऊपर उठ जाए, तो यह चमत्कार जैसा है।

असामान्यता जब सामान्यता को जन्म देती है तो सामान्य भी चमत्कार को जन्म देता है। हिंदुओं के अधिकतर तीर्थ ऐसे ही प्राकृतिक चमत्कारों की कोख में हैं। चमत्कार मानव-आस्था को आकर्षित करते हैं। लेकिन यदि यह आस्था समाज के जीवन में समानता नहीं बढ़ाती, तो बाँझ होकर रह जाती है। बाँझ आस्था, कट्टरपन के सिवाय कुछ भी नहीं है।

आजकल की परिस्थितियों में व्यवस्था बाँझ है। बाँझ से उम्मीद निरर्थक है। अब आपको ही अपने लिए कुछ करना होगा। क्या करेंगे? अपनी भौतिक किलेबंदी करेंगे? सुरक्षा को सुदृढ़ करेंगे? व्यक्तिगत सफलता के नए-नए आयाम ढूँढ़ेंगे? पर इस सबसे क्या फायदा। यह तो भय का वातावरण तैयार करेगा। निजी स्तर पर भी, व्यापक स्तर पर भी। तो फिर स्वयं को बाँटकर समाज-सेवा करेंगे, या समाज-सेवा के बहाने अपना घर भरेंगे। यदि घर भरेंगे तो फिर भय का वातावरण तैयार करेंगे। यदि घर नहीं भरना है और समाज सेवा भी करनी है तो क्या आपके हाथ कुबेर का खजाना लग गया है?

एक तरकीब है, पहले स्वयं की पूर्ति कीजिए फिर बाँटना शुरू कीजिए। कैसे बाँटेंगे? अपनी मर्जी से या साम्यवादी तरीके से? इससे तो आपकी समाज-सेवा भी व्यवस्था की तरह से बाँझ होकर रह जाएगी। बेहतर होगा तटस्थ भाव से लेने वालों की आवश्यकता के अनुसार बाँटिए। ये तभी संभव है, जब आप पूरी तरह से सार्वभौमिक हो जाएँ। आप और सार्वभौमिक, असंभव है न?

लेकिन यह असंभव नहीं है। विपश्यना का अभ्यास असंभव को संभव करने का अभ्यास है। निजी से सार्वभौमिक बनने की प्रक्रिया में हमारे हाथ लगता है प्रकृति का अकूत खजाना और हमारे भीतर विकसित होता है, तटस्थता का भाव। यह तटस्थता ही हमारे जीवन में समता लाती है। जब समता हमारा जीवन बन जाती है तो जो हमारे लिए दुख लाते हैं, उनके प्रति हमारे मन में क्रोध नहीं उपजता तथा जो सुख लाते हैं, उनके प्रति मन में अनुकंपा का भाव नहीं जागता। हम दोनों के प्रति समता का भाव रख कर, तटस्थ रूप से, उनकी आवश्यकता के अनुरूप बाँटते हैं। गौतमबुद्ध ने पच्चीस सौ वर्ष पहले ऐसे ही बाँटा था। जो बाँटा था, वह वटवृक्ष की तरह आज भी फैलता ही जा रहा है। एक ही तने की अनगिनत शाखाएँ हैं और सभी बुद्ध से जीवन ग्रहण कर रही हैं।

सारांश :

1. आत्मविकास की साधना गूढ़ और रहस्यपूर्ण कतई नहीं है।

2. यह सीधी-सादी संपूर्ण एकाग्रता के साथ अपने मन, बुद्धि व चेतना की मदद से जीवन को समझकर व्यवहार करने की पद्धति है।

3. भूल व प्रयास विधि से अनजान परिस्थितियों में, विकासशील बुद्धिवाले व्यक्ति सीखते हैं।

4. अनुकूलन विधि से अचेतन रूप से सीखा जाता है।

5. अंतर्दृष्टि विधि के द्वारा बौद्धिक व्यक्ति सीखता है।

6. आत्मसाधना का अभ्यास जैसे-जैसे पुष्ट होता है, साधक अपनी मूढ़ता का त्याग करता जाता है।

7. जहाँ ज्ञान अपने यथार्थ रूप में उसके सामने आता है, साधक समझ जाता है कि बाहर का शोर उसे तभी तक परेशान कर सकता था जब तक वह भीतर से खाली था।

8. आत्मसाधना से उपजा ज्ञान उसको स्वायत्त बना देता है।

9. वास्तव में नेतृत्व जब तक सार्वभौमिक चेतना के संपर्क में नहीं आता तब तक सामाजिक जीवन विषमताओं से व्याप्त रहता है।

10. इसीलिए नेतृत्व की क्षमता वाले व्यक्ति के लिए आत्मविकास की साधना परम आवश्यक होती है, अन्यथा समाज विषमताओं को जीता है।

11. सदस्य के रूप में समाज-पोषण के लिए नैतिकता का पालन ही काफी है। लेकिन सत्ता के शिखर पर बैठकर समाज-पोषण के सभी प्रशासनिक तरीके अंतर्विरोधों से भरे हैं।

12. आर्थिक एवं न्याय विशेषज्ञों की सहायता से किया जाने वाला समाज-पोषण, चमत्कार के सिवाय कुछ भी नहीं है।

13. समाजसेवा के नाम पर सक्रिय दिखाई देने वाले या तो अपना घर भरते हैं या फिर घर फूँककर तमाशा देखते हैं। दोनों ही स्थितियों में वे समाज-पोषण नहीं करते।

14. सत्ता के शिखर पर बैठकर तो केवल एक ही तरीके से समाज-पोषण किया जा सकता है। वह है ऐसी परिस्थितियों का निर्माण जो सभी को आत्मविकास के लिए प्रेरित करें।

15. जब शिखर पुरुष ऐसी परिस्थितियों का निर्माण करते हैं, तो वे प्रशासक न होकर तटस्थ भाव से सबको बाँटा करते हैं।

16. उनके इस बाँटने में एक ही आधार होता है कि सभी अपने भीतर के उत्कृष्ट को खोजकर विकसित करें।

17. ऐसा वे तभी कर सकते हैं, जब वे स्वयं आत्मविकास की साधना करते हों।

मृत्यु के भय को दूर करें

विवेकी पुरुष की मौत कभी अचानक नहीं होती।

–जीन ड'ला फॉनटेन

एक बूढ़ा लकड़हारा था। भरा-पूरा परिवार था, लेकिन सब अपने में मस्त रहते थे। कोई भी बूढ़े की देखभाल न करता। बुढ़ापे में अपनों का बेगानापन बूढ़े के दुखों का कारण था। जिंदगी सही मायनों में बूढ़े के लिए बोझ बनकर रह गई थी। जिंदगी के बोझ को ढोता लकड़हारा सवेरे जंगल को चला जाता। सारे दिन लकड़ियाँ बीनता, उनका गट्ठर बनाता और सिर पर उठाकर शहर ले जाता। लकड़ियों को बेचने से जो पैसा मिलता, उसी से वह अपना जीवनयापन करता। एक दिन बेटे-बहुओं की लताड़ खाकर जब जंगल में पहुँचा, तो वह जिंदगी से हताश हो चुका था। इस हताशा में बेसुध लकड़हारे ने लकड़ियाँ बीनीं, उनका गट्ठर बनाया। उस रोज जब लकड़हारा गट्ठर उठाने लगा तो ज्यादा बोझ के कारण गट्ठर न उठा पाया। हताश लकड़हारा झुँझला गया और बोला–'हे मौत, अब तो उठा ले।'

कभी-कभी बोला हुआ भी सच हो जाता है। बूढ़े के बोलते ही यमराज हाजिर हो गए। लकड़हारा यमराज को देखकर अचकचा गया और पूछा–'तुम कौन हो?' 'मैं यमराज हूँ। तुम मरना चाहते थे न। मैं तुम्हें लेने आया हूँ।'–यमराज ने उत्तर दिया। 'मैंने तो तुम्हें बोझ उठाने के लिए बुलाया था'–बूढ़े ने भारी बोझ की ओर इशारा करके कहा।

भय की अनेक किस्मों में एक मृत्यु-भय भी होता है। अपनी सभी समस्याओं का हल मृत्यु में खोजते हुए भी आदमी मरने से डरता है।

एक अनुसंधानकर्त्ता शराब पीने से होने वाली मौतों का आँकड़ा इकट्ठा करते हुए घूम रहा था। एक कस्बे में जब वह आँकड़ा इकट्ठा कर रहा था तो उसने एक आदमी को घर के बाहर धूप सेंकते देखा। उसने उससे उसकी उम्र जाननी चाही। उस आदमी की उम्र सतासी वर्ष थी। वह सात्त्विक प्रकृति का शाकाहारी व्यक्ति था, जो सादा जीवन और उच्चविचार में आस्था रखता था। अनुसंधानकर्त्ता को बारीकी से खोजबीन करते देख उसने कौतूहल से पूछा–'आपके इतने परिश्रम का कारण?' 'मैं शराब से होने वाली मौतों के ऊपर शोध कर रहा हूँ। मैं समझता हूँ कि शराब

पीने से जल्दी मौत होती है। अब आप ही देखिए, आपकी लंबी उम्र का कारण सात्त्विक प्रकृति और शाकाहारी भोजन है।'–अनुसंधानकर्त्ता ने समझाते हुए शराब न पीने के लाभ बतलाए।

'आप जरा मेरे साथ आइए।'–वह आदमी गंभीर होता हुआ अनुसंधानकर्त्ता को अपने साथ घर के अंदर ले गया। एक कमरे के भीतर दो आदमियों के लड़ने की और शराब की खाली बोतलें लुढ़कने की आवाजें आ रही थीं। 'दरवाजा मत खोलना। भीतर मेरे पिता और दादा हैं। सूरज निकलने के साथ ही दोनों शुरू हो जाते हैं और सारे दिन शराब पीते रहते हैं। आपस में लड़ते रहते हैं। अपने होश सँभालने के बाद से मैंने दोनों को इसी अवस्था में देखा है।'–उस आदमी ने बतलाया। अनुसंधानकर्त्ता ने माथा पकड़ लिया। लंबी उम्र का कोई निश्चित कारण नहीं है।

अब जैनेटिक वैज्ञानिक मानने लगे हैं कि जींस (Genes) की संरचना के अनुसार ही लोगों को जीवाणु-जनित बीमारियाँ भी होती हैं। यानी जिस प्रकार कैंसर जैसी बीमारी जींस की संरचना के अनुसार होती है, उसी प्रकार जुकाम जैसी मामूली बीमारी भी जींस की संरचना के कारण होती है।

डाक्टर कैरोलीन और ली शॉ जैसे मनोवैज्ञानिकों ने पता लगाया है कि हमारी शारीरिक बीमारियों का आधार हमारी 'मनोवैज्ञानिक श्रेणी' में छिपा है।

प्रोफेसर कैटेल के व्यक्तित्व-परीक्षणों के माध्यम से शारीरिक बीमारियों का निदान किया जा सकता है, उनसे संबंधित भविष्यवाणी की जा सकती है, उनके उपचार की दिशा भी निर्धारित की जा सकती है, लेकिन मृत्यु की भविष्यवाणी नहीं की जा सकती। जैसे हृदयाघात की भविष्यवाणी तो की जा सकती है, लेकिन हृदय गति रुकने के बारे में कुछ नहीं कहा जा सकता। दरअसल, बीमारियों का उद्‌गम हमारे व्यक्तित्व से होता है न कि बीमारियाँ व्यक्तित्व-परिवर्तन का कारण होती हैं। आशिक मिजाज, हृदय-रोगों के और अय्याश, गुर्दे के रोगों के शिकार होते हैं।

पश्चिमी चिकित्सा-विज्ञान ने अब जीन-चिकित्सा (Gene Therapy) के युग में प्रवेश किया है। आशा की जाती है कि दु:साध्य रोगियों के लिए जीन-चिकित्सा वरदान सिद्ध होगी। जयप्रकाश नारायण जब जसलोक अस्पताल में थे, तब एक दिन अखबारों में खबर छपी कि उनका देहावसान हो गया। अगले दिन इस खबर का खंडन किया गया। उसके लगभग एक महीने बाद एक डॉक्टर ने बतलाया कि पुरानी चिकित्सा-पद्धति के अनुसार तो वे उसी दिन मर चुके थे। अब जिनको आप जिंदा मान रहे हैं, वह चिकित्सा-विज्ञान की उपलब्धि के रूप में जिंदा हैं। एक दिन जे. पी. ने अपना भौतिक शरीर छोड़ ही दिया। यानी चिकित्सा-विज्ञान हमारी मृत्यु को कुछ समय के लिए केवल टाल सकता है।

महत्त्वपूर्ण यह नहीं है कि चिकित्सा-विज्ञान की सहायता से जीवन की लंबाई बढ़ाई जा सकती है या नहीं, महत्त्वपूर्ण यह है कि जैनेटिक वैज्ञानिकों ने अपनी खोजों के अनुसार रोगों की उत्पत्ति में जींस की संरचना को जिम्मेदार पाया है। यानी हमारी जैव-रसायन प्रक्रियाएँ रोगों के मूल में हैं। हो सकता है कि एक दिन ऐसा भी आए जब जैनेटिक वैज्ञानिक, जींस की संरचना के आधार पर मृत्यु को भी खोज लें।

बहरहाल, मनीषियों के लिए मृत्यु न तो भय का कारण रही है और न ही रहस्यपूर्ण। भीतरी संवर्धन और परिमार्जन की प्रक्रिया में जब साधक अपनी जागरूकता के माध्यम से शरीर के भीतर होने वाली जैव-रसायन प्रक्रियाओं को देखता है, तो उसके जीवन से मृत्यु का भय निकल जाता है और उसे यह भी पता लग जाता है कि उसे अपना शरीर कब छोड़ना है। साधक के लिए मृत्यु भी एक उत्सव है। इस उत्सव को तर्क के आधार पर नहीं समझा जा सकता। भौतिकता का जीवन जीने वाले तो इस शरीर-त्याग को आत्महत्या की श्रेणी में रखते हैं। ओशो की मृत्यु पर मनाए गए उत्सव को अखबारों ने कौतूहल का विषय बनाकर छापा था। कबीरदास तमाम उम्र सामाजिक भ्रांतियों से लड़ते हुए हिंदू-मुस्लिम एकता के लिए प्रयासरत् रहे। अपनी मृत्यु से तीन दिन पहले वह वाराणसी से मगहर चले गए थे, जहाँ जाकर उन्होंने अपना शरीर त्यागा। योगियों में परंपरा है कि वे अपने शरीर-त्याग से पहले शिष्यों को सूचित कर देते हैं। कहते हैं कि गौतमबुद्ध अपने शरीर त्याग के पहले तक काम करते रहे। काम पूरा करके अपने शिष्यों से बोले कि अब मैं शरीर त्यागूँगा और उन्होंने शरीर छोड़ दिया।

भीतरी संवर्धन और परिमार्जन के अभाव में मृत्यु के उत्सव को नहीं समझा जा सकता। विपश्यना का साधक सत्य को देखकर अपनी जिस जागरूकता को विकसित करता है, उसकी सहायता से जैव-रसायन प्रक्रियाओं की संरचना में छिपे मृत्यु के रहस्य को जान लेता है। उसके जीवन से मृत्यु का भय समाप्त हो जाता है। मृत्यु उसके लिए उत्सव बन जाती है। वह जागरूकता और तटस्थता में स्थिर होकर शरीर-त्याग के लिए अपना मन बना लेता है।

मृत्यु यदि उत्सव है तो फिर जीवन? मोटे तौर पर देखने से लगता है कि भारतीय मनीषा ने जीवन और संसार दोनों को ही दुख माना है। अद्वैतवाद के प्रवर्तक शंकराचार्य, बौद्धमत के प्रवर्तक गौतमबुद्ध, मध्ययुगीन संत पुरुषों आदि ने जीवन और संसार दोनों को ही दुखों के मूल में स्वीकार किया है। संत कबीर ने लगातार माया की छलना से सावधान रहने का संदेश दिया है। एक प्रश्न उठता है कि यह संदेश किसे दिया गया है? गीताकार ने कृष्ण के माध्यम से शोकग्रस्त अर्जुन को

संदेश दिया। भारतीय मनीषा ने क्रोध और अवसाद से घिरे जनमानस को संदेश दिया है। ज्ञान से भरी किताबों के रहते परेशान आदमी को सलाहकार की जरूरत रहती है। अच्छा सलाहकार वही है जो, श्रोता की भाषा में उसका मार्गदर्शन करे। जो दुखी है उसे जैव-रसायन प्रक्रियाओं के सत्य को तो नहीं समझाया जा सकता। बाह्य परिस्थितियों को ही अपने दुख का कारण समझने वाले को तो अचेतन की भाषा नहीं समझाई जा सकती।

राजा भर्तृहरि अपनी नवोढ़ा पत्नी के मोहपाश में फँसकर केवल राजमहल के ही होकर रह गए। उन्होंने राजपाट से पूरी तरह संबंध-विच्छेद कर लिया। संबंधित राज्याधिकारी चिंतित रहने लगे। एक दिन एक संत पुरुष आए। उनके सामने समस्या रखी गई कि किसी प्रकार भर्तृहरि को उनके वास्तविक स्वरूप में लौटाना है।

मूर्ख के समान ही काम के मोह-पाश में बँधे व्यक्ति की समझ में भी कुछ नहीं आता। ऐसे में उपदेश हानिकारक होता है। प्रेम और रोमांस केवल परिणाम के मामले में भिन्न होते हैं, अन्यथा रोमांस अधिक शक्तिशाली होता है। पत्नी का प्रेम मैदान में बहने वाली नदी के समान होता है, जबकि प्रेयसी का रोमांस भागीरथी की तरह होता है, जो अपने प्रवाह से पत्थरों का सीना फोड़ती, पहाड़ों की कगारें तोड़ती चली जाती हैं। ऐसे में भर्तृहरि के मोह-पाश को काटना एक समस्या थी। संत राजमहल में गए। वह राजा से मिले, लेकिन एक फल देने के अलावा कोई उपदेश न दिया। कहा–'मुझे यह फल बड़ी साधना के बाद मिला है। इसकी विशेषता है कि जो भी इस फल को खाएगा वह चिरयुवा रहेगा। आप हमारे राजा हैं। आपके राज्य में संत पुरुषों का पोषण होता है। आप यदि चिरयुवा रहेंगे तो हम सभी का कल्याण होगा। आप इस फल को लें।' संत ने नई रानी को सुनाकर फल राजा भर्तृहरि को सौंप दिया और महल से चले गए। भर्तृहरि तो पत्नी के प्रेम में दीवाने थे। सोचा कि यदि इसका यौवन चिरस्थायी रहेगा तो मेरा प्रेम भी स्थाई रहेगा। सो राजा ने वह फल नई रानी को दे दिया और प्रेमालाप में फिर लिप्त हो गए।

बारूद को चिंगारी लग गई थी। एक जोरदार विस्फोट हुआ। एक दिन भर्तृहरि के राज्य की प्रधान नगरवधू ने राजा के महल में पहुँचकर, फल राजा के चरणों में रखकर उनके चिरयुवा होने की कामना की। भर्तृहरि के भीतर का राजपुरुष जागा और उन्होंने पता लगाया कि नगरवधू तक वह फल कैसे पहुँचा। आगे की कहानी आप सभी को मालूम है। कैसे रानी ने वह फल महल के सेवक को दिया और कैसे महल के सेवक ने फल महल में आने वाली दासी को दिया। कैसे दासी ने महल के पहरेदार को दिया और फिर कैसे पहरेदार ने वह फल नगरवधू तक पहुँचाया। यह प्रेम और रोमांस की एक लंबी कहानी है। बहरहाल, भर्तृहरि के ऊपर से काम का

भूत उतर गया और वह सत्यार्थी बन गए। संत के द्वारा फल देने का यही उद्देश्य भी था।

उपदेश पात्र की मन:स्थिति को देखकर दिया जाता है। जो जरूरत से अधिक सत्य का बखान करते हैं, उनकी स्थिति उस बया की तरह होती है, जिसने जाड़ों की बारिश में ठंड से कँपकँपाते बंदर को घोंसला बनाने की सलाह दी थी। ईसा मसीह और मंसूर ने बया वाली गलती ही की थी। इसलिए उनके तत्कालीन समाज ने बंदर वाली प्रक्रिया को दोहराया। सुकरात ने अपनी पूरी आस्था के साथ सत्य को प्रस्तुत किया। बदले में समाज ने विष का प्याला परोसा। और प्लेटो क्योंकि व्यावहारिक था, इसलिए उसने सुकरात की गलती को नहीं दोहराया।

इन संदर्भों में भारतीय मनीषी संप्रेषण-कला के मामले में अधिक व्यावहारिक थे। लेकिन इस व्यावहारिकता ने अर्थ का अनर्थ भी किया। अन्यथा मृत्यु भी जीवन की तरह एक वास्तविकता है। सत्यार्थी वास्तविकता को स्वीकार करता है। जीवन और उसकी घटनाएँ न सुख का कारण होती हैं और न दुख का। सुखी और दुखी तो हम अपने दृष्टिकोण के कारण होते हैं। सत्यार्थी इस सत्य को अनुभूतियों के स्तर पर जानकर धारण करता है। वह मृत्यु की वास्तविकता को भी जानता है और अपने शरीर छोड़ने के समय को भी जानता है। उसके लिए जीवन और मृत्यु दोनों एक जैसे हैं। चेतना के सार्वभौमिक हो जाने से वह समाज-पोषक बन गया है। उसके व्यक्तित्व के करिश्मे से आकर्षित होकर जन-समुदाय उसके निकट आ गया है। शरीर छोड़ने का समय आ गया है। वह जन-समुदाय अथवा शिष्यों से घिरा है।

गौतमबुद्ध के पास एकत्रित भीड़ को देखकर किसी ने पूछा–'ये सभी लोग आपके उपदेश सुनकर बुद्ध हो गए होंगे?' गौतमबुद्ध ने उत्तर न देकर पूछा–'आप कहाँ के रहने वाले हैं?' उसने अपने गाँव का नाम बतलाया। 'वहाँ कैसे पहुँच सकते हैं?'–गौतमबुद्ध ने जानना चाहा। उस आदमी ने नक्शा खींचकर गाँव तक पहुँचने का रास्ता बता दिया। 'अगर कोई दूसरा आदमी गाँव जाने का रास्ता पूछे तो भी ऐसे ही बतलाओगे या उसके साथ गाँव तक जाओगे?'–गौतमबुद्ध ने जानना चाहा। 'हरेक के साथ जाया तो जा नहीं सकता, ऐसे ही रास्ता बताऊँगा'–उस आदमी ने उत्तर दिया। गौतमबुद्ध बोले–'मैं भी केवल यह बतलाता हूँ कि बुद्ध कैसे बना जा सकता है। बुद्ध तो आदमी को स्वयं बनना पड़ेगा। मैं उपदेशों से उसे बुद्ध कैसे बना सकता हूँ?'

शिष्यों से घिरा सत्यार्थी इस सत्य को जानता है। वह शिष्यों को अपने देहावसान के अवसर को उत्सव के रूप में मनाने का उपदेश देता है, ताकि वे मृत्यु की वास्तविकता को स्वीकार कर सकें। जब हम भावना को न समझकर शब्दों को

पकड़ते हैं, तब अर्थ का अनर्थ होना अवश्यंभावी है।

आपने किसी बच्चे को टीका लगते देखा है। कुछ लोग होते हैं जो डाक्टर को सीरिंज साफ करते, दवाई भरते, उस पर सुई फिट करते देखकर डरते हैं। जब डाक्टर उनकी ओर आता है तो वे हाथ को मोड़कर अपना मुँह फेर लेते हैं। इंजेक्शन से उनको बहुत ज्यादा तकलीफ नहीं होती, लेकिन इस पूरी प्रक्रिया से खूब डरते हैं। ऐसे लोग बच्चे को टीका लगते तो देख ही नहीं सकते। इन्हें जो होता है उसे भावनात्मक संवेदनशीलता (Emotional Senstivity) कहते हैं।

व्यापार में यदि आदमी अक्ल से पैदल भी हो तो चल जाता है। कहना चाहिए कि व्यापारिक संस्थानों में बुद्धि के पैनेपन की आवश्यकता न ऊपर के स्तर पर होती है और न नीचे के स्तर पर। केवल बीच के स्तर पर इसकी ज़रूरत होती है। भावनात्मक संवेदनशीलता को मानवीय संवेदनशीलता समझिए, वरना अनर्थ हो जाएगा। हाँ, यह सच है कि उच्चाधिकारियों में पाई जाने वाली भावनात्मक संवेदनशीलता एक ऐसा दुर्गुण है, जो संस्थान का भट्टा बैठा देता है। कवियों में यह बहुतायत में मिलती है।

जो भी हो, भावनात्मक संवेदनशीलता आदमी का शरीर से मोह बढ़ा देती है। वह मौत से बड़ा डरता है और बीमारियाँ उसका पीछा नहीं छोड़तीं। अत्यधिक लाड़-प्यार में पले बच्चे ही भावनात्मक रूप से संवेदनशील वयस्क बनते हैं। साझे परिवारों में, जहाँ दादी-दादा अधिक प्रभावशाली होते हैं अथवा नियोजित परिवारों में जहाँ माता-पिता के लाड़-प्यार की भरमार होती है, भावनात्मक संवेदनशीलता को फलने फूलने का काफी मौका मिलता है।

जब ऐसे श्रोताओं को मृत्यु की वास्तविकता समझानी होती है, तब गुरु शरीर की तुलना एक ऐसी नौका से करता है, जिसमें छेद हों और जिसका उपयोग नदी पार करने के लिए नहीं किया जा सकता हो। यूँ भी क्रोध और अवसाद के भँवर में घिरे भावनात्मक रूप से संवेदनशील व्यक्ति का शरीर रोग से घिरी जर्जर नौका के समान होता है, लेकिन उसे मौत से डर भी बहुत लगता है। ऐसे शिष्यों से घिरा विपश्यी साधक कहता है–'जैसे पानी में बहने वाली नौका के क्षतिग्रस्त हो जाने पर उसके स्वामी उसे छोड़कर चले जाते हैं, ऐसे ही मैं भी नौ छिद्रों (दो आँख, दो कान, दो नाक एक मुँह, एक लिंग और एक गुदा) वाली और हर समय रिसने वाली इस काया को छोड़कर चला जाऊँगा।'

वास्तव में ऐसा कहकर वह स्वयं तो मृत्यु की वास्तविकता को स्वीकार करता ही है, साथ ही शिष्यों के हृदय से भी मृत्यु के भय को दूर करता है।

सारांश :

1. व्यवस्था कैसी भी हो, उसका काम मात्र सामान्यीकरण स्थापित करके सबको अपने नियंत्रण में रखना है।

2. निर्जीवों के संदर्भ में यह ठीक हो सकता है, परंतु आदमी के मामले में यह तरीका बहुत अधिक कारगर नहीं होता।

3. वैज्ञानिक आज तक भी मृत्यु को वास्तविक अर्थों में किसी विशेष व्यवहार से जोड़ नहीं पाए।

4. हमारे अस्वास्थ्य के मूल में हमारी जैव-रसायन प्रक्रियाएँ हैं। हो सकता है कि वैज्ञानिक भविष्य में जींस (Genes) के आधार पर मृत्यु की भविष्यवाणी कर पाएँ। लेकिन वे सामान्यीकरण भी कर पाएँगे, यह संदेहपूर्ण है।

5. यही नहीं, बल्कि इस प्रकार का सामान्यीकरण अधिकांशत: मृत्यु भय को जन्म देता है, जो व्यक्ति को समाज-पोषक होने से रोकता है।

6. भारतीय मनीषा ने भी कमोबेश यही काम किया है।

7. आत्मविकास के पथ का साधक जब अपनी जागरूकता को प्रखर बना लेता है, तब उसे अपनी मृत्यु की वास्तविकता समझ में आने लगती है। अनुभूतियों के स्तर पर वह अपनी मृत्यु की भविष्यवाणी भी कर सकता है।

8. उसकी इस प्रकार की स्वीकारोक्ति, विश्व-चेतना के अस्तित्व में आस्था का परिणाम होती है। वह मृत्यु की भौतिक वास्तविकता को स्वीकार करके दूसरों को अपनी जागरूकता के प्रति आस्थावान बनाता है।

भारतीय समाज : एक झलक

भारतीय समाज का व्यक्तित्व परिपक्वता के मामले में भावुक, धैर्य के मामले में सहनशील, महत्त्वाकांक्षाओं के मामले में नम्र, निर्णय-क्षमता के मामले में अनिश्चित, सामाजिकता के मामले में आत्मकेंद्रित, काम के मामले में नियतिवादी, संघर्षों के संदर्भ में संतोषी और सब मिलाकर आत्महीनता का शिकार है। दूसरी ओर इस व्यक्तित्व को गतिशील बनाने में भीतरी आक्रोश, संतान के प्रति मोह, कम-से-कम समय में अधिक-से-अधिक पाने की लालसा तथा धार्मिक कर्म-कांड प्रमुख हैं।

–1974 से 1992 **के बीच संकलित आँकड़ों के आधार पर**

जिन्हें रोटी की गोलाई में चंद्रमा दिखाई देता है, वे केवल भूख से संचालित होते हैं। जहाँ भूख जीवन का सत्य होता है, वहाँ वैयक्तिकता का अभाव होता है। उनके यहाँ एक पीढ़ी दूसरी पीढ़ी को जिस प्रकार संस्कार सौंपती है और जिस प्रकार उनके बीच में परंपराएँ जीवित रहती हैं, उन्हें देखकर कभी-कभी ऐसा संदेह होने लगता है, मानो जीवन तो ये ही जीते हैं, शेष सब ढकोसला है। बिना किसी बाहरी दिखावे के उन्हें आस्थाओं का जीवन जीते देखकर हमें अपने बौद्धिक होने पर पश्चात्ताप होता है। लगता है, मानो अपराध का सभ्यता से अवश्य कोई संबंध है। आदिवासी कबीले, अपराधी जीवन से अनभिज्ञ हैं। सचमुच ये लोग प्रकृति-पुत्र हैं। ये न भूत में जीते हैं, न भविष्य में। इनके लिए तो वर्तमान ही सब कुछ होता है।

यदि दूर से देखा जाए तो हमें इनके जीवनयापन और इनकी मस्ती से ईर्ष्या हो सकती है, लेकिन वास्तविकता वह नहीं है, जो दिख रही है। यह तो विवेक के अभाव में मूर्च्छा का परिणाम है। इनकी आस्था ज्ञान को पोषित नहीं करती। यह तो सामाजिक जीवन की अनिवार्य बाध्यता है। इसमें परंपराओं के सरलीकरण के लिए बुद्धि आगे नहीं आती। आदिवासी इलाकों में स्थित उद्योग, कर्मचारियों की अनुपस्थिति से सबसे अधिक पीड़ित रहते हैं। प्रशासकों से यदि आदिवासी कर्मचारियों के संबंध में बात की जाए, तो उनका कहना है कि इन्हें भय से, लालच से अथवा समझौते से, कैसे भी कार्य-अनुपस्थिति से नहीं रोका जा सकता। पगार मिलने के दिन से, जब तक वह पैसा खत्म न हो जाए, ये लोग सामूहिक नाच और शराब में व्यस्त

रहते हैं। अर्थात् आत्ममूर्च्छा ही इनका जीवन है।

जो समूह सभ्यता के संपर्क में तो हैं लेकिन परंपराओं से जकड़े हैं, उनके सदस्यों के लिए पैसा ही सब कुछ है। उन्होंने पैसे के अर्जन के लिए स्वयं को झोंक दिया है। चोरी-चकारी, बेईमानी, धोखेबाजी, शरीर बेचना आदि अपराधों से भी इन्हें कोई परहेज नहीं होता। बुद्धि की भी जो थोड़ी बहुत मात्रा इनके पास होती है, उसका इस्तेमाल ये लोग पैसे के अर्जन और परंपराओं के पालन के लिए करते हैं। इसी अर्धकुशल मानसिकता को संतुष्ट रखने के लिए अधिक प्रयास किए जाते हैं, ताकि इस मानसिकता की महत्त्वाकांक्षा का इस्तेमाल, उद्देश्य प्राप्ति के लिए किया जा सके।

एक वर्ग और है जिसकी बहुलता है। उसे हमारे समाजशास्त्री, बहुसंख्यक पिछड़ी जातियों की संज्ञा देते हैं। दरअसल, यह वर्ग ऊपर की दोनों श्रेणियों का मिला-जुला प्रतिनिधित्व करता है। इतिहासकार बताते हैं कि यह वर्ग हिंदुओं की जातिप्रथा का परिणाम है। पहले कर्म के आधार पर, अकुशल और निम्न स्तर के कार्य करने वालों को शूद्र कहा जाता था। बाद में जन्म के आधार पर इन्हें शूद्र समझा जाने लगा। कहते हैं कि ब्राह्मण समाज ने इस वर्ग का सबसे अधिक शोषण किया। मानसिकता के आधार पर यह वर्ग भी आत्ममूर्च्छा का जीवन जीता है। प्रोफेसर कैटेल के व्यक्तित्व-परीक्षणों के आधार पर किए गए विश्वस्तरीय अध्ययन बतलाते हैं कि भारतीयों की व्यग्रता (Anxiety) और मनस्ताप (Neuroticism) की स्थिति अमरीका, जापान, फ्रांस, इंग्लैंड आदि की तुलना में काफी गंभीर है। मोटे तौर पर व्यग्रता और मनस्ताप जब सीमा से अधिक होते हैं, तब ये योग्यताओं तथा बौद्धिक क्षमताओं का भक्षण करके, व्यक्ति अथवा समाज को पशुओं के तुल्य जीवनयापन के लिए मजबूर कर देते हैं। कहना चाहिए कि ये आत्ममूर्च्छा का जीवन जीते हैं। शिक्षा से अर्जित ज्ञान इनमें मात्र मूढ़ता को बढ़ाने का काम करता है।

प्रोफेसर कैटेल के व्यक्तित्व-परीक्षणों संबंधी अध्ययन बतलाते हैं कि भारतीय जीवन में सामाजिक व आर्थिक दृष्टि से उच्चवर्ग के व्यक्ति व्यग्रता व मनस्ताप की समस्याओं से मुक्त हैं। इनमें सभी धर्मों और जातियों के सदस्य शामिल हैं। लेखक, पत्रकार तथा कर्मचारी, व्यग्रता और मनस्ताप की अनिश्चित सीमाओं में जीते हैं। इनमें जब इनसे निपटने की क्षमता आ जाती है, तब ये दोनों समस्याओं से ऊपर उठकर काम करते हैं। अर्थात् ऐसी स्थिति में ये शोषण भी कर पाते हैं और समाज का पोषण भी। इसके अलावा अन्य सभी व्यग्रता और मनस्ताप के चरम को जीते हैं। परंपराएँ, अंधविश्वास, जैविक प्रवृत्तियाँ, आत्ममूर्च्छा आदि ही इनके जीवन की संचालन-शक्तियाँ हैं। हाँ, ये अपनी स्थिति के लिए स्वयं के अतिरिक्त सभी को

दोषी मानते हैं। कह सकते हैं कि मानसिक रूप से सामान्य व्यक्ति, विश्लेषण की मदद से समस्याओं का हल ढूँढकर आगे बढ़ जाता है, स्नायु रोग से पीड़ित व्यक्ति सभी गड़बड़ियों के लिए स्वयं को जिम्मेदार मानकर परिस्थितियों के भँवर में डूबता-उतराता रहता है, लेकिन मानसिक व्याधियों से ग्रस्त, पागल व्यक्ति स्वयं को सही मानकर शेष सभी को पागल करार देता है।

सभी स्तरों पर पुरुषों की तुलना में महिलाएँ व्यग्रता और मनस्ताप की समस्याओं से अधिक ग्रस्त हैं। यदि उच्चवर्ग से निम्नवर्ग की ओर चलें, तो कह सकते हैं कि जैसे-जैसे हम नीचे की ओर जाते हैं, वैसे-वैसे हमें ये समस्याएँ स्त्रियों के जीवन में तांडव करती दिखाई देती हैं। शारीरिक रूप से ये पुरुषों से निर्बल तो हैं ही, इसके साथ ही ये भावनात्मकता के मामले में भी चार हाथ आगे हैं। समाज की सामंतवादी मनोवृत्ति ने भी इनकी भावनात्मकता को चार चाँद लगाए हैं। यह इनकी भावनात्मकता ही तो है कि ये भूखी तो सो सकती हैं मगर बिना प्यार के नहीं रह सकतीं। स्त्रियाँ प्रेम के मामले में भी प्रत्येक दृष्टि से पुरुषों की तुलना में अधिक सहती हैं।

व्यग्रता और मनस्ताप केवल बौद्धिक क्षमताओं को लीलकर भावनात्मकता को हमारे जीवन की संचालन-शक्ति ही नहीं बनाते, बल्कि मानव प्रकृति को ही उलट-पुलटकर देते हैं। इस उलटने-पुलटने के क्रम में कई बार असामान्यता भी सामान्यता को जन्म देती है। यही सामान्यता जब किसी स्त्री अथवा पुरुष के माध्यम से समाज का पोषण करती है, तो समाज उसे ईश्वर का अवतार बनाकर पूजता है। गीताकार संभवत: इसी संदर्भ में ईश्वर के अवतार लेने की बात कहता है।

जो सामाजिक न्याय की दुहाई देते हैं, उन्हें चाहिए कि वे पता लगाएँ कि किस धर्म, किस जाति में कितने पुरुष, कितनी स्त्रियाँ उच्चवर्ग की श्रेणी में आते हैं, ताकि जो बौद्धिक रूप से संपन्न हैं, उन्हें भारतीय समाजीकरण के प्रति आकृष्ट किया जाए।

सामाजिक व आर्थिक रूप से उच्चवर्ग के स्त्री-पुरुष जब विपश्यना के अभ्यास की सहायता से परमसुख, परम स्वास्थ्य और सफलता की प्राप्ति के लिए सत्यार्थी बनकर विकार-शोधन करते हैं तो उनका समाज-पोषक रूप ही सामने आता है। सत्य-दर्शन और विकार-शोधन के दौरान वे पाते हैं कि उनकी वास्तविक सुरक्षा विवेकीजनों के आदर करने में, सत्य को धारण करने में है और समाज का पोषण करने में है। जब वे अनुभूतियों के स्तर पर देखे गए इस सत्य को जीना शुरू कर देते हैं, तो उनके लिए मोटे तौर पर निजी सुरक्षा और समाज-पोषण एक-दूसरे के पर्यायवाची बन जाते हैं। यूँ भी आज के औद्योगिक समाज में अपने बलबूते पर केवल आत्मविकास किया जा सकता है, जो सामाजिक संदर्भों में समाज के पोषण

का माध्यम बनता है। अन्यथा कोई भी उच्चवर्ग का सदस्य अपने सहयोगियों के अभाव में किसी क्षेत्र में सफलता की कल्पन नहीं कर सकता।

सारांश :

1. आदिवासी समूहों के सदस्य नैतिकता का पालन करके अपने समाज का पोषण करने के मामले में आदर्श उदाहरण पेश करते हैं, परंतु उनके मुखिया आम तौर पर नैतिकता के जड़त्व को जीने के कारण समूह के पिछड़ेपन का कारण बने रहते हैं।

2. वास्तव में अर्धकुशल मानसिकता ही भ्रष्टाचार और अपराधों का मूल कारण है।

3. जो वर्ण-व्यवस्था के आधार पर शूद्रों की श्रेणी में आते हैं, उनमें से अधिकतर आत्ममृर्च्छा का जीवन जीते हैं।

4. भारतीयों की व्यग्रता और मनस्ताप की स्थिति अमरीका, जापान, फ्रांस, इंग्लैंड, इटली आदि की तुलना में काफी गंभीर है।

5. हमारे देश में सामाजिक और आर्थिक दृष्टि से उच्चवर्ग के व्यक्ति ही आत्मविकास की साधना करने की क्षमता रखते हैं। अन्य व्यक्ति व्यग्रता और मनस्ताप की अनिश्चितता को जीते हैं। ये आत्मविकास की साधना तभी कर सकते हैं जब ये कुंठाओं से बचाव की प्रक्रिया की सहायता लें।

6. स्त्रियों की स्थिति पुरुषों की तुलना में दयनीय है। इसी प्रकार जब हम ऊपर से नीचे की ओर जाते हैं, तो तार्किक दृष्टि से आत्मविकास की संभावनाएँ नगण्य हो जाती हैं। जो इस नगण्यता में भी आत्मविकास के आदर्श को जीते हैं, उनकी गिनती सिद्ध पुरुषों में होती है।

7. सामाजिक और आर्थिक दृष्टि से उच्चवर्ग के सदस्य जब आत्मविकास की साधना करते हैं तो अपनी अनुभूतियों के स्तर पर वे जान जाते हैं कि उनकी वास्तविक सुरक्षा विवेकी जनों का आदर करने में है।

8. उनकी यही अनुभूति समाज-कल्याण का कारण बनती है।

समस्याओं के मूल में छिपी है भावनात्मक असुरक्षा

जिस प्रकार वीणा का रूप-लावण्य तथा तंत्री बजाने का सुंदर ढंग मनुष्यों के मनोरंजन का कारण होता है, उससे किसी साम्राज्य की प्राप्ति नहीं हो सकती, उसी प्रकार विद्वानों की वाणी की कुशलता, शब्दों की धारावाहिकता, शास्त्र व्याख्यान की कुशलता और विद्वता, भोग का ही कारण हो सकती है, मोक्ष का नहीं।

–आदि शंकराचार्य

संसार के तमाम विकासशील देशों में पौष्टिक आहार व प्रोटीन खाद्यों के अभाव की समस्याएँ फैली हुई हैं। इन समस्याओं के मूल में कुछ तो इन देशों की सामाजिक और आर्थिक विपन्नताएँ तथा कुछ इनके नागरिकों का अज्ञान है।

–के.एन. उडूपा

मुझे बस इतना मालूम है कि मैं मार्क्सवादी नहीं हूँ।

–कार्ल मार्क्स

यदि उच्चवर्ग के बौद्धिक रूप से संपन्न सदस्य ही सामाजिक न्याय के वाहक बन सकते हैं तो फिर मार्क्स के उस सिद्धांत का क्या होगा जिसके अनुसार अभावग्रस्त बहुसंख्यकों को अपना अधिकार छीनने के लिए संघर्ष करना चाहिए।

अनुभवजन्य सत्य विकासशील होता है। विकासशील का अर्थ है कि अनुभव के आधार पर देखा गया वर्तमान सत्य, अगले सत्य के लिए आधार भूमि का कार्य तो करता है, लेकिन वह किसी शाश्वत सत्य का पर्यायवाची नहीं होता। हाँ, यह एक अलग बात है कि जो लोग उस सत्य के आधार पर अपना दृष्टिकोण विकसित कर लेते हैं, वे जीवन और उसकी सभी घटनाओं को अपने दृष्टिकोण के अनुसार परिभाषित करते हैं। सही बात यह है कि मानवता को सबसे ज्यादा खतरा इसी मनोवृत्ति से रहा है।

मार्क्स का मानवजाति के लिए योगदान, उसके विकास को ऐतिहासिक संदर्भों में वैज्ञानिक-आर्थिक दृष्टि प्रदान करने का रहा है। इसके बाद का समस्त कार्यक्रम आदर्शवाद के ऊपर आधारित कल्पना की उड़ान अधिक है। पश्चिम में एक कहावत है कि जो जवानी में मार्क्सवादी नहीं होता, वह हृदयशून्य है और जो

परिपक्वावस्था में पूँजीवादी नहीं होता, वह बुद्धिविहीन है। मूलत: अर्थशास्त्री होने के कारण मार्क्स ने असुरक्षा के मूल में आर्थिक असमानता को देखा। उस समय तक पश्चिम का मनोविज्ञान इतना समर्थ नहीं था कि वह मार्क्स को भावनात्मक असुरक्षा के महत्त्व को समझा पाता। मार्क्स तो सत्यार्थी था। अपनी सीमाओं में रहकर जितना व्यापक हो सकता था, उसे किया। लेकिन जिन सीमाओं में अनुभव ही अनुभूतियों का पर्यायवाची हो, वहाँ मार्क्स इससे अधिक कर भी क्या सकता था। मार्क्स की व्यापकता के पीछे 'विषमता ही दुख का मूल है', यही अनुभूतिजन्य सत्य छिपा है।

व्यक्ति-पोषक समाजवादी व्यवस्था ने जहाँ चूहे-बिल्ली की मानसिकता को पोषित किया, वहीं मूढ़ता के द्वारा ज्ञान को प्रतिस्थापित भी किया। इस प्रतिस्थापन का परिणाम यह हुआ कि न्याय की दृष्टि में शैक्षिक उपाधियाँ योग्यता का, परीक्षाओं में अर्जित अंक प्रतिभा का और अनुभव दक्षता का मापदंड बन गया है। इस मापदंड ने शिक्षण-संस्थाओं को केवल उपाधि-प्रदायक केंद्र बनाकर रख दिया है। स्थिति यह है कि हमारे देश के शिक्षा के क्षेत्र में अग्रणी आई.आई.टी., इंजीनियरिंग के जिन स्नातकों को अस्सी प्रतिशत से अधिक अंक देकर उपाधि प्रदान करते हैं, उनके केवल दस प्रतिशत ही व्यक्तित्व के स्तर पर इंजीनियरिंग की आवश्यकताएँ पूरी करते हैं। आई.आई.टी. यदि शिक्षा के क्षेत्र में सोना है, तो स्नातक सोने पर सुहागा है। यदि इसकी उपेक्षा करके किसी सामान्य डिग्री वाले, परंतु व्यक्तित्व के स्तर पर खरे उतरने वाले का चयन किया जाए तो व्यक्ति को वस्तु समझने वाली न्यायप्रक्रिया, समूची चयन-प्रणाली को ही नकार देती है।

प्रत्येक व्यवसाय, जहाँ तकनीकी अपेक्षाएँ रखता है, वहीं उसकी मानवीय अपेक्षाएँ भी होती हैं। जब मानवीय अपेक्षाओं की उपेक्षा की जाती है तब समाज में अराजकता उत्पन्न होती है। व्यक्ति-पोषक व्यवस्था के संचालक जो स्वयं भी चूहे-बिल्ली के खेल की मदद से सामर्थ्यवान बने हैं, अपनी मानसिक असुरक्षा को समाप्त करने के लिए संविधान के माध्यम से कानून की धार को तेज करते हैं। दूसरी ओर मानवीय अपेक्षाओं को पूरा करने वाले अपने विवेक की सहायता से लिए गए निर्णयों के द्वारा भविष्य की सभी आवश्यकताओं को पूरा करते हैं।

इस संबंध में किए गए अध्ययनों के आधार पर कहना चाहिए कि जो व्यक्ति अपने पद की तकनीकी व मानवीय अपेक्षाओं को पूरा करते हैं, वे प्रभावशाली ढंग से अपनी जिम्मेदारियों को निभाते हुए अपनी सफलता का झंडा गाड़ देते हैं। जो केवल पद की तकनीकी आवश्यकताओं को पूरा करते हैं, उनकी स्थिति उस सर्जन की तरह होती है जिसकी स्वदेशी-विदेशी उपाधियों व उपलब्धियों को लिखने में ही लेटर हैड का तीन-चौथाई हिस्सा भर जाता है, मगर वह ऑपरेशन 'क' की बजाए

'ख' का कर देता है। ऐसे प्रशासक ही अपने सही होने को सिद्ध करने के लिए नए-नए आदेश जारी करते रहते हैं। सच पूछो तो इन लोगों ने प्रशासन का अर्थ केवल आदेश जारी करना बना दिया है। जो केवल मानवीय अपेक्षाओं को पूरा करते हैं, वे प्रारंभ में बड़े सिरफिरे प्रतीत होते हैं, लेकिन शीघ्र ही कठोर परिश्रम और आत्मचेतना की मदद से परिस्थितियों पर नियंत्रण प्राप्त करते हैं तथा बाद में अपनी सफलता के झंडे गाड़ने लगते हैं। ऐतिहासिक दृष्टि से अकबर, आधुनिक संदर्भों में इंदिरा गांधी, कामराज व जगजीवनराम का उदाहरण दिया जा सकता है।

तकनीकी अपेक्षाओं को अर्जित करने में साधनसंपन्न वर्ग सुविधाओं का खेल खेलता हुआ अपनी तिकड़मों को इस्तेमाल करता है। जहाँ तक मानवीय अपेक्षाओं का प्रश्न है, वहाँ किसी की बपौती नहीं चलती। मानव में बुद्धि का वितरण समान रूप से होता है। इस मामले में न कोई धर्म, न कोई जाति और न कोई वर्ग अपनी महत्ता स्थापित कर सकता है। संपन्नता अथवा विपन्नता, व्यग्रता और मनस्ताप की सहायता से इसके प्रदर्शन को बढ़ा अथवा घटा अवश्य सकती हैं। लेकिन जो अपनी जागरूकता को हथियार बनाकर आत्मविकास के पथ पर चल पड़ते हैं, उन्हें यह विपन्नता भी विचलित नहीं कर पाती।

व्यग्रता और मनस्ताप जिस आत्ममूर्च्छा को जन्म देते हैं, उससे ग्रस्त व्यक्ति, नींद की गोद में सोए एक ऐसे व्यक्ति के समान होता है, जिसका शरीर आत्मसुरक्षा के मामले में चेतना रहता है। पिछड़े और विपन्न समाजों की मानसिकता को सबसे पहले इस्लाम ने समझा। जिसने भी इस्लाम धर्म स्वीकार किया, उसे ही राज्य-शक्ति ने अपने सुरक्षा-घेरे में ले लिया। धर्म बदलने से संस्कार तो नहीं बदल जाते और न ही भीतर जागरूकता पैदा होती है। नतीजा यह हुआ कि इस्लाम तो मूर्ति-पूजा का विरोध करता है, लेकिन भारतीय मुसलमान पीरों की मजारों पर वैसे ही आयोजन करते हैं, जैसे आयोजनों में हिंदू अपने देवी-देवताओं का स्तुतिगान करते हैं। यही तो पिछड़े समाजों की अनिवार्य बाध्यता है। ईसाइयत ने इनकी मूर्च्छा बरकरार रखते हुए थोड़ी मिठास के साथ सामाजिक जागरूकता का अभियान प्रारंभ किया। संभवत: यह सामाजिक जागरण का प्रभाव ही है, जिसके कारण ईसाइयों ने अलगाववादी रुख का प्रदर्शन नहीं किया। अन्यथा हिंदुओं समेत जिस किसी ने भी पिछड़ी जातियों व आदिवासी जातियों को अपने प्रभाव क्षेत्र में लिया उसने इनकी हिंसा को ही उकसाया।

यूँ तो हमारे समस्त व्यवहार जैविक आवश्यकताओं की पूर्ति होने पर समाप्त हो जाते हैं, फिर भी सभ्यता के संपर्क में आकर कुछ उप-उद्देश्य भी बन जाते हैं। जैसे जीवन का सारा संघर्ष भूख को शांत करने के लिए होता है, लेकिन लोग

आत्मसम्मान के लिए आमरण अनशन भी करते हैं। भूख जैविक आवश्यकता है और आत्मसम्मान मनोवैज्ञानिक आवश्यकता। इसी प्रकार उच्च वर्ग के सदस्यों एवं दक्ष व्यक्तियों के अतिरिक्त लगभग सभी किसी न किसी अर्थ में मूर्च्छा का जीवन जी रहे हैं। आत्मविकास की दृष्टि से कुछ पूर्ण-मूर्च्छा में है, कुछ अर्ध-मूर्च्छा में और कुछ कभी-कभी जागकर जीवन और उसकी वास्तविकताओं से चौंधियाकर फिर मूर्च्छित हो जाना चाहते हैं। कुछ समाजशास्त्रियों का मत है कि हमारा देश एक ही रात में साम्राज्यवाद की छाया से निकलकर लोकतांत्रिक हो गया। लोकतंत्र को परिपक्व होने में समय लगता है। आज जो कुछ भी हम आतंकवाद या अलगाववाद देख रहे हैं, वह लोकतंत्र की अपरिपक्वता के कारण है। सभी के अलग-अलग मत हैं। कुछ का कहना है कि लोकतंत्र से पहले देश को कुछ समय तक तानाशाही में रहना चाहिए था। कुछ की मान्यता है कि हमारी सभी समस्याओं का हल सैनिक सत्ता है। कुछ राजनीतिक हल में ही देश का भला देखते हैं।

बहरहाल, स्वतंत्रता से पहले हमारे व्यवहार को धर्म और समूह की मान्यताएँ नियंत्रित करती थीं। यहाँ तक कि गांधी जी ने भी राजनीति को धर्म से नियंत्रित करके स्वतंत्रता आंदोलन का नेतृत्व किया। धर्म क्योंकि काफी प्रदूषित है, इसलिए सबने इसे अपने- अपने ढंग से परिभाषित किया। अँग्रेजों ने भी अपने हित में धर्म का इस्तेमाल किया। मूर्च्छा का जीवन जीने वाले, भारतीय समाज के लिए तो धर्म वैसे भी अफीम का काम करता था। उसके लिए जागरूकता पैदा करने के अलावा धर्म सब कुछ था। कुछ मार्क्स से प्रभावित लोग धर्म को तो अफीम मानते थे, परंतु वे भी मूर्च्छित अवस्था में थे क्योंकि उनके लिए मार्क्सवाद ही अफीम का काम करता था। स्वतंत्रता के बाद प्रारंभ हुआ वोटों का चक्कर।

वोटों का चक्कर इन अर्थों में, कि लोकतंत्र तो जागरूकता की पहचान है और जागरूक समाज में मात्र राजनीतिज्ञ ही नहीं हुआ करता। वह तो ऐसे नेतृत्व के लिए भूमिका तैयार करता है, जो समाज का पोषण व्यापक स्तर और व्यापक अर्थों में कर सके। साथ में हमें इस तथ्य को भी नहीं भुलाना चाहिए कि अविकसित अथवा विकासशील समाजों में, संप्रेषण-कला में प्रवीण बहिर्मुखी व्यक्ति ही समृद्धि को प्राप्त होते हैं। इसी तथ्य ने वोटों के चक्कर के साथ मिलकर लोकतंत्र को सही अर्थों में प्रदूषित किया है। अर्थात् संप्रेषण-कला में प्रवीण बहिर्मुखी व्यक्ति ही अलग-अलग रूपों में व्यवस्था को संचालित कर रहे हैं। ये मूर्च्छित तो नहीं हैं, लेकिन राग और द्वेष से विमूढ़ अवश्य हैं। ये ही आज उच्च वर्ग को प्रतिबिंबित करते हैं। जो वोटों पर कब्जा कर सकते हैं, वे अपने-अपने मठ सजाए बैठे हैं। जो असंतुष्ट हैं, वे अर्ध-मूर्च्छितों को उनके स्वार्थों की घुट्टी पिलाकर आतंक और अलगाव का

राग अलाप रहे हैं। रहा प्रश्न दक्ष व्यक्तियों का तो वे केवल क्रोध और अवसाद के भँवर में ही डूब-उतरा रहे हैं।

हालाँकि मूर्च्छा को केवल दृढ़ निश्चय एवं आत्मसंयम के द्वारा ही तोड़ा जा सकता है। कभी-कभी व्यवसाय भी दृढ़ निश्चय एवं आत्मसंयम को जन्म देता है। इसमें शर्त केवल यही है कि व्यवसाय मानवीय क्षमताओं को इस्तेमाल करके उज्ज्वल भविष्य सुनिश्चित करता हो।

बेरोजगारी और वोटों के दौर में संविधान में रोजगार की गारंटी और आरक्षण के नारे तो लगाए जा सकते हैं, लेकिन रोजगार के अवसर पैदा नहीं किए जा सकते। यह तो केवल व्यक्ति-पोषक व्यवस्था में लंबी योजना का हिस्सा हो सकता है, ध्यान रहे कि लंबी योजना का अर्थ केवल टालमटोल होता है।

मार्क्स की व्यावहारिकता पश्चिम बंगाल में देखने को मिलती है। चुनाव में मार्क्सवादियों को जिताकर दुगा-पूजा पर पूरे रंग के साथ जनता देवी-पूजन करती है। पता नहीं, मार्क्सवादियों की सरकार मार्क्स के दर्शन के आधार पर चुनाव जीतती है अथवा धर्म की अफीम में मूर्च्छित जनता को स्वार्थों की घुट्टी पिलाकर। बहरहाल, मार्क्सवादी सरकार उद्योगपतियों का स्वागत करती अवश्य दिखती है।

दूसरी ओर मार्क्स के संघर्ष का सिद्धांत सही अर्थों में अलगाववादियों और आतंकवादियों ने पूरी तरह से अपनाया है, जबकि सारी दुनिया से मार्क्स का संघर्षवादी सिद्धांत विदा ले रहा है। टूटे हुए देश जुड़ रहे हैं। यानी विषमता अब समता में बदल रही है। लेकिन हमारे देश में उच्च वर्ग के राग-द्वेष और विभिन्न समूहों की मूर्च्छा, संघर्ष का राग अलाप रही है। एक तान दे रहा है, शेष मंत्रमुग्ध बैठे हैं। जो मंत्रमुग्ध हैं, उनकी मूर्च्छा तोड़ने से बेहतर है कि कोई ऐसा राग अलापा जाए जो सबमें जागृति भर दे। कौन भरेगा? वही जो राग-द्वेष से उद्वेलित होकर विष-वमन कर रहे हैं। ऐसा नहीं है कि इनका राग-द्वेष केवल ड्रामा है, लेकिन ये सच है कि ये अपनी योजनाओं को क्रियान्वित करने में संयम का भरपूर इस्तेमाल करते हैं। राग-द्वेष ने इन्हें मानसिक रूप से असुरक्षित बना रखा है। भावात्मकता ने अभी तक इन्हें सुरक्षा के अस्थायी साधनों को अपनाने के लिए उकसाया है। फिर भी यह सच है कि इन्हें सुरक्षा के स्थायी साधनों की तलाश है। भौतिक सुरक्षा के लिए हो सकता है कि जो रास्ता इन्होंने अपनाया है, वह तर्क की दृष्टि से सही हो, लेकिन भावनात्मक सुरक्षा के लिए इन्हें अपने राग-द्वेष से ऊपर उठकर, विकार-शोधन करके सत्यार्थी बनना ही होगा।

जब कोई उच्च वर्ग का सदस्य विकार-शोधन करके सत्यार्थी बनता है, तब उसके शरीर के रोम-रोम से जो लहरें उठती हैं, उनसे केवल मैत्री की भावना ही

फैलती है। तब वह प्राणिमात्र का मित्र होता है।

सारांश :

1. अपनी तकनीकी आवश्यकताओं के साथ सभी व्यवसायों से मानवीय अपेक्षाएँ जुड़ी हैं। जब ये अपेक्षाएँ पूरी नहीं होतीं, तभी सब प्रकार की समस्याएँ सामने आती हैं।

2. प्रत्येक व्यक्ति का काम करने का एक ढंग, एक शैली होती है। इस शैली और पद की मानवीय अपेक्षाओं के बीच फासला जितना कम होगा (क्योंकि दोनों के बीच पूर्ण तादातम्य कभी संभव नहीं होता), उतना ही कार्य-संतोष, उत्पादकता और हौसला अधिक होगा।

3. मनोवैज्ञानिक इस फासले को कम करने में सहायक हो सकता है।

4. अविकसित अथवा विकासशील समाजों में, संप्रेषण-कला में प्रवीण व्यक्ति ही समृद्धि को प्राप्त होते हैं।

5. ये ही व्यवस्था को संचालित करते हैं। ये मूर्च्छित तो नहीं हैं, परंतु अपने स्वार्थों से विमूढ़ित अवश्य हैं।

6. राजनीतिक चिंतन, धर्म के समान ही विशेष प्रकार की मूर्च्छा का पोषण करता है।

7. जब व्यवसाय दृढ़-निश्चय और आत्मसंयम को जन्म देता है और उससे प्रेरित होकर व्यक्ति आत्मविकास की साधना करता है, तो उसका रोम-रोम मैत्री की भावना से सराबोर हो जाता है।

समस्याओं का समाधान

काश राज्यशक्ति, कार्मिक संगठनों व अनुसंधान-संस्थानों ने व्यक्ति की योग्यता, उसके व्यक्तित्व की संरचना और उसके जीवन की गतिशील रुचियों को आधार बनाकर चयन-प्रणाली के मामले में गंभीरता से काम लिया होता, तो कार्य से संबंधित अनावश्यक असंतोष को एक दशक के भीतर ही जड़ से उखाड़ फेंका होता।

–रेमंड बी. कैटेल

उच्च वर्ग को समाज-पोषण का माध्यम बनाकर क्या हम 'अंधा बाँटे रेवड़ी फेर-फेर अपनेऊ को देय' को चरितार्थ होते नहीं देखते। किसी सीमा तक इस आरोप में दम है, लेकिन क्रियान्वयन के स्तर पर और चारा भी क्या है।

स्वचालित वैज्ञानिक उपकरणों के संचालन के लिए तो हम इंजीनियरिंग स्नातकों से काम लेते हैं, पर नेतृत्व के मामले में किसी पर भी भरोसा कर लेते हैं। क्या मानव-जीवन इतना सस्ता है? कर्मचारियों के बीच में उभरे नेतृत्व का अध्ययन करने से पता चलता है कि नेता बनते ही कर्मचारी को एक विशेष प्रकार के द्वंद्व का सामना करना पड़ता है। उस द्वंद्व का कारण होता है, उसके सामाजिक स्तर का ऊँचा हो जाना।

गांधी जी के बाद कितने नेताओं ने आधी धोती पहनकर हमारे देश का प्रतिनिधित्व किया है। ड्रामा तो किया जा सकता है, लेकिन कर्मचारी स्तर का नेता अपने पूर्व सामाजिक स्तर को बनाए रखे, यह नैतिक साहस के अभाव में असंभव है। यदि वह ऐसा कर सकता है, तो उसे किसी भी सिफारिश की आवश्यकता नहीं है। उसे जरूरत है केवल अटूट आत्मविकास की, ताकि वह थक न जाए, लालचों में फँसकर कहीं रुक न जाए। कर्मचारी स्तर पर पाई जाने वाली लोकप्रियता से भ्रम में मत पड़िए। ये तो राजनीतिज्ञों के दलाल होते हैं। कर्मचारियों के बीच पाए जाने वाले दादाओं से भी भ्रमित मत होइए। ये भी किसी न किसी की दलाली करते हुए अपनी चौथ वसूल करते हैं।

वे यूनियनें जिन्हें किसी राजनीतिक दल का संरक्षण प्राप्त नहीं होता, उनके नेता तो जैसे-तैसे करके अपने बढ़े हुए सामाजिक स्तर को बनाए रख पाते हैं,

लेकिन यदि वे यूनियनें मालिकों की दलाली नहीं करतीं, तो उनके सदस्यों की लूटिया डूब जाती है। शेष बचा कौन? किसान नेता जो अपने प्रभाव से संतुष्ट होकर बैठ जाते हैं। अंततः लौट-फिर कर हमें उच्च वर्ग का ही मुँह देखना होता है। उच्च वर्ग से तात्पर्य संपन्न वर्ग के सदस्यों से है, न कि सवर्णों से।

मन:शारीरिक रोगों के विकास के संबंध में एक मान्यता है। इसके अनुसार मध्यवर्ग के महत्त्वाकांक्षी और बुद्धिमान सदस्य अपने व्यवसाय में बड़ी तेजी के साथ तरक्की करते हैं, लेकिन जहाँ शारीरिक क्षमताएँ चुकनी प्रारंभ होती हैं, उनका व्यावसायिक तनाव किसी मन:शारीरिक रोग का कारण बन जाता है। मात्र एक हृदयाघात उनकी कार्य-प्रभावकता को समाप्त कर देता है। ठीक यही स्थिति इस आयु में 'ए' श्रेणी के व्यक्तियों की भी होती है। अब भूमिका शुरू होती है-'बी' श्रेणी के व्यक्तियों की। मध्य और निम्नवर्ग के 'बी' श्रेणी के व्यक्ति अपनी शांत मानसिकता के कारण उपयुक्त 'गॉड फादर' के अभाव में नकारा करार दे दिए जाते हैं। नतीजा होता है, कैरियर की शुरू होने से पहले ही समाप्ति। लेकिन उच्चवर्ग के 'बी' श्रेणी के व्यक्ति अपने 'गाड फादर' के संरक्षण में तरक्की करते हुए उस मुकाम तक पहुँच जाते हैं, जहाँ उनकी वास्तविक दौड़ प्रारंभ होती है। फिर तो वे होते हैं, वास्तविक दौड़ का मैदान होता है और उनकी बाधा-रहित दौड़ होती है।

क्या मनोविज्ञान अथवा विपश्यना का अभ्यास किसी ऐसी तकनीक का विकास कर सकता है, जिसकी मदद से प्रशासक हिंसक भीड़ को बिना बल प्रयोग के शांत कर सकें। इसका उत्तर निश्चित रूप से 'नहीं' में है। लेकिन प्रशासकों की भीड़ में से मानवीय अपेक्षाओं को पूरा करने वाले उन प्रशासकों को छाँटा जा सकता है, जिनकी उपस्थिति में समाज के सदस्य हिंसक भीड़ में परिवर्तित नहीं हो सकते। वास्तव में मानवीय अपेक्षाओं को पूरा करने वाले प्रशासक का व्यक्तित्व अपने सदस्यों की आवश्यकताओं का पोषण करता है। लेकिन इसके लिए व्यवस्था को, तकनीकी अपेक्षाओं को पूरा करने वाली शर्तों में ढील देकर, कुछ समय तक यानी प्रशिक्षण की अवधि तक, इत्मीनान के साथ प्रतीक्षा करनी होगी।

सच तो यह है कि राजनीतिज्ञों और उद्योगपतियों के अलावा सभी पदों के लिए प्रत्याशी के चयन में मानवीय अपेक्षाओं को पूरा करने की शर्त अनिवार्य कर दी जानी चाहिए। शैक्षणिक उपाधि को वांछित शर्तों में रखना चाहिए। इसके दो लाभ होंगे। एक तो पिछड़े वर्गों के सदस्यों के लिए भी आगे बढ़ने के अवसर उपलब्ध होंगे। दूसरे अगड़े वर्गों के सदस्य, अपनी संपन्नता का नाजायज लाभ नहीं उठा पाएँगे। ऐसे में सभी को अपने पद के अनुरूप तैयार होना होगा। आज योग्यता का मापन सामान्य-ज्ञान द्वारा किया जाता है। पिछड़े वर्गों के सदस्य साधनों के अभाव

में बुद्धिमान होते हुए भी अयोग्य करार दे दिए जाते हैं, जबकि सामान्य-ज्ञान का संबंध साधन-संपन्नता से होता है न कि योग्यता से। इसी प्रकार अँग्रेजी माध्यम से संप्रेषण का प्रदर्शन भी प्रतिभा का परिचायक न होकर संपन्नता की चमक को ही प्रदर्शित करता है। बौद्धिक क्षमता, जो योग्यता का वास्तविक मापदंड होती है, किसी के पास भी हो सकती है। सामान्य-ज्ञान तो प्रशिक्षण कार्यक्रमों की मदद से भी अर्जित किया जा सकता है। संप्रेषण-कला तथा अँग्रेजी को भी इन कार्यक्रमों में हिस्सा लेकर सीखा जा सकता है। रहा प्रश्न व्यग्रता और मनस्ताप के दुष्प्रभावों का, तो वे किसी भी प्रकार के पिछड़ेपन के कारण आ सकते हैं। व्यक्तित्व के स्तर पर व्यग्रता के दुष्प्रभाव दो प्रकार के होते हैं—परिस्थितिजन्य और रोगजन्य। परिस्थितिजन्य दुष्प्रभाव तो नौकरी मिलने के बाद कभी-कभी एकदम से और कभी-कभी धीरे-धीरे समाप्त हो जाते हैं। मनस्ताप और रोगजन्य व्यग्रता अपनी मात्रा के अनुरूप जीवन-शैली का एक हिस्सा होते हैं। व्यवसाय में जैसे-जैसे तरक्की होती जाती है, और जैसे-जैसे कर्मचारी विपश्यना के अभ्यास में परिपक्व होता जाता है, इनके दुष्प्रभाव भी समाप्त होते जाते हैं। यूँ भी न तो प्रत्येक नेता प्रधानमंत्री बनता है और न ही प्रत्येक अधिकारी अपनी कंपनी का अध्यक्ष। सभी की अपनी-अपनी सीमाएँ होती हैं। सभी के अपने-अपने संतोष के स्तर होते हैं। हाँ, प्रत्येक को रोजगार अवश्य चाहिए।

यूँ तो चुनावों के आसपास नेताओं को जनता के बीच में जाना ही होता है। अन्यथा इनका ज्यादा सरोकार पुलिस से, नौकरशाही से और उद्योगपतियों से ही रहता है। पुलिस और नौकरशाही को यदि उपर्युक्त मानवीय अपेक्षाओं की कसौटी पर संगठित कर लिया जाए, तो शेष स्वतंत्र व्यवसायी तो वही राग अलापते हैं, जिसकी बाजार में माँग होती है। यानी जागरूक प्रशासन के रहते, दूसरे भी अपनी मूर्च्छा को भगाने में जुट जाते हैं।

कहाँ से शुरू किया जाए? शुरूआत में सरकारी उद्योग अधिक उपयुक्त हैं। आजकल इनके प्रशासक भूतपूर्व राजा-महाराजाओं की मानसिकता में जीते हैं। सबसे पहले इन्हें लोकतांत्रिक बनाया जाना चाहिए। उससे भी पहले इनके व्यक्तित्व में मानवीय अपेक्षाओं का पता लगाया जाना चाहिए। जो इन अपेक्षाओं को पूरा करते हैं, उन्हें अधिकारों से मंडित करके स्वतंत्र रूप से काम करने के अवसर दिए जाएँ, क्योंकि सरकारी नियंत्रण भी इनकी प्रभावकता को कम करता है। जो मानवीय अपेक्षाओं को पूरा नहीं करते, पर विकास की संभावनाएँ रखते हैं, उन्हें प्रशिक्षण कार्यक्रमों की मदद से अवसर प्रदान किए जाएँ। शेष के स्थान पर नए लोगों को मौके दिए जाएँ। केवल यही नहीं, बल्कि जब तक समूचे देश का स्तर ऊपर न उठे,

उनके द्वारा अर्जित लाभ कर्मचारियों को बोनस के रूप में न देकर संस्थान के विकास में लगाया जाए। इसके एवज में कर्मचारियों को प्रेरित करने के लिए दो काम किए जाएँ। एक तो यह कि आयकर और व्यावसायिक-कर, कर्मचारियों से न वसूलकर कंपनी से वसूल किया जाए। दूसरे कर्मचारियों की निजी मानवीय आवश्यकताओं को पूरा किया जाए। इन मानवीय आवश्यकताओं की जानकारी को प्रतिवर्ष गोपनीय रिपोर्ट (Confidential Report) के आधार पर ही तैयार किया जाए। रिपोर्ट में विवाद होने की स्थिति में, कर्मचारी की मानवीय आवश्यकताओं को प्राथमिकता दी जाए।

पैसे की आवश्यकता मूलभूत आवश्यकताओं को पूरा करने के लिए होती है। जहाँ आवश्यकताएँ सामान्य रूप से पूरी होती हैं, मानवीय अपेक्षाएँ अस्तित्व में आने लगती हैं। व्यक्तिगत स्तर पर मानवीय अपेक्षाओं की पूर्ति केवल पैसे से ही की जाती है, लेकिन जब व्यवस्था इन आवश्यकताओं को पूरा करने के लिए आगे आती है तो पैसा दाल में नमक का काम करने लगता है। यानी ज्यादा नमक की तरह ही ज्यादा पैसा केवल परेशानियाँ ही पैदा करता है। अधिकारी स्तर पर पाई जाने वाली रुग्णता इसी मानसिकता का परिणाम है।

जब पद की मानवीय अपेक्षाएँ अधिकारी की निजी अपेक्षाओं से तालमेल बैठाकर, कार्य का वातावरण तैयार करती हैं, तब दो ही संभावनाएँ जन्म लेती हैं। या तो पैसे की गहमागहमी में अधिकारी अपने कार्य से किसी भी प्रकार का लगाव न रखकर मात्र निजी लाभ के लिए नौकरियाँ बदलता रहता है और व्यवस्था 'रखो और हटाओ' के सिद्धांत पर चलती रहती हैं या फिर जब पैसा सामाजिक जीवन में नमक का काम करता है, तो अधिकारी सांगठनिक लक्ष्यों (Organisational Goals) में अपनी निजी अपेक्षाओं की तुष्टि की संभावनाएँ देखकर योगदान देता है। यही कार्य-क्षेत्र में प्रेरणाओं की चरम स्थिति है।

जापानी प्रबंधकर्ताओं ने इस तथ्य को सही अर्थों में समझा है। व्यापार की दृष्टि से अमरीका की 'रखो और हटाओ' नीति की तुलना में यह अधिक सफल रहा है। ब्रिटेन की प्रधानमंत्री मार्गरेट थैचर के सत्ता में आने के समय पौंड की हालत नाजुक थी और वहाँ की कर्मचारी यूनियनें लाभांश में हिस्सेदारी के लिए दृढ़प्रतिज्ञ थीं। लौह-महिला थैचर ने यूनियनों को जता दिया कि जब तक ब्रिटेन समर्थ नहीं होता, लाभांश में हिस्सेदारी संभव नहीं है। यही नहीं, उन्होंने उद्योगों को लाभ अर्जित करने के लिए प्रोत्साहित ही नहीं, बाध्य भी किया। लौह-महिला को अपनी नीतियों का सुफल भी मिला और ब्रिटेन का पौंड, बाजार में समर्थ भी बना। ऐसा नहीं है कि हमारे नीति नियोजक इस वास्तविकता से अनभिज्ञ हैं। सच तो यह है कि जितना

वे जानते हैं, यह उसका दस प्रतिशत भी नहीं है। लेकिन अंतर केवल इतना है कि जितना वे समस्याओं के हल के विषय में जानते हैं, उस पर सत्यार्थी न होने के कारण विश्वास नहीं करते। जितना विश्वास करते हैं सत्य का जीवन न जीने के कारण उसके प्रति आस्थावान नहीं रह पाते।

एक महिला अपने बेटे की गुड़ खाने की आदत से परेशान थी। उसने सभी तरीके आजमाकर देखे लेकिन बेटे का गुड़ खाना न छुड़ा सकी। एक दिन उसे पता चला कि नजदीक में कोई संत पुरुष आए हुए हैं जो बड़े पहुँचे हुए व्यक्ति हैं। वे सभी की समस्याओं को सुलझा देते हैं। इस उम्मीद में कि बेटे की गुड़ खाने की आदत छूट जाएगी, वह उसे लेकर संत पुरुष के पास पहुँची। लंबी कतार में लोग खड़े हुए थे। वह भी बेटे के साथ लाइन में लग गई। काफी समय के बाद जब उसकी बारी आई तो उसने अपनी समस्या बतलाई। संत पुरुष ने समस्या को सुनकर कुछ सोचा और बोले कि अगले सप्ताह आना। एक सप्ताह गुजरने के बाद वह महिला बेटे के साथ फिर पहुँची। 'देखो बेटे, गुड़ नहीं खाना'—संत पुरुष ने लड़के को समझाया। इसके बाद लड़के ने गुड़ खाना छोड़ दिया।

अब महिला को विस्मय हुआ। जितना वह सोचती, उतना ही उलझती जाती। 'मैंने इसे मारा-पीटा, तरह-तरह के भी लालच दिए, लेकिन इसने गुड़ न छोड़ा। पहले आपने भी अगले सप्ताह आने के लिए कहा। फिर आपने सिर्फ इतना ही कहा कि देखो बेटे, गुड़ न खाना और अब यह गुड़ नहीं खाता। आपने ऐसा क्या कर दिया कि इसने गुड़ छोड़ दिया? मैं भी तो इसकी माँ हूँ। मैं भी तो इसे प्यार करती हूँ। मैं भी इसके भले के लिए ही गुड़ खाने से रोकती थी।'—विस्मय से भरी महिला ने जानना चाहा। 'जब आप अपने बेटे को पहली बार लाई थीं तब मैं भी गुड़ खाता था। एक सप्ताह मैंने भी गुड़ नहीं खाया और न ही मुझे गुड़ खाने की इच्छा हुई। जब मैं अपनी इच्छा का शमन कर पाया, तभी गुड़ खाने से इसे रोक भी पाया'—संत पुरुष ने समझाया।

दरअसल, हमारे उच्च वर्ग ने अपनी संप्रेषण-कला का विकास तो खूब किया है, लेकिन अपने संदेश की प्रभावकता के लिए भीतरी संवर्धन और परिमार्जन का कोई प्रयास नहीं किया। नतीजे के तौर पर यह वर्ग पाखंड का जीवन जीता है। जनता इस सच्चाई को जानती है। इसलिए इस वर्ग के भाषणों को सुनने कोई नहीं आता। इनके द्वारा भीड़ को इकट्ठा किया जाता है और भीड़ उन बातों को सुनकर तालियाँ बजाती है, जो उसका मनोरंजन करती हैं या जो उसकी मूर्च्छा को बरकरार रख सकती हैं। भाषण के वक्तत्व की तुलना में वक्ता के व्यक्तित्व का प्रभाव श्रोताओं को अधिक जागरूक बनाता है। जब श्रोताओं में जागरूकता उत्पन्न होती है और

व्यवस्था के संचालक अपने क्रिया-कलापों से जागरूकता को पुष्ट करने वाला वातावरण तैयार करते हैं, तब सभी निजी-स्तर पर समाज के पोषक बनने लगते हैं। उनमें और विपश्यना के साधकों में भेद केवल इतना ही होता है कि उनके विकारों का शोधन व्यवस्था करती है और विपश्यना के साधक आत्मविकास की अपनी तीव्र इच्छा के कारण सत्यार्थी होने की प्रक्रिया में विकारों से मुक्त हो जाते हैं।

सारांश :

1. आत्मविकास की इच्छा के अभाव में नेतागण केवल अपने समर्थकों का शोषण करते हैं। यह शोषण भावनात्मक अधिक होता है।

2. 'ए' श्रेणी के अधिकारी अपनी मानसिकता व अपने शरीर की क्षमताओं के कारण चुकने लगते हैं। ये जब नेतृत्व की बागडोर संभालते हैं तो आत्मविकास के अभाव में इनका कार्यकाल अशांति का पर्याय बन जाता है।

3. 'बी' श्रेणी के अधिकारी अथवा 'ए' श्रेणी वाले आत्मविकास की साधना करके जब अपनी नेतृत्व की दक्षता के कारण संस्था के प्रमुख बनते हैं, तब वे अपनी दूरदर्शिता एवं विवेक से समाज को लाभान्वित करते हैं।

4. वास्तव में व्यवसाय की मानवीय अपेक्षाओं को पूरा करने और आत्मविकास की साधना करके समाज पोषण करने में मात्र शब्दों का भेद है, अन्यथा भावना एक ही है।

5. देखने में आता है कि उच्च वर्ग ने अपनी संप्रेषण-कला का विकास तो किया है, परंतु अपने संदेश को प्रभावपूर्ण बनाने के लिए भीतर संवर्धन और परिमार्जन नहीं किया।

6. उच्च वर्ग ने अपने पद की सामाजिक अपेक्षाओं के अनुरूप बातें करने के लिए स्वयं को तैयार कर लिया है पर उनका यह व्यवहार वास्तविकताओं की उपेक्षा करता है।

7. जब उच्च वर्ग का कोई सदस्य आत्मविकास की साधना करता है, तब वह दोनों के बीच अंतर को समाप्त करके सफलता के नए आयाम स्थापित करता है।

विवाह का महत्त्व

आइए, अब जरा अपनी मुसीबतों की जड़ अर्थात् पारिवारिक परिस्थितियों पर एक नजर डालें। अंडे और मुर्गी की पहेली में न उलझकर परिवार के प्रवेश-द्वार अर्थात् विवाह को समझने की कोशिश करें। यूँ तो अनास्थावादी, विवाह को भी विधिमान्य वेश्यावृत्ति (Legalised Prostitution) की श्रेणी में रखते हैं। समलैंगिक मानसिकता वाले इसके विरोध में अनेक तर्क देते हैं परंतु यह मानव-जीवन का एक ऐसा पड़ाव है, जहाँ से सामाजिकता का श्रीगणेश होता है।

जीवन की गत्यात्मक अर्थात् प्रेरणात्मक शक्तियों में से एक, जीवन-साथी के प्रति भावनात्मक आत्मीयता हमें पूर्णता प्रदान करती है। पतियों का पत्नी के साथ विचार-साम्य, उनके लिए सफलता के द्वार खोलता है। कहना चाहिए कि अपने प्रति. पत्नी के मन में भरोसा जगाने वाले ही सफलता के सच्चे अधिकारी होते हैं। अपने व्यवसाय में मस्त रहने वाली कामकाजी महिलाएँ, जब पति से सहयोग की बहुत ज्यादा उम्मीदें लगाती हैं, तो मात्र दुखों को ही आमंत्रित करती हैं।

मोटे तौर पर कहा जा सकता है कि कुशल पति-पत्नी ही विवाह के प्रति उचित दृष्टिकोण रखते हैं। पति अपने प्रति पत्नी के मन में भरोसा पैदा कर पाता है। पत्नी अपने होने से पति को सुखी कर पाती है। अन्यथा दोनों भीतर-ही-भीतर कुढ़ते हुए, एक-दूसरे पर दोषारोपण करते हुए और विवाह की उस घड़ी को कोसते हुए जीवन गुजार देते हैं, जिसमें वे एक हुए थे।

जो अनास्थावादी हैं वे इस स्थिति में परस्त्री अथवा परपुरुषगमन या तलाक जैसे तरीके अपनाते हैं। चूँकि असंतोष का कारण उनके भीतर की असफलता में छिपा है, इसलिए पुनर्विवाह का परिणाम भी ढाक के तीन पात ही होता है।

दूसरी ओर आस्थावादी अपने भीतर संवर्धन और परिमार्जन लाकर सफलता का वरण तो करते ही हैं, साथ ही जीवन-साथी को अपना सहयोगी भी बना लेते हैं। कह सकते हैं कि पति अपने पुरुष होने की हठधर्मिता और पत्नी अपनी निजी-मुक्ति के आग्रह के कारण विवाह जैसे पवित्र संबंध को दूषित कर देते हैं। मजे की बात यह है कि इस पूरी प्रक्रिया में दोनों के हाथ क्रोध और अवसाद का भँवर आता है, जिसमें वे अपने राग, द्वेष अथवा मूर्च्छा के प्रमाद में जितने हाथ पैर

मारते हैं, उतने ही गहरे धँसते चले जाते हैं।

व्यक्तित्व के स्तर पर बुद्धि के अतिरिक्त यूँ तो कोई अन्य योग्यता होती ही नहीं, फिर भी व्यक्तिगत गुण आपस में मिलकर जिन-जिन प्रभावों को उत्पन्न करते हैं, वे अलग-अलग संदर्भों में अलग-अलग योग्यताओं के नाम से जाने जाते हैं। निजी स्तर पर वैवाहिक परिस्थितियों के प्रति समायोजन स्थापित करने की योग्यता अधिक महत्त्वपूर्ण होती है।

वैवाहिक परिस्थितियों को थोड़ा ध्यान से समझना होगा। पत्नी के लिए पति का व्यवहार, उसकी कमियाँ, उसकी अच्छाइयाँ, उसकी महत्त्वाकांक्षाएँ, उसकी सीमाएँ, उसके व्यवसाय की मजबूरियाँ, उसके दोस्त, उसके रिश्तेदारों का व्यवहार आदि वैवाहिक परिस्थितियों के अंतर्गत आते हैं। इसी प्रकार पति के समक्ष पत्नी से संबंधित उपर्युक्त सभी परिस्थितियाँ होती हैं। सामाजिक, आर्थिक, राजनीतिक, प्राकृतिक घटनाएँ, बच्चे होना, ज्यादा बच्चे होना, बच्चे न होना, केवल लड़कियाँ होना, परिवार में व्यभिचार की उपस्थिति, बच्चों का मानसिक रूप से अस्वस्थ होना आदि पति-पत्नी के लिए अपने-अपने स्तर पर वैवाहिक परिस्थितियाँ हैं। प्रत्येक स्त्री और पुरुष को इन सभी परिस्थितियों में समायोजन स्थापित करना आवश्यक है।

सभी अपने व्यक्तित्व के आधार पर समायोजन स्थापित करते हैं, जो सामान्य भी हो सकता है और असामान्य भी। फिर भी विवाह से पूर्व इस समायोजन-क्षमता का मापन सफलतापूर्वक किया जा सकता है। अन्य योग्यताओं के समान ही यह योग्यता भी कुछ में कम, कुछ में अधिक और कुछ में समुचित मात्रा में हो सकती है। जिनमें यह योग्यता कम होती है, उन्हें उपयुक्त जीवन-साथी चुनने में सावधानी बरतनी चाहिए।

वैसे तो सभी विवाह के मामले में सावधानी बरतते हैं, लेकिन उस मनोवृत्ति का क्या किया जाए, जो युवक-युवतियों की समायोजन योग्यता को विकृत करती है। हरेक युवक पत्नी के मामले में राजकुमारी की कल्पना करता है। इसी प्रकार प्रत्येक युवती, पति के रूप में अपने सपनों के राजकुमार को पाना चाहती है। माता-पिता या तो अपने कंधों पर पड़े बोझ को उतार फेंकना चाहते हैं या फिर बेटी के लिए ऐसे वर की तलाश करते हैं, जो उसके सुख और ऐश्वर्य को सुनिश्चित कर सके। बेटे के विवाह के मामले में भी अधिकतर माता-पिता अपनी अतृप्त इच्छाओं से ही अधिक संचालित होते हैं। प्रेम-विवाहों में भी रोमांस का भूत अधिक काम करता दिखाई देता है। जो अपनी किसी कमजोरी के कारण थोड़ा-बहुत व्यावहारिक बनने का ढोंग करते भी हैं, तो इसके पीछे भी उनकी सुख की कामना ही काम करती है। जो आधुनिक हैं, वे भावी वर-वधू की समृद्धि की संभावना को तरजीह

देते हैं। जो परंपरावादी हैं, वे खानदान को महत्त्व देते हैं। सभी स्थितियों में और भी बहुत से मापदंड हैं, जो विवाह को निश्चित कराने में मदद देते हैं। लेकिन कोई भी उपयुक्त जीवन-साथी की तलाश नहीं करता। जन्मपत्रियों का मिलान भी एक तरीका है। कई बार तो विवाह कराने में विशेषज्ञ ज्योतिषी पूरी छानबीन के साथ अपनी बेटी का विवाह करते हैं और बेटी दो माह बाद विधवा हो जाती है। किसी ने सही ही कहा है कि सफल विवाह तो स्वर्ग में तय होते हैं।

विवाह के प्रति समायोजन योग्यता, यूँ तो बहुत-सी बातों से निश्चित होती है लेकिन इस मामले में पति अथवा पत्नी की बौद्धिक क्षमताओं का सबसे अधिक महत्त्व होता है। जो बुद्धि और आत्मसंयम को अपनी जीवन-रूपी नौका की पतवार बना लेते हैं, वे विवाह-रूपी भव-सागर को न केवल सफलतापूर्वक पार कर जाते हैं, बल्कि संसार को अपनी उपलब्धियों से समृद्ध भी करते हैं। दूसरी ओर, बुद्धि विहीन, सुंदर, महत्त्वाकांक्षी, हठी और स्वयं तथा परिस्थितियों से असंतुष्ट पति अथवा पत्नी, वैवाहिक जीवन में तूफान जैसा वातावरण बनाए रखते हैं। ऐसे व्यक्ति जब सावधानीवश विवाह नहीं करते, तो दूसरों के विवाहित जीवन में अपनी उपस्थिति से तूफान ला देते हैं। ये सैक्स की आवश्यकता को हस्तमैथुन, समलैंगिकता अथवा वेश्यावृत्ति की मदद से पूरा करते हैं और जीवन-साथी की मनोवैज्ञानिक आवश्यकता को पूरा करने के लिए विवाहितों के जीवन में दूसरी औरत अथवा आदमी की भूमिका अदा करते हैं। रोमांस की स्थिति वैसे भी हमारे अहम् को तुष्टि प्रदान करती है। नतीजा होता है यौनाचार। इसीलिए विवाह इनके लिए भी आवश्यक है।

व्यक्तित्व क्योंकि विकासशील है, इसलिए वैवाहिक समायोजन क्षमता में भी उतार-चढ़ाव आते रहते हैं। इसीलिए विवाह करते समय यह भी जानने का प्रयत्न किया जाता है कि भावी पति-पत्नी का युगल व्यक्तित्व विवाह के बाद की परिस्थितियों का सामना करने में कितना सक्षम है। युगल व्यक्तित्व की यह क्षमता निजी-स्तर पर पाई जाने वाली समायोजन की कमियों को पूरा करती है। कुछ लोग अपने विवाहित साथी में समानता को पसंद करते हैं, यानी जैसे वे हैं वैसा ही वे अपने विवाहित साथी को चाहते हैं। मित्रता के मामले में यह समानता अहम् भूमिका निभाती है। विवाहित साथी के मामले में यही समानता खतरनाक होती है। जो लोग समान गुणों तथा विचार-साम्य को विवाह का आधार बनाते हैं, उन्हें रोमांस जैसे परिणामों को भुगतना पड़ता है। कुछ लोग अपने व्यक्तित्व की कमियों को विवाहित साथी की मदद से पूरा करना चाहते हैं। जब पति-पत्नी के तुष्टि के साधन बदल जाते हैं, तब व्यक्तित्वों की संपूरकता, वैचारिक मतभेदों के रूप में उभरकर, जीवन को नरक बना देती है। दरअसल, जब व्यक्तित्व की संरचना के अनुसार पति-पत्नी के बीच में

किसी प्रकार का संबंध, अच्छा या बुरा, नहीं होता तो वह वैवाहिक समायोजन की दृष्टि से आदर्श स्थिति होती है। है न अजीब बात, मगर यही सच है।

स्वस्थ व्यक्ति जानते हैं कि नमक कितना खाना चाहिए। रसोइए को मालूम होता है कि कम या ज्यादा नमक किस प्रकार भोजन का सत्यानाश कर देता है। इसी प्रकार आत्मज्ञानी विवेकीजनों को संतुलन के महत्त्व का पता होता है।

आपने विकलांग संतानों को देखा होगा। एक मान्यता के अनुसार उम्र के किसी निश्चित पड़ाव पर जब पति-पत्नी के व्यक्तित्व की संरचना में समानता आवश्यकता से अधिक बढ़ जाती है, तो ऐसी स्थिति में या तो बच्चे होते ही नहीं या फिर वे मानसिक रूप से विकलांग होते हैं। जो पति-पत्नी परिवार को नियोजित करने के लिए अपना ऑपरेशन करवा लेते हैं, उनमें भी यह समानता बढ़नी प्रारंभ हो जाती है। शुरू में यह, विचार-साम्य को जन्म देती है। बाद में यह सैक्स के मामले में बिल्लियों वाली लड़ाई लड़ने पर मजबूर कर देती है। रात में जिस आवाज को सुनकर बच्चे डर जाते हैं, वास्तव में वह बिल्लियों की रति-क्रीड़ा का एक अंग होती है। संबंध जब विपरीत दिशा को दर्शाते हैं, तो विवाह को तोड़ने वाले कारणों की भरमार होती है।

कहना चाहिए कि परिस्थितियों में उतार-चढ़ाव जीवन की वास्तविकता है। विवाह के प्रति हमारी समायोजन-योग्यता, सफलतापूर्वक जीवन जीने में मदद करती है। पति-पत्नी के युगल व्यक्तित्व की निरपेक्षता एक-दूसरे की स्वीकारोक्ति का कारण बनती है। विवेक और आत्मसंयम सफलता का माध्यम बनकर, दोनों को सार्वभौमिक स्वरूप प्रदान करते हैं। जब ये पति-पत्नी गृहस्थी में रमकर संतान का पोषण करते हैं, तो वे उसको सही अर्थों में समाजिक बनाते हैं। ऐसे में परिवार की परिस्थितियाँ मुसीबतें पैदा नहीं करतीं। व्यवस्था ने जिस अधिकारी को समाज के पोषण का कार्य सौंपा है, उसके परिवार की परिस्थितियों ने उसकी समाज-पोषण की भावना को पुष्ट किया है। ऐसे में यदि वह इस अनुभव को अनुभूतियों के स्तर पर जीना प्रारंभ करे, तो वह सत्य का जीवन जीते हुए प्रत्येक साँस के साथ केवल एक ही कामना करेगा कि सबका मंगल हो।

सुख तो तुम्हारी नियति है

भय और भूख निजी-स्तर पर दुखों को जन्म देती हैं, परंतु व्यापक-स्तर पर व्यवस्था को सुदृढ़ बनाती हैं। जो भय को अस्थायी साधनों की मदद से दूर करने का प्रयास करते हैं, वे राग-द्वेष की छलना में फँसकर अपने क्रोध और अवसाद के भँवर को गहराते हैं। जो भूख के इर्द-गिर्द चक्कर लगाते हैं, वे मूर्च्छा की अवधि को लंबा करते हैं।

शरीरशास्त्रियों ने पता लगाया है कि हमारे मस्तिष्क में दो प्रकार के केंद्र होते हैं। जब मस्तिष्क का एक हिस्सा सक्रिय होता है तो सुखद संवेदनाएँ जागती हैं। कह सकते हैं कि हमारी जागरूकता का पैंडुलम एक सिरे से दूसरे सिरे तक गतिमान रहता है, जिसके एक सिरे पर सुखद संवेदनाएँ हैं और दूसरे सिरे पर दुखद संवेदनाएँ। हम अपने स्वभाव के अनुसार हमेशा ही सुखद संवेदनाओं को पसंद करते हैं। जब जागरूकता का पैंडुलम दुखद संवेदनाओं के छोर को छूता है, तो हम उस अवस्था से भागते हैं। अगर हम न भी भागें तब भी पैंडुलम को अपनी नियति के अनुसार सुखद संवेदनाओं के छोर की ओर आना ही है। लेकिन हमारा 'मैं' इस तथ्य की वास्तविकता को समझना नहीं चाहता या वह इस वास्तविकता को भावात्मकता के कारण नहीं समझता। वह तो जल्दी से जल्दी सुखद संवेदनाओं के छोर को छूना चाहता है। अपने इस प्रयास में हम अधिक क्रियाशील हो जाते हैं।

जो लोग नशे की लत के शिकार हैं, उनका अनुभव हमें बताता है कि वे नशे द्वारा हमेशा ही सुखद संवेदनाओं के छोर पर रहना चाहते हैं, जबकि पैंडुलम की विशेषता होती है कि उसे जितनी शक्ति के साथ किसी छोर की ओर लाया जाता है, उतनी ही शक्ति के साथ वह दूसरे छोर की ओर जाता है। पैंडुलम जितनी तेजी के साथ दोनों छोरों के बीच में झूलता है, उतना ही हमारा आत्मसंयम अशक्त होता जाता है। आत्मसंयम की निर्बलता हमारे दुखों की तीव्रता को बढ़ा देती है। नतीजा होता है कि हमारे ऊपर नशे की लत हावी हो जाती है। नशे की यह लत न केवल मानसिक धरातल पर हमारे आत्मसंयम को प्रभावित करती है, बल्कि हमारी जैव-रसायन प्रक्रियाओं को भी विकृत करती है। जब विकृति जैव-रसायन प्रक्रियाओं तक पहुँच जाती है, तब हम सही अर्थों में नशे के गुलाम हो जाते हैं। मन:चिकित्सकों

ने इस वास्तविकता को पकड़ा है और इसके आधार पर, वे नशेड़ियों का न केवल इलाज करते हैं, बल्कि उनके आत्मसंयम को सबल बनाकर उन्हें समाज में नए सिरे से स्थापित होने में मदद भी करते हैं।

नशे के समान ही जब कोई विचार अथवा सत्य-संबंधी अनुभव हमारी जागरूकता के पैंडुलम को उत्तेजना के साथ सुखद संवेदनाओं के छोर पर ले जाता है, तब हम उस विचार अथवा अनुभव से एक खास तरह का लगाव पैदा कर लेते हैं। पैंडुलम को तो दुखद संवेदनाओं के छोर पर जाना ही है। जब वह उस छोर की ओर जाता है, तब हम अपने तर्कों की मदद से उसे सुखद संवेदनाओं के छोर की ओर पूरी शक्ति के साथ ले जाना चाहते हैं। यह भी एक प्रकार से अनुभव को पोषित करना होता है। विचारधारा का पोषण किसी अनुभूति को विकसित न करके हमारी मूर्च्छा की अवधि को लंबा करता है। नतीजा होता है कि नशे के समान ही विचारधारा का पोषण भी मानसिक धरातल पर हमारे आत्मसंयम को निर्बल करता है और शारीरिक-धरातल पर हमारी जैव-रसायन प्रक्रियाओं को विकृत करता है। इस विकृति का प्रमाण वे व्यवसाय हैं, जिनमें पूर्ण रोजगार की स्थिति है। यानी जहाँ व्यवसाय और व्यक्तित्व एक-दूसरे के पर्यायवाची हो जाते हैं, वहाँ भविष्य में होने वाले रोगों की संभावनाओं का पता केवल व्यवसाय के आधार पर लगाया जा सकता है।

शरीरशास्त्री दुख के कारणों अर्थात् राग, द्वेष और मूर्च्छा में से केवल राग (सुख पाने की इच्छा) को सबका मूल कारण मानते हैं। यह हमारी सुख की इच्छा ही है जो दुखों से द्वेष करना सिखाती है। यह हमारी सुख की कामना ही है, जो सुख की अवधि को मूर्च्छा के माध्यम से लंबा करना चाहती है। यह उच्च वर्ग की सुख की लालसा ही है, जो भय को दूर करने के अस्थाई साधनों को तलाशती रहती है। यह निम्न वर्ग की सुख की पिपासा ही है, जो उन्हें भूख की तुष्टि के लिए मूर्च्छा की शरण में ले जाती है। एक मान्यता के अनुसार जिसके पास है और आगे अधिक मिलने की उम्मीद है, उसे वह उम्मीद नहीं सोने देती। वह प्रतीक्षा में पलक-पाँवड़े बिछाए रहता है मगर सोता नहीं है। जिसके पास कुछ नहीं है वह काँटों पर भी सो जाता है

पुराणों का मिथक है कि राक्षसों के राजा बलि ने देवताओं से युद्ध के समय एक आदमी का निर्माण किया। उसी तरह जैसे हमारे वैज्ञानिक रोबोट का निर्माण करते हैं। राजा बलि ने उस आदमी में निष्काम कर्म की प्रक्रिया को आरोपित करके युद्ध के मैदान में भेज दिया। अब क्योंकि वह आदमी कर्मयोगी था इसलिए बिना विजय की इच्छा के देवताओं से लड़ा। नतीजा यह हुआ कि देवता हार गए। अपनी हार के बाद देवताओं ने अपनी सारी शक्ति एकत्रित करके अगले दिन फिर युद्ध किया। एक ओर तैंतीस करोड़ देवताओं की शक्ति, दूसरी ओर अकेला वह निष्काम

कर्मयोगी। देवता दूसरे दिन भी हार गए। धीरे-धीरे देवताओं की गिनती कम होती गई मगर विजय हर बार उस आदमी की ही हुई। एक स्थिति ऐसी आई कि देवताओं को युद्ध का मैदान छोड़कर भागना पड़ा।

हारे हुए देवता ब्रह्मा जी के पास पहुँचे और उन्हें युद्ध का सारा किस्सा सुनाया। 'उस आदमी के अंदर विजय पाने की इच्छा पैदा करो।'–ब्रह्मा जी ने काफी सोच-विचार के बाद देवताओं को सलाह दी। ब्रह्मा जी की सलाह के अनुसार देवताओं ने पहले तो ऐसी परिस्थितियाँ पैदा कीं जिनसे वह आदमी अपनी विजय पर प्रसन्न हुआ। विजय के उसके उल्लास को देवताओं ने अपने क्रिया-कलापों से और प्रबल किया। जब वह आदमी पूरी तरह से विजय के उल्लास में लीन हो गया तो देवताओं ने फिर युद्ध की घोषणा कर दी। इस बार देवताओं की न केवल विजय हुई बल्कि वह आदमी युद्ध में मारा भी गया।

सचमुच राग ही हमारे दुखों के मूल में हैं। हमारे शास्त्रों में 'वीतराग' की तो वंदना की गई है, मगर 'वीत-द्वेष' की चर्चा नहीं है। जो सुख की इच्छा का शमन कर लेता है उसके सामने न अज्ञान रहता है और न दुख। गांधी जी हरिजनों के उद्धार में प्राण-पण से जुटे थे। वेदों के ज्ञान से मंडित एक व्यक्ति उनके पास आया और बोला–'मैं आपसे शास्त्रार्थ करना चाहता हूँ।' गांधी जी ने पूछा–'उससे क्या होगा?' 'मैं प्रमाणित करूँगा कि आपका हरिजन-उद्धार शास्त्र-सम्मत नहीं है।'–उस आदमी ने उत्तर दिया। 'उससे क्या होगा?'–गांधी जी ने फिर प्रश्न किया। 'मैं आपको हरा दूँगा।'–उस आदमी ने उत्तेजित होकर कहा। 'चलो तुम विजयी हुए और मैं हार गया।'–गांधी जी ने बिना शास्त्रार्थ के अपनी हार स्वीकार कर ली। आगे चलकर उस आदमी ने गांधी जी के हरिजन-उद्धार अभियान में सक्रिय भूमिका निभाई।

सिगमंड फ्रायड ने भी अचेतन मन की भाषा को अपने सुख के सिद्धांत की मदद से समझाया है। भारतीय मनीषा ने राग को दुखों के मूल में पाया है। हमारे प्रत्यक्षीकरण की वस्तुगतता राग के प्रभाव में अपनी गतिशीलता खोकर नजरिए को जड़त्व प्रदान करती है, जो हमारे सभी दुखों का कारण बनता है। वास्तव में दुखों से छुटकारा पाने का सार्वभौमिक इलाज, सुख की इच्छा का त्याग है। व्यवस्था को यदि सही अर्थों में व्यक्ति-पोषक बनाना है, तो कम से कम प्रशासकों को निजी स्तर पर सुख की अभिलाषा को त्यागना ही होगा, ताकि सुख भी तितली की तरह हमारे पास आकर बैठे।

सारांश :

1. भौतिक बाधाएँ निश्चित अवधि वाली होती हैं।
2. जो बाधाएँ हमें कष्ट देती हैं, वे हमारे मन से जुड़ी हैं। बाद में ये बाधाएँ हमारे

शरीर को भी प्रभावित करती हैं।

3. अधिकांशतः हमारी चेतना, भौतिक बाधाओं से उत्पन्न मनःस्थिति और उसके प्रभावों के दो छोरों के बीच झूलती रहती हैं।

4. दुख से सुख और सुख से दुख की संवेदनाओं के छोरों के बीच झूलना हमारी चेतना का स्वभाव है।

5. हम चाहें अथवा न चाहें हमारी चेतना को प्रत्येक दशा में दुख-सुख के छोर पर जाना ही है।

6. दुख की संवेदना तब तीव्र होती है, जब सुख की चाह अधिक होती है।

7. व्यवस्था को व्यक्ति-पोषक तभी बनाया जा सकता है, जब व्यवस्था के संचालक इस वास्तविकता को समझकर सुख की अभिलाषा के बदले आत्मविकास की साधना करें।